普通高等院校工商管理类专业系列教材

# 管理心理学

魏永宏 编著

北京理工大学出版社
BEIJING INSTITUTE OF TECHNOLOGY PRESS

## 内容简介

本书从心理学专业的角度构筑了有特色的管理心理学的内容体系。全书共十二章内容，分别是：管理心理学的对象任务，管理心理学的理论基础，人力资源的跨文化管理，个体心理与管理，激励理论与管理（上）——内容型激励理论，激励理论与管理（下）——过程型及其他激励理论，员工心理健康，群体与团队，领导心理，领导者的领导艺术与技巧，组织心理与管理（上）——组织、组织发展与变革、员工组织行为，组织心理与管理（下）——学习型组织的理论与实践。本书力求做到语言简洁明了、易于理解，尤其注重教材的可用性、灵活性和实践性。

本书适合作为高等学校心理学、应用心理学、工商管理、人力资源管理等专业的本科生和研究生教材，也可作为 MBA、EMBA 等专业的学位教育教材，同时可供广大管理实践者和所有对管理心理学感兴趣的读者参考。

**版权专有　侵权必究**

### 图书在版编目（CIP）数据

管理心理学／魏永宏编著. —北京：北京理工大学出版社，2021.5（2021.6 重印）
ISBN 978-7-5682-9823-0

Ⅰ. ①管… Ⅱ. ①魏… Ⅲ. ①管理心理学-高等学校-教材 Ⅳ. ①C93-051

中国版本图书馆 CIP 数据核字（2021）第 088254 号

---

出版发行 ／ 北京理工大学出版社有限责任公司
社　　址 ／ 北京市海淀区中关村南大街 5 号
邮　　编 ／ 100081
电　　话 ／（010）68914775（总编室）
　　　　　（010）82562903（教材售后服务热线）
　　　　　（010）68948351（其他图书服务热线）
网　　址 ／ http：//www.bitpress.com.cn
经　　销 ／ 全国各地新华书店
印　　刷 ／ 河北盛世彩捷印刷有限公司
开　　本 ／ 787 毫米×1092 毫米　1/16
印　　张 ／ 14　　　　　　　　　　　　　　　责任编辑 ／ 多海鹏
字　　数 ／ 298 千字　　　　　　　　　　　　文案编辑 ／ 辛丽莉
版　　次 ／ 2021 年 5 月第 1 版　2021 年 6 月第 2 次印刷　责任校对 ／ 周瑞红
定　　价 ／ 42.00 元　　　　　　　　　　　　责任印制 ／ 李志强

图书出现印装质量问题，请拨打售后服务热线，本社负责调换

# 前 言

管理心理学是结合管理学、心理学、社会学等学科相关知识而形成的交叉学科，是研究管理领域中人的心理、行为的活动规律，以及如何最大限度地调动人的工作积极性的学科。管理心理学有极强的应用性，与社会、经济的发展有着很强的联系。

本书从心理学专业角度构筑了有特色的管理心理学的内容体系，囊括了管理心理学的基本范畴、研究方法、基础知识、理论框架，并对近年来管理心理学的研究重点做了深入、细致的探讨，增加了许多新概念、新理论、新方法，汇集了当今国内外管理心理学的重要理论成果，有助于读者更好地把握管理心理学界的前沿动态。

本书在体例安排上，每章开篇有"学习目标"，每章结尾有"本章小结"和"复习思考题"。此外，为了适应采用多媒体形式进行课堂教学的需要，本书有配套的管理心理学教学课件。

在本书的编写过程中，得益于同类优秀教材的启发，得益于北京理工大学出版社的大力支持与帮助，也得益于笔者多年从事管理心理学教学的心得体会。虽然本书在编撰过程中，力求做到精益求精，但由于编著者的水平有限，书中难免有疏漏与不妥之处，敬请广大读者批评、指正。

编著者

# 目 录

## 第一章 管理心理学的对象任务 (1)
- 第一节 管理心理学的发展概况 (1)
- 第二节 管理心理学的对象与内容 (2)
- 第三节 管理心理学的任务 (3)
- 第四节 管理心理学的研究方法 (4)

## 第二章 管理心理学的理论基础 (9)
- 第一节 管理心理学的产生与发展 (9)
- 第二节 人性假设的理论与人力资源管理的模式 (12)
- 第三节 人性假设的另一种分类——经济人、社会人、自我实现人、复杂人 (17)
- 第四节 人本管理的理论与实施 (21)

## 第三章 人力资源的跨文化管理 (30)
- 第一节 管理与文化 (30)
- 第二节 人力资源管理理论的文化相对性 (34)
- 第三节 中国的文化传统与管理思想的相关分析 (40)
- 第四节 整合同化理论与跨文化管理 (42)
- 第五节 不同国家和地区人力资源招聘模式的跨文化比较 (45)

## 第四章 个体心理与管理 (49)
- 第一节 社会知觉与管理 (49)
- 第二节 个性与管理 (57)
- 第三节 胜任力及其在管理中的应用 (67)
- 第四节 大五人格理论 (70)

## 第五章 激励理论与管理（上）——内容型激励理论 (72)
- 第一节 激励的一般概念 (72)

第二节　强化理论与管理中的奖励与惩罚 ………………………………（76）
第三节　内容型激励理论 …………………………………………………（79）

## 第六章　激励理论与管理（下）——过程型及其他激励理论 …………（91）
第一节　期望理论与应用 …………………………………………………（91）
第二节　目标理论与应用 …………………………………………………（92）
第三节　公平理论与应用 …………………………………………………（96）
第四节　中国的激励理论与模式 …………………………………………（100）
第五节　其他激励理论 ……………………………………………………（105）

## 第七章　员工心理健康 …………………………………………………（109）
第一节　心理健康的一般概念 ……………………………………………（109）
第二节　心理健康的理论基础 ……………………………………………（110）
第三节　工作压力与心理健康 ……………………………………………（111）
第四节　压力对员工的负面影响 …………………………………………（115）
第五节　工作压力的个人调适 ……………………………………………（116）
第六节　对员工的心理健康教育 …………………………………………（117）

## 第八章　群体与团队 ……………………………………………………（119）
第一节　群体概述 …………………………………………………………（119）
第二节　工作群体的结构动力学 …………………………………………（121）
第三节　群体中的两种个人绩效 …………………………………………（122）
第四节　团队的性质及建设 ………………………………………………（123）

## 第九章　领导心理 ………………………………………………………（128）
第一节　领导的一般概念 …………………………………………………（128）
第二节　权力与影响力 ……………………………………………………（130）
第三节　领导者的品质理论 ………………………………………………（136）
第四节　领导者的行为理论 ………………………………………………（140）
第五节　领导者的权变理论 ………………………………………………（146）
第六节　通路—目标的权变理论 …………………………………………（149）
第七节　魅力型领导 ………………………………………………………（150）
第八节　变革型领导 ………………………………………………………（152）
第九节　交易型领导 ………………………………………………………（154）
第十节　道德型领导 ………………………………………………………（156）

## 第十章　领导者的领导艺术与技巧 ……………………………………（161）
第一节　领导者授权 ………………………………………………………（161）
第二节　领导者的人际关系 ………………………………………………（167）

第三节　领导者的决策 ………………………………………………………（171）

**第十一章　组织心理与管理（上）——组织、组织发展与变革、员工组织
　　　　　行为** …………………………………………………………………（181）
　　第一节　组织的一般概念 ………………………………………………………（181）
　　第二节　组织的古典与现代理论 ………………………………………………（184）
　　第三节　组织发展 ………………………………………………………………（186）
　　第四节　组织变革 ………………………………………………………………（187）
　　第五节　员工组织行为 …………………………………………………………（191）

**第十二章　组织心理与管理（下）——学习型组织的理论与实践** …………（199）
　　第一节　学习型组织 ……………………………………………………………（199）
　　第二节　五项修炼的内涵及其操作方法 ………………………………………（200）
　　第三节　学习型组织的评价 ……………………………………………………（207）

**参考文献** ……………………………………………………………………………（211）

# 第一章

# 管理心理学的对象任务

### 学习目标

1. 熟悉管理心理学四个层次的研究内容。
2. 了解管理心理学的应用性任务。
3. 了解管理心理学中常用的几种研究方法。

## 第一节 管理心理学的发展概况

管理心理学在西方被称为"组织心理学"或"工业与组织心理学",它的研究历史可以追溯到20世纪20年代的美国。管理心理学在当时被称为"工业社会心理学",在第二次世界大战以后以极快的速度发展起来,并在这一时期完成了从个别局部的经验研究向更广阔的研究的过渡,出版了许多综述和概括性质的教材和著作。

"管理心理学"的名称在20世纪50年代出现于美国,从时间来看远先于"组织行为学"这一名称。现在较为流行的名称是"组织心理学"或"工业与组织心理学"。该学科早期的研究人员以心理学家为主体,后来社会学家和人类学家甚至政治学家、语言学家和数学家也参与到研究行列中来了。

而在俄罗斯,早在"十月革命"前的"沙俄"时代,工业社会心理学的研究就已经开始,但在"十月革命"以后就停止了,直至20世纪60年代,当时的苏联才恢复了对工业社会心理学的研究,并从20世纪70年代开始改用"管理心理学"这一名称。1971年,当时的苏联国家科委国民经济管理研究所首先设立了管理社会学和管理心理学教研室;1974年,当时的苏联内部人民委员部也成立了管理心理学教研室和管理心理学实验室;1976年,奥尔忠尼启则管理研究所成立了管理社会学和管理心理学教研室。

现在,管理心理学已经成为心理学的一个分支。在国际心理学会议上,往往将管理心理学放在应用心理学中。在近年来召开的国际应用心理学大会上,出现了大量的管理心理学方面的论文和报告。

西欧国家、美国的管理心理学理论体系及其主要内容在以下几部著作中得到了全面的体现：列维特（H. J. Leavitt）所著的《管理心理学》；罗桑（F. Luthans）所著的《组织行为》；雪恩（E. H. Schein）所著的《组织心理学》；考尔勃普主编的《组织心理学论文集》（由诺贝尔奖获得者西蒙负责编辑的"企业行为科学丛书"之一）。我国台湾学者汤淑贞所著的《管理心理学》一书，其内容基本上也反映了西方管理心理学的理论体系。

上述所有著作的内容体系大体上都是按照个体心理、群体心理和组织心理三个层次进行编排的，所讨论的问题也大多涉及人性假设、激励、需要、挫折、知觉、学习、价值观、态度、群体动力学、群体决策、冲突、权利、信息沟通、组织结构、组织发展与变革等方面。

有关管理心理学各领域中的近期发展情况，都将在本书的各章节中进行介绍。

## 第二节　管理心理学的对象与内容

### 一、管理心理学的研究对象

管理心理学是心理学的一个分支，已经有了一定的研究历史，并积累了不少经验成果，其理论体系和方法论以及具体的实验方法也日臻完善。

管理心理学是研究组织中人的心理活动规律，并运用这些规律改进管理工作，充分调动人的积极性的一门学科。其研究重点是组织管理中具体的社会、心理现象，以及个体、群体、领导、组织的具体心理活动的规律性。管理心理学的研究成果对企业管理、科技管理、学校管理，以及其他各行各业的管理工作都具有重要的参考价值。

### 二、管理心理学的研究内容

在本书中，管理心理学的研究内容可以用四个层次来进行分析：个体、群体、领导、组织。

第一，个体心理的研究。这主要包括个体心理过程、个性与管理两个方面。个体心理过程主要探讨社会知觉、社会知觉偏差、角色知觉与管理的关系；个性与管理方面主要分析气质、性格、能力与管理的相关性。在个体激励方面，书中系统介绍了当今有关的激励理论及其在管理中的应用。

第二，群体心理的研究。群体研究包括团队的内容，其中有群体类型、群体结构动力学及其他群体现象的分析。此外，对团队的性质、类型和团队建设，本书也有介绍。

第三，领导心理的研究。这一领域的内容很多，主要包括：有关领导的概念、权力与影响力，以及有效领导的三种理论——品质、行为、权变理论。此外，有关领导类型方面，着重介绍了四种类型——魅力型、变革型、交易型与道德型领导的概念与特征。有关领导艺术与技巧方面，着重分析了领导者的授权、决策与人际关系。

第四，组织心理的研究。在这方面，主要介绍了古典与现代的组织理论、组织发展与变革的概念，以及克服组织变革阻力的方法。同时，针对员工组织行为问题，着重介绍了正面组织行为——组织承诺、组织忠诚、组织公民行为。此外，介绍了负面员工的组织行为（反生产工作行为）及对其的干预措施。

## 第三节　管理心理学的任务

### 一、管理心理学的应用性任务

管理心理学是一门应用性与实践性极强的应用心理学科。因此，管理心理学的首要任务就是为当今社会服务。由于我国社会与经济形势发生了根本性的变化，管理心理学的目标任务也要做相应的调整。其变化主要表现在以下两个方面。

第一，随着经济发展、社会进步和人民生活水平的极大提高，人们已从对物的追求向对人的自身发展的追求转变。从人性理论上看，人们正在实现从"经济人"向"自我实现的人"的跨越式转变。

第二，在发展导向方面，原来以经济建设坚持国内生产总值发展为中心，现已转向以人民的幸福感和社会和谐为导向的公共服务为中心。

为此，管理心理学为当今社会服务的首要任务，就在于用先进的人本管理的理念与方法指导现实的人性化管理。管理心理学的另一项应用性任务，是探索如何应用管理心理学的理念、方法去处理社会管理中遇到的人际矛盾与冲突，实现人际和谐，加强精神文明建设，提高人民的道德素质。公平与正义是最大的激励因素，管理心理学就是要指导领导者如何采取最佳的激励方法、领导方式和决策方法去提高领导效能，实现有效的、最佳的领导。

由于社会处于转型期，社会矛盾与冲突凸显，在分配、房价、就业、腐败等方面，人们心存很大的不公正感、不公平感，可以说这与管理心理学学科中的各领域都相关。为此，管理心理学的社会应用是一项迫切的任务。

### 二、管理心理学的迫切任务

管理心理学作为一门应用理论科学，除了要迫切地解决实际问题的任务外，还需要完善自己的理论体系和方法论。西方各国都在努力建立和完善自己的管理心理学理论体系，如何建立具有中国特色的管理心理学体系，也是一项刻不容缓的任务。

管理心理学的研究成果将会促进心理学理论的发展。管理心理学的理论渊源之一是普通心理学，而管理心理学的研究成果也将极大地丰富和促进了普通心理学理论的发展。我国管理心理学工作者遵循"实践—理论—实践"的指导方针，既要完成当前为现代社会服务的任务，又要努力促使具有高度科学水平和中国特色的管理心理学的理论体系早日建成。

本书在管理心理学的理论创新方面，提出了"同步激励论""激励与去激励因素的连续带模式理论""公平差别阈的理论模式""跨文化管理的整合、同化理论"等，这些理论观点已经得到了国内外学术界的认同。

## 第四节　管理心理学的研究方法

管理心理学的研究方法主要包括以下两大类：个案研究和实证研究。实证研究中又可分为现场调查研究、实验室实验和现场实验。图1-1显示了管理心理学研究中的一个可能的研究方法序列。

图1-1　研究方法序列

### 一、个案研究

个案研究（案例研究）是对情境和情境中人们行为的集中考察。为了理解和解释一些复杂行为或事件，在缺少经验和理论指导的情况下，个案研究就应运而生。与其他研究方法相比，个案研究给研究者提供了一个更开阔的视角。它也能用来建立效度和信度指标，或作为构思故事和叙事描述的工具。

个案研究具有以下三个显著特点，这些特点使它成为激发新见解的重要工具。

第一，研究者能让被研究的因素随着自身的发展引导研究，并且不局限于检验已形成的假设。

第二，个案研究中的研究者会试图获取充分的信息来对研究情境进行定性和解释。

第三，个案研究检验一个研究者的多元化信息，并在此基础上给出综合解释。

如果研究者将这三个特征了然于心，那么个案研究就能成为分析组织行为的有效方法。它适用于很多组织，能够揭示组织中人际关系的影响力，这种人际关系不同于组织结构图中的关系。例如，一个研究者可以通过查看组织会议材料、访谈、发放问卷及亲自观察雇员间的人际往来的方式，解释组织中的人际关系的真正影响力。

个案研究的目的是提供对一个部门、一个公司或一个具体组织单位的详尽分析。其研究资料包括：研究人员对组织的观察，在访谈中和问卷调查中由组织成员所提供的情报，以及组织工作的客观指标（生产的数量和质量）等。一般认为，个案研究好像照相机，拍摄一个组织在短期内的"镜头"。

个案研究中还可采用以下具体研究方法，如观察法、谈话法、活动产品分析法。

#### （一）观察法

观察法是在未受控制的日常生活中，了解和分析人的言行、表情等，借此来判断被观察者心理活动的一种研究方法。

观察法的优点是被观察者的心理在未受条件控制的情况下，能表现出很大的自然性。在现代化的社会中，可以利用各种录像、录音设备等进行观察、记录。有时为使被观察者的活动正常进行，同时又不使被观察者受观察者的影响，可以在隐蔽处，通过纱屏、单向玻璃或闭路电视等进行观察。以观察法研究人的行为也有一些缺点：观察者处于被动地位，消极地等待被观察者的行为产生,观察到的结果往往难以进行定量分析等。

管理者观察他人的行为,并在观察的基础上推断他人的动机、情感和意图,其主要优点在于确实看见了个体的行为,而不是依赖于那些可能不精确或有偏好的口头或书面描述。

自我观察法是观察法的一种。这种方法又称内省法,是一种自己观察自己内心活动的方法。领导者可以用内省的方法来获得关于自己的信息,也可以采用访问、座谈、填表等方式获得管理者的内省报告。自我观察法的缺点在于难以进行客观验证,所以只是一种辅助性的方法。

### (二) 谈话法

谈话法是按照事先拟定的问题,通过谈话了解管理者的心理过程与个性心理的某些特征,如管理者的思维、记忆、首创精神、权利与威望等。在访问性的谈话中,要预先通知谈话的对象——管理者。谈话法的效果取决于实验者的组织与引导能力。在谈话中一定要创造良好的气氛,同时要注意不同管理者的气质与性格类型。

### (三) 活动产品分析法

活动产品分析法是通过管理者的活动结果(产品、产物)来考察管理者的一种方法。管理者的活动结果是能以数量与质量形式表现的工作成果,包括在管理者领导下的工作群体的工作效率等。通过对管理者的活动产品——报告、记录、决议及其他资料的考察,可以判断一位管理者的能力、知识水平及工作态度。通过对这些活动产品的综合分析,可以得出管理者的各种心理活动。然而,管理者的活动产品同其心理特点之间的关系是复杂的,需要实验者长期、多方面的了解和分析。

## 二、实证研究

### (一) 现场调查研究

现场调查研究是在现有组织的环境范围之内进行的研究。现场研究所用的资料可以是观察者记载的被观察到的组织成员的行为,也可在调研中要求组织成员填表答问或提供信息。书面文件连同有关产量和质量的客观计量都是现场研究资料的一部分。

现场调查包括从有代表性的样本群体中通过访谈和问卷收集数据。使用样本可节省人力和时间,因为不用接触研究对象群体中的每个人。现场调查的一个最著名的实践者是美国的盖洛普(Gallup)公司。从1935年开始,盖洛普公司通过电话和上门访谈收集各方面的大量数据,包括从经济到对双语教育的观点等,并且定期公布关于公众在这些主题上的观点的报告。

现场调查的期望是收集信息,发现人们是如何感觉和认识的,不去改变和影响被调查者。为了从被试者的各类反应中获得有效结论,现场调查需要大样本。在调查中,很多反馈是无效的或没有做出反馈。问卷调查的有效回收率一般在20%~30%。研究者将反馈制成图表,分析并得出结论,陈述结果。

美国的金伯利·克拉克(Kimberly Clark)公司外出调查想知道将来办公室人员最希望消失的问题是什么。管理层聘请了国际观点调查公司对全球范围内的全职或兼职的办公室人员进行了一次调查。结果表明,办公室人员最希望其消失的三大问题是流言、苛刻的老板和不整洁的休息室。

现场调查中对某种类型的数据进行收集并不是最好的方法，它的使用局限在于被试者能清楚地意识到并做出反应的事或对象。假如潜在的动机是重要的，那么深入的亲自访谈将更有效、合理。现场调查也会产生因果关系推论的问题，如一个关于工作满意感、组织承诺和绩效之间关系的分析，工作满意感是否会引起高绩效和产生高水平的组织承诺或者组织承诺结合工作满意感是否会带来高绩效，因为在现场调查中有大量未测变量，因此对这三个变量间的因果关系很难做出回答。

### （二）实验室实验

同个案研究和现场调查相比，实验室实验增强了研究者建立变量间因果关系的能力。实验室环境允许研究者在可控情况下完成实验。

实验室实验的实质是操纵一个或几个自变量并观察它们对因变量的作用。例如，研究者告诉一个群体的参与者，他们在先前完成一项困难的管理任务时表现不好；而告诉另一组他们出色地完成了同样的任务，但事实是两组的行为表现根本没有被评估。然后，研究者要求两组再同时完成另一项任务，并预测他们真实的行为表现。其中自变量是积极或消极的反馈，因变量是第二次完成任务的表现。

当检验假设的环境状况并不现实或假设已经在自然情境中被检验并在实验室环境下可以再现这一情境时，实验室的方法是最有用的。例如，美国的某餐厅建立了一个富有挑战性的项目来显示团队工作如何提高管理效能。这个挑战性项目包括 15 个单项的基层工作，其中有在离地 6 英尺①的水平电话杆上的位置进行成员更换，或从 60 英尺高的塔里爬下。通过操纵群体面临的挑战类型，有一个叫卫德·芭比（Wade Bibbee）的人——美国某公司项目主管，观察到团队效能、合作和承诺感，得出有关餐厅提升团队工作方式的结论。

同样，实验室实验也有不足之处。由于现实原因，大学生是实验室实验最常见的被试来源，然而，很难说大学生能反映出雇员在实际工作中的行为，因为他们不同于雇员，很多学生是年轻的、临时的，也没有处在所需负责任的位置，而且他们的生活也不取决于是否在实验中成功地完成任务。事实上，实验室的结论在更宽泛的意义上是不合理的，因为实验仅局限于过分狭隘的群体及过分狭隘的行为。

此外，在实验室中模拟组织结构和过程的许多特征是极其困难的。例如，很多组织中的行为，如离职和低绩效，不可能在实验室环境中单独再现和考察。反过来，实验室的很多工作是处理那些无法应用于现实生活或无法在现实生活中再现的问题。实际工作中，一个组织不可能为了符合一个理想模型而轻易地重新设计其组织结构，虽然他可能找到优秀的员工队伍，但更换人员将有可能影响士气和绩效。所以，研究者只能更倾向于关注那些能在实验室里演示的问题，这些实验应派生于对现实生活的研究，其结果将会不断地被检验。

### （三）现场实验

现场实验法又称自然实验法。自然实验法是在日常生活的情境中，适当地控制条件，并结合经常性的业务工作，从而研究心理现象的规律性。自然实验法的优点在于被试者处于自

---

① 1 英尺 = 0.304 8 米。

然状态中，因而其反映出的心理活动比较真实。但是，这一方法也有缺点，其主要缺点就是条件不容易控制。

领导者的心理活动是一种社会心理现象，这些现象受到许多外界和内部因素的影响。如果将这些影响因素称为变量的话，那么社会心理现象就受到了多变量的影响。采用实验方法的目的就是要控制多变量，尽量使变量单一化。只有在这种单一变量的影响下，才能够清楚是什么因素影响了领导者的心理活动。由于阻碍领导者工作积极性的内部和外部的因素非常多，采用单一变量的实验方法，排除多变量因素的干扰，最后可以得出比较正确的结果。

现场实验是将实验室的方法运用于正在发生的现实情境中，允许控制一个或更多自变量。研究者能考察因变量的变化并且有一定信心推论因果关系。

现场实验的参与者一般知道自己正在被观察，因此研究者必须采取措施尽量减少被试者由于知道自己被观察而改变行为的可能性。和实验室实验相比，现场实验的研究者对实验的控制要弱些。

### 三、宏观与微观环境条件分析

管理心理学中还有一个特殊的分析方法，即宏观与微观环境条件分析。这是由管理心理学的对象的特异性所决定的。

我们生活在一个微观和宏观相结合的环境中。宏观环境包括整个社会、社会制度、社会准则、科学和文化、意识形态等。微观环境是指人所直接生活在其中的环境，如企业、学校、街道、家庭等。宏观环境对人起间接的影响作用，而微观环境则对人起直接的影响作用。宏观环境是通过微观环境反映出来的。微观环境好比一面镜子，通过这面镜子人可以直接接触到、认识到、体验到宏观环境的间接影响作用。虽然宏观环境的作用是间接的，但是它却决定了在个人身上形成的一切准则、观点、目标。例如，一个人是通过微观环境（企业、父母、教师、朋友）掌握了道德观念和标准的，而个人的道德观念与标准的个体意识却是对宏观环境的主观反映。

在企业管理中，对人的道德标准、思想、行为的理解既要放在宏观环境中也要放在微观环境中，这样才能得到全面的解释。当前，我国企业中的青年职工较多，他们的思想很活跃，也很复杂，并具有时代的特点。为了采取正确的思想教育措施，就要从宏观环境与微观环境两方面来正确分析青年工人的思想和行为状态。例如，针对青年职工行为不端的情况，那就要分析该青年职工是在怎样的微观环境中形成不良行为习惯的，这些行为习惯又是社会上的哪种不良风气的间接反映。企业是一个微观环境，有责任将正确的社会准则、道德标准传递给青年职工，并协同其他微观环境（父母、朋友等）一起来做这件事。

当前，在人们的生活中，个人主义、享乐主义、拜金主义、物质主义泛滥，而这种思想的产生是与整个社会的宏观环境条件有联系的。由于社会环境中出现了贫富差距大、分配不公、腐败现象蔓延等情况，再加上物价上涨、教育失衡、就业难、看病难及因房价高而引起的住房难等问题，使得人们的价值观发生了某些异化，而这些异化的价值观的调整必须从两个方面着手，即既要注意微观环境的变化，还要注意整个宏观社会环境条件的变化，促使人们的价值观转向"富强、民主、文明、和谐、自由、平等、公平、法治、爱国、敬业、诚信、友善"的社会主义核心价值观。

### 本章小结

1. 管理心理学在西方的称谓是"组织心理学""组织行为学""工业与组织心理学"。其内容大同小异,尽管角度不同,但研究的对象与内容、专业术语都是一致的。

2. 管理心理学的研究内容大致可分为四个层次:第一层次为个体心理研究,主要研究社会知觉、个性与管理及有关个体激励的理论;第二层次为群体心理与团队建设;第三层次为领导心理的理论与应用;第四层次为组织心理与员工正面与负面组织行为。

3. 管理心理学的首要任务就是加强对管理心理学的理论、原理、原则、方法的研究以为当前社会服务,贯彻人本管理的理念,实现真正的人性化管理,指导领导者实施最佳的领导方式、决策方式,使激励方法更加现实、有效。

4. 管理心理学研究方法分为两大类:一类为个案研究方法,包括观察法、谈话法、活动产品分析法;另一类为实证研究方法,包括现场调查研究、实验室实验、现场实验。

### 复习思考题

1. 试述管理心理学四个层次的研究内容。
2. 解释管理心理学为当前社会服务的应用性任务。
3. 举例说明管理心理学的两大类研究方法。

# 第二章

# 管理心理学的理论基础

### 学习目标

1. 了解霍桑实验与人际关系学派的主要观点。
2. 掌握人性假设的X理论与Y理论的论点及其对管理思想的影响。
3. 熟悉经济人、社会人、自我实现人、复杂人人性假设的差别及相应的管理策略。
4. 了解人本管理的理论与实施。

## 第一节 管理心理学的产生与发展

### 一、工业心理学的兴起

管理心理学的早期发展同西方工业心理学的兴起是分不开的。为了获得更高的生产效率，心理学家、生理学家们早就注意到如何将重点放在有效地利用人的某些心理、生理资源上。

尽管心理学在泰勒出现之前就已经是一门独立的学科，但是把它直接应用到工业生产领域，研究如何适应和转变工人的心理、激发工人的干劲，以提高生产效率，是20世纪初期才开始探索的。其创始人是芒斯特伯格（Hugo Munsterberg），他被称为工业心理学之父。芒斯特伯格出生于德国，后来移居美国，在受聘于哈佛大学之后，他建立心理学实验室，作为工业心理学研究的基地。1912年，他发表了著作《心理学与工业效率》，其论点很受当时美国工商界的支持和赞赏。政府成立了一个机构，专门从事将心理学应用于解决和指导工业管理问题的研究。

在当时的美国，人们对于科学管理的兴趣已经高涨起来。芒斯特伯格希望能对工业生产中人的行为做进一步的研究。他认为，在工业生产中，人们最大的注意力是放在材料和设备问题上；也有人注意到了工人的心理状态，如疲劳、工作单调、兴趣、工作报酬及其他工情绪等问题。但对于这一类问题，都是由一些"门外汉"来处理的，他们对此很少有科学的理解。

芒斯特伯格的研究要点是要了解人们的心理素质，在此基础上考虑把他们安置在最适合他们的工作岗位上。同时，要研究在什么心理条件下，能够促使每个工人产生最大的、最令人满意的产量。此外，还要考虑如何使人们的情绪能产生有利于工作的最大影响。

芒斯特伯格的《心理学与工业效率》一书包括三个方面的内容：一是尽可能有的最好工人；二是尽可能有的最好工作；三是尽可能有的最好效果。

这方面的研究成果被广泛地应用于职业的选择、劳动合理化，以及改进工作方法、创造最佳工作条件等方面。在当时，创造适合工人体力、心理特征的工作条件，不仅是生产力增长的重要因素，也是减少工人同企业矛盾冲突的重要因素。

芒斯特伯格的研究方向和路线，以及所采取的方法，与管理心理学的发展方向是一致的。但是他所考虑的面比较狭窄，还缺乏社会心理学与人类学的观点和论据。所以他的工业心理学未能引起更广泛的关注。后来的"霍桑实验"为工业心理学增加了深度和广度，并开创了管理心理学的新局面。

## 二、霍桑实验与人际关系学派

乔治·埃尔顿·梅奥（George Elton Mayo），澳大利亚人，1899年于阿德雷德大学取得逻辑学和哲学硕士学位。之后，他曾在澳大利亚的昆士兰大学讲授逻辑学和哲学。不久，他又在苏格兰的爱丁堡研究医学，并任精神病理学的副研究员。在得到洛克菲勒基金的资助后，梅奥移居美国，并在宾夕法尼亚大学沃顿商学院从事教学工作。1926年，梅奥作为一名工业研究副教授参加了哈佛大学的教学工作，并在哈佛大学度过了他大部分的工作生涯，最终成为企业管理学院产业研究教授。梅奥还曾担任过英国政府的工业问题顾问。

梅奥的主要著作有：《工业文明中的人性问题》（1933），《工业文明中的社会问题》（1949）；他的主要论文有：《工业心理学基础》（1924），《人们行为中的非理性因素：工业中不明确的思想》（1923）。

梅奥在哈佛大学任职期间，发起并领导了一系列科研项目，其中最著名的就是对芝加哥的西方电气公司霍桑工厂进行的为期五年的调研，被称为"霍桑实验"。梅奥常被人们称为人际关系论和工业社会学的创始人。梅奥就研究小组在1927—1932年间的研究，提取了大量的材料，并就这些实验及访问交谈的结果进行了总结。在1933年出版的《工业文明中的人性问题》一书中，梅奥提出了人际关系学说。

### （一）对群氓假设的否定

经济学家大卫·李嘉图（David Ricardo）是"群氓假设"的倡导者，这一假设认为：①自然的社会由一群无组织的个人所组成；②每一个人都按着能达到自我生存和实现自我利益的方式来行事；③每一个人都尽力按逻辑进行思考，为达到一定的目标而努力。

梅奥反对并驳斥了这种群氓假设，提出：①重要的是同其他人协作，而不是一群无组织的"乌合之众"互相进行竞争；②所有的人都在为保卫自己在团体中的地位而不是为自己的个人利益而行动；③思维受感情的指导比受逻辑指导更多。

按群氓假设的观点,社会是由一群无组织的个人所组成,他们在思想上和行动上力求符合个人利益,追求最大限度的经济收入。照此假设,管理部门的联系对象仅仅是单个的职工,他们可能被安排去从事固定的、无聊的和过分简单的工作,成了"活的机器"。可是,实验研究表明,工人不是机械的、被动的动物,而是复杂的社会统计的成员,他们受到各方面因素的刺激,而绝不只是工资。

**(二) 人际关系学说的主要观点**

梅奥认为,影响组织生产力的最重要的因素是在工作中发展起来的人际关系,而不只是待遇和工作环境。这说明,劳动生产率不仅受物理和生理因素的影响,而且也受到社会和心理因素的影响,这就是"人群关系理论"的主要论点。

梅奥经"霍桑实验"得出的"人群关系论"提出了以下新的观点。

(1) 传统管理理论把人当做"经济人"看待,认为金钱是刺激人积极性的唯一动力。企业家以"经济人"的身份追求最大的利润,工人则以"经济人"的身份追求最高的工资。

而"霍桑实验"表明,人是"社会人",影响人的生产积极性的,除了物质利益等因素外,还有社会和心理因素。因而,人群关系理论主张把工人当做"社会人"加以尊重,而不是把人视为"机器"。

(2) 传统管理理论认为,生产效率只受工作方法和工作条件的制约,因而在管理上,它只强调实行工作方法的科学化、劳动组织的专业化、作业程序的标准化。总之,传统的管理是以"事"为中心的。

而"霍桑实验"却得出了这样的结论:生产效率的上升或下降,主要取决于工人的工作情绪,即职工的士气。而士气又取决于两个要素,即职工在家庭生活和社会生活中所形成的态度,以及企业内部的人群关系。

(3) 传统管理理论只注意诸如组织机构、职权划分、规章制度等"正式组织"的作用。传统管理只注意人们合乎逻辑的行为,而不注意人们的不合乎逻辑的行为,如情绪性的行为等。

而"霍桑实验"发现并证实了非正式组织的存在。由于存在着非正式组织,这就对企业领导人提出了新的要求:要注意倾听和了解职工的意见,要使正式组织的经济目标与非正式组织的社会需要保持平衡。企业领导人在了解人们合乎逻辑的行为的同时,还需了解其不合乎逻辑而出于感情的行为。

以上观点和理论,构成了早期人际关系学派的主要内涵。

**(三) 人际关系学说的评价**

人际关系学说为管理学和管理工作指出了新的方向,它突出了生产中人的因素,这是管理心理学的一个新起点。这一学说号召人们掌握一种综合的管理技能,其中包括了解人群情况的诊断技能。在管理过程中必须清楚:职工不仅有对物质利益方面的诉求;更重要的是,他们还有对社会、心理方面的需求。因此,需要掌握对工人进行咨询、激励、引导和信息交流的人际关系技能。

梅奥的人际关系学说同泰勒的传统科学管理理论既有区别,也有相同之处。其相同点表现为:目标一致,两者都追求高生产率;两者都认为工人与管理者冲突的责任应归于管理者；两者都追求管理者同工人之间的和谐或利益相关。二者的不同点如表2-1所示。

表2-1 泰勒理论与梅奥学说的区别

| 泰勒理论 | 梅奥学说 |
| --- | --- |
| 由管理当局研究并组织实施消除提高工作成绩障碍的措施 | 监工提高社会技能 |
| 关注中心为个别工人 | 关注中心为团体成员中的工人 |
| 不注意人际关系 | 注意人际关系 |
| 物质与工作环境是影响生产率提高的一个主要因素 | 社会环境是主要的 |
| 只要有机会，人们会追求最大的经济报酬 | 强调团体成员的地位，金钱放在次要位置 |

泰勒理论与梅奥学说之所以有许多差别，应该归因于时代背景、个人的文化素养与训练等。泰勒的科学管理理论符合当时经济、政治与社会环境的需求；梅奥处于经济不景气、战争和社会不安定时期，这一时期需要新的管理思想与方法。泰勒是工程师，追求效率；梅奥受哲学、逻辑学训练，又对精神病病理感兴趣，自然从这一角度考察企业与社会。

### （四）人际关系学派的局限性

人际关系学派缺乏对人的心理因素进行全面、深入地考察，比较片面地强调把提高职工的满意感作为增加生产效率的主要途径。这一学说过多强调非正式群体的作用，而未能看到群体动力学中的其他影响因素。这一学说还缺乏因人、因事、因地制宜的权变观点。在一个企业中，究竟采用这一学说还是采用传统的科学管理方法，要依具体情形而定。

## 第二节 人性假设的理论与人力资源管理的模式

### 一、人性假设的含义

美国管理心理学家道格拉斯·麦格雷戈（Douglas M. McGregor）于1935年在哈佛大学获得博士学位，之后在哈佛大学讲授社会心理学，还曾任安第奥克学院院长，去世前是麻省理工学院的教授。1960年，麦格雷戈出版了他的著作——《管理理论X或Y的抉择——企业的人性面》。

麦格雷戈认为，在每一个管理决策或每一项管理措施的背后，都必有某些关于人性本质及人性行为的假设。这说明，有关人的性质和人的行为的假设，对于决定管理人员的工作方式、管理措施等是极为重要的。

管理人员以他们对人的性质的假设为依据，采用不同的方式来组织、领导、控制、激励职工。接受不同人性假设的管理人员会用不同的方式来管理。

例如，一位管理人员强烈地相信，人不会自觉地去努力工作。因此，他必须在组织内部建立严密的控制手段，以保证职工按时来上班，并受到密切的监控。另一位管理人员却深信，人会自觉地去努力工作，因为他们对工作本身和工作的结果有极大的兴趣与责任感。而带着这种想法的管理者必然十分重视在组织内部贯彻民主与参与型的管理制度，鼓励职工自我约束、自我管理，而不是对他们实行严密的监控。

麦格雷戈认为，"真正的问题在于管理者的宇宙观和价值观的改变，这个问题解决了，其他如何推行的问题便成为细枝末节了"。管理人员对人性所持的假定，实际上就是管理人员世界观的一部分，即他们要对人为什么要工作，以及应该如何去激励他们和管理他们等有一个明确的观念。

麦格雷戈有关人性假定的论述，概括起来有以下三点。

（1）管理的理论与管理者的观念是第一位，而管理的政策与具体措施是第二位。不能本末倒置，也不能简单混同、不加区别。

麦格雷戈在书中写道："在我看来，非常显然地，经理人的养成，由管理当局对管理发展的正规作业而获得，成分实属甚低，而主要是由管理当局的观念所促成，包括对其所担负任务本质的观念，及其为实行该观念而制定的各项政策与实际的性质。"

（2）强调在管理中要着重开发人力资源，发掘人的"潜在力量"。

麦格雷戈认为："须知一个企业的管理方式，往往决定管理阶层对所属人员的'潜在力量'的认知，及对如何开发这份'潜在力量'的认知。倘使我们对管理发展的研究，从各项管理发展计划的形式上的制度着手，我们将走错路。"

（3）管理人员采取哪种理论假定要看具体情况，但是所持理论的观点要旗帜鲜明。

麦格雷戈认为，《管理理论X或Y的抉择——企业的人性面》一书的主旨，在于阐明管理者对控制人力资源所持的各项理论假定，实为企业的整体特性的决定因素，而且还是今后若干代管理人的素质的决定因素。他的目的并不在于劝说管理人选择"理论X"或选择"理论Y"，而只是阐明理论的重要性，促使管理界检讨他们所持的假定，将他们的假定明确化。他认为，唯其如此，才能开启走向未来的大门。

## 二、人性假设的X理论与Y理论

麦格雷戈在总结了若干脍炙人口的人性假定之后，建议将这一套基本假定命名为"理论X"（又称X理论）或"理论Y"（又称Y理论）。所以，这两种人性假设的理论，是一定历史时期管理政策、管理实务的高度概括。

### （一）人性假设的X理论

1. X理论的基本观点

X理论是指领导和控制的传统观点。麦格雷戈称之为"理论X"的人性假定包括以下三个方面的内容。

（1）一般人均对工作具有天生的厌恶，故只要可能，便会规避工作。

麦格雷戈认为，这一假定已根深蒂固，其最早表现出现在《圣经》当中，亚当和夏娃由于偷吃了智慧树上的果实，受到了逐出伊甸园的惩罚，来到了一个他们必须工作才能生存的世界。所以，在管理方面反映出一种基本信念——管理必须压制人类规避工作的本性。

（2）由于人类具有不喜欢工作的本性，故大多数人必须予以强制、控制、督导，加之以惩罚的威胁，才能促使他们为了达成组织的目标而努力。

麦格雷戈认为，这一假定说明，人类对工作的厌恶极其强烈，单单只有奖励仍无法促使他们去努力，唯有给予惩罚的威胁才能有效。

(3) 一般人都宁愿受人监督，喜欢规避责任，志向不大，但求生活的安全。

2. X理论的证据及管理思想

麦格雷戈认为，"理论X"事实上确是一种理论，在今天的美国产业界，这项理论已经深切地影响了各种管理策略。进一步说，许多管理论著中讨论的各项组织的原则，基本上都是以"理论X"的假定为基础而推演出来的。

麦格雷戈还认为："事实上，X理论的确多少有其道理，可以解释产业界中的部分人性行为。老实说，如果一点实际证据也没有的话，这项理论早就不存在了。"

根据X理论，必然会导致下述的管理思想与措施产生。

(1) 任何一个组织绩效的低落都是由人的本性所致。

(2) 人必须在强迫与控制之下才肯工作，因而在管理上要求由分权化管理恢复到集权化管理。

(3) 由X理论推论出的一项组织的基本原则被称为"阶梯原则"（the Scalar Principle），即透过权威的运用以执行督导与控制。

(4) 从X理论出发，强调"组织要求"重于"个人需要"。

应该客观地指出，麦格雷戈对自己所提出的这项人性假定，既有肯定的一面，同时也有相当的保留态度。麦格雷戈认为，"这是一种平凡大众的基本假定"，说得如此坦白露骨。事实上，所谓人类价值的观念，仅是口头的歌颂。所谓父严主义，虽是一句不合潮流的语言，但究其实，绝不是一项已经衰亡的管理哲学。然而，麦格雷戈又认为，"但是，我们在产业界和在其他许多地方，却能看到更多显然可见的现象，与这项人性本质的看法不符"。

**（二）人性假设的Y理论**

1. Y理论的基本观点

Y理论是指将个人目标与组织目标融合起来的观点。麦格雷戈称之为"理论Y"的人性假定包括以下六个方面的内容。

(1) 人在工作中消耗体力与智力，是极其自然的事，就像游戏和休息一样的自然。一般人并非天生厌恶工作。

(2) 促使人朝向组织的目标努力，外力的控制及惩罚的威胁并非唯一的方法。人为了达成其本身已经承诺的目标，自然会"自我督导"和"自我控制"。

(3) 人对于目标的承诺，是根源于达成目标后产生的一种报酬。所谓报酬，项目甚多，其中最具有意义的是"自我需要及自我实现的需要"的满足。这种报酬可以驱使人朝向组织的目标努力。

(4) 只要情况适当，一般人不但能学会承担责任，还能学会争取责任。常见的规避责任、缺乏志向，以及单单重视保障等现象，乃是后天习得的结果，并非先天的本性。

(5) 以高度的想象力、智力和创造力来解决组织上各项问题的能力，乃是大多数人均拥有的能力，而非少数人所独具的能力。

(6) 在现代产业生活的情况下，人的智慧潜能仅有一部分被利用。

由此可见，上述这些假设都是动态的，这些假设指出了人有成长和发展的可能。此外，这些假设的构成，并非以一般工作标准为着眼点，而是着眼于一项深入开发人力资源潜力的设想。

2. Y 理论的管理原则与措施

麦格雷戈认为，Y 理论中的各项人性假设是对已经根深蒂固的管理思想与行为习惯的挑战。Y 理论引发了下述的管理思想、原则与措施。

（1）任何一个组织的绩效之低落都应归因于管理。例如，职工表现懒散、态度冷漠、不愿承担责任、缺乏创造性、不肯合作，那都是因为管理阶层所用的组织方法和控制方法不当的缘故。因为，按照 Y 理论，在组织的舞台上，人与人之间的协调合作倘若有所限制的话，则绝非人类本性所致，而是因为管理阶层的能力不足，未能了解如何充分利用人力资源潜力的缘故。

（2）人是依靠自己的主动性、天资禀赋与自我督导去工作的，因而在管理上要求由集权化管理恢复到参与式管理。

（3）由 Y 理论推导出一项组织的基本原则"融合原则"（the Principle of Integration），即创造一种环境，以使组织中的成员在该环境下，既能达成各成员本身的个人目标，又要努力促成组织的成功。

（4）由 Y 理论出发，强调要同时兼顾组织的需要与个人的需要。

显然，职工要按照管理阶层的看法来调节他们本身，适应组织的需要，而不是脱离组织目标，单纯地追求个人目标。另外，职工努力的结果，使企业获得了成功，从而可以分享这份成功。

总之，应用 Y 理论就是要能够创造出一种环境，使组织中的每个成员都能深切地了解，只有职工努力促成企业的成功，才是他们达成本身个人目标的最佳途径。根据 Y 理论，在管理策略上应采取诸如目标管理、参与管理、绩效考核、薪资与升迁管理等措施。有关这方面的内容将在本书相应的章节中详述。

可以这样认为：根据 X 理论，管理者在管理实践中强调的是控制的技巧、步骤与方法；而根据 Y 理论，管理人员在管理实践中，要营造一种环境，这种环境将鼓励职工对组织目标的承诺，同时也提供一种机会，使职工得以发挥自己的最大聪明才智，达到自我实现的目标。同时，应该客观地指出，麦格雷戈对自己所提出的这项人性假设的态度也是较全面的。一方面他指出，与 X 理论的假设比较起来，Y 理论的假设与社会科学上既有的各项知识更能一致，因而这是一种具有挑战性的新思想。另一方面，麦格雷戈也认为，Y 理论的各项假设是否一定正确尚未完全证实，这些假设还需进一步的实证，还需再精研、再探究、再修正。麦格雷戈认为，初看起来，这些假设似乎不难接受，但是，要将这些假设用于实务，却也不是一件容易的事。

## 三、超 Y 理论

### （一）超 Y 理论的基本特点

超 Y 理论是由莫尔斯（J. J. Morse）和洛希（J. W. Lorsch）提出来的。超 Y 理论以权变论的观点指出：X 理论并非一无是处，Y 理论也不是普遍适用，应该针对不同情况，对任务、组织、人员进行最佳的配合，以激励工作人员取得有效的工作成绩。

这一项新的假设强调，组织的适当模式要依将要进行的工作性质而定，并以人员的特殊需要为考量标准。假如现在有两个工作单位甲和乙：甲单位有比较确定的任务，即在高速的自动生产线上制造标准化的容器；乙单位的工作任务较不稳定，即研究和发展通信技术。为此，两个工作单位的组织管理方法不能完全一样，而是要采取最适合本单位已知的任务性质与人员的不同方法，才能取得高效率的工作成果。表2-2显示了对任务性质不同的工作单位，采用不同的组织形式，可以达到相同的高效率的工作成果。

表2-2 针对不同任务采用不同组织形式达到同等的高效率

| 特点 | 工作单位甲 | 工作单位乙 |
| --- | --- | --- |
| 正式关系和职责的模式 | 结构严谨，规定明确 | 结构松散，规定含糊 |
| 正式规章、程序、控制和衡量系统的模式 | 遍布各处、具体、一致、全面 | 极少、松懈、有伸缩性 |
| 赋予工作制度的时间范围 | 短期 | 长期 |
| 赋予工作制度的目标范围 | 制造 | 科研 |

从表中可见，对于工作单位甲，建立更多的控制环节和更为正规化的组织是合乎需要的。但即使是这样的组织也不一定是强迫性的或惩罚性的。如果其中的人员从他们的需要和工作上看，认为这种组织形式是有道理的，他们也会发现工作是值得做的，因为同样具有激励作用。但是，对于从事科研工作的单位乙，人员的需要是实行更为广泛的自治，随着社会和技术的变化，更多地采取参与式管理的方法最为适合。

**（二）超Y理论对人性的假设**

（1）人们带着各式各样的需要和动机来到工作单位中，但主要的需要是取得胜任感。胜任感是指一个工作组织的成员成功地掌控了周围的环境，其中包括由所完成的任务而积累起来的满意感。

（2）取得胜任感的动机尽管人人都有，但不同的人可以用不同的方式来实现，这取决于这种需要同一个人的其他需要，诸如权力、独立、结构、成就和交往等的相互作用。

（3）如果任务和组织相适合，胜任感的动机极可能得到实现。

（4）即使胜任感达到了目标，它仍继续起激励作用；且在达到一个目标后，一个新的更高的目标就树立起来了。所有的人都需要胜任感，但由于人的个体差异，因而取得胜任感的方式是不同的。

由此可见，超Y理论的权变观中的一个重要含义，就是不仅要使组织适合任务，也要使任务适合工作人员，以及使工作人员适合组织。作为管理人员，可能采取的最佳的组织管理方法，就是整顿组织使之适合任务性质与人员。如果实现了这种搭配，工作单位的有效工作表现和人员的较大胜任感的动力皆可由此而生。

# 第三节 人性假设的另一种分类——经济人、社会人、自我实现人、复杂人

管理心理学家雪恩（Edgar H. Schein）对人性的假设提出了另一种分类，即存在着经济人、社会人、自我实现人、复杂人。雪恩是当代著名的管理心理学家，在哈佛大学获心理学博士学位，任麻省理工学院斯隆管理学院的组织研究学会主席，是该院管理与组织心理学教授。他还兼任美国专业考试委员会组织心理学学历资格审查组主席，美国心理学会、社会学会理事，美国应用行为学研究所与国家培训实验室的研究员。

雪恩在其著作《组织心理学》（Organizational Psychology）一书中阐述了上面的四种人性假设。雪恩所提出的四种人性假设具有一定的代表性与实际意义，现分述如下。

## 一、经济人假设

### （一）经济人假设的基本观点

经济人（Economic Man）又称为"唯利人"，这种假设起源于享乐主义哲学和亚当·斯密（Adam Smith）关于劳动交换的经济理论，认为人的行为动机源于经济诱因，在于追求自身的最大利益。为此，需要用金钱与权力、组织机构的操纵和控制使员工服从并维持效率。

经济人假设包括以下几点内容。

（1）职工们基本上都会受经济性刺激物的激励，不管是什么事，只要能向他们提供最大的经济收益，他们就会去做。

（2）由于经济性刺激物在组织的控制之下，所以职工们是被动的，要受组织的左右、驱使和控制。

（3）感情按其定义来说，是非理性的，因此必须加以防范，以免干扰了人们对自己利益的理性权衡。

（4）组织能够而且必须按照能中和并控制住人们感情的方式来设计，即要控制住人们的那些无法预计的品质。

雪恩进一步认为，有关 X 理论中的人性假设是以上说明之外的附加的假设，这说明 X 理论中的人性假设与上述经济人假设是一致的，互为补充和说明。

### （二）经济人假设与管理策略

奖酬已被证明，是使人们努力工作的激励因素之一。但是问题的另一面是，如果人们指望从组织那里能得到的唯一东西就是奖酬，那么他们总是会越要越多，欲壑难填。在此情况下，人们的感情需要将得不到满足。

根据经济人假设而制定的管理策略有以下几种。

（1）组织是用经济性奖酬来获取职工们的劳务与服从。

（2）管理的重点主要放在高效率的工作上，而对人们的感情和士气方面应负的责任被看成是次要的。

(3) 如果人们工作效率低、情绪低落，解决办法就是重新审查组织的奖酬刺激方案，并加以调整、改进。

雪恩也已经看到，采用经济人假设而制定的管理策略，会造成消极影响，产生负面作用。这些消极影响和负面作用具体表现在以下两个方面。

(1) 管理者不能指望人们所做的工作会超过奖酬与控制制度所鼓励并允许他们所做的工作范围。这说明，管理者奖酬什么，职工们就做什么，更多的奖酬之外的工作是不会有人去做的。

(2) 管理者认为，人们只靠金钱刺激才能动一动，由此而采取的管理策略，客观上把人们训练成仅以此方式工作的人，其后果就是形成多给钱多干、少给钱少干、不给钱不干的"一切向'钱'看"的消极、被动的局面。

## 二、社会人假设

### （一）社会人假设的基本观点

社会人（Social Man）假设是指人的最大动机是社会需求，只有满足人的社会需求，才能对人有最大的激励作用。社会人假设认为：人在组织中的社交动机，如想被自己的同事所接受和喜爱的需要，远比对经济性刺激物的需求更为重要。

社会人假设可以概述为以下几点。

(1) 社会需要是人类行为的基本激励因素，而人际关系则是形成人们身份感的基本因素。

(2) 从工业革命中延续过来的机械化，其结果是使工作丧失了许多内在的意义，这些丧失的意义现在必须从工作中的社交关系里寻找回来。

(3) 与对管理部门所采用的奖酬和控制的反应比起来，职工们会更易于对同级同事们所组成的群体的社交因素做出反应。

(4) 职工们对管理部门的反应能达到什么程度，应视主管者对下级的归属需要、被人接受的需要，以及身份感的需要能满足到什么程度而定。

### （二）社会人假设与管理策略

从社会人假设出发，就要采取不同于经济人假设的管理策略与措施，主要有以下几点。

(1) 管理者不要把自己的注意力局限在完成任务上，而应更多注意为完成任务而工作的那些人的需要。

(2) 管理者不仅要注意对下属的指导和监控，更应关心他们心理上的健康、归属感与地位感。

(3) 管理者要重视班组的存在。因此，在奖励时，不仅要考虑个人奖酬，更应考虑集体奖酬。

(4) 管理者不仅要抓计划、组织与控制，更要充当下级职工与更上层领导者之间的联络人，将下情（下级的需要与感情）上达。管理者不是简单的任务下达者，而是给职工创造条件、提供方便、富有同情心的支持者。

根据社会人假设，西方管理心理学提出了"参与管理"的新型管理方式。有关"民主与参与管理"的详细内容，本书将在后续章节中详述。

### 三、自我实现人假设

**（一）自我实现人假设的基本观点**

自我实现人（Self-Actualizing Man）假设是指人们力求最大限度地将自己的潜能充分地发挥出来。只有在工作中将自己的才能充分表现出来，才会得到最大的满足感。即使能力低的人，在他们的其他需求或多或少已经获得满足之后，也会在自己的工作中寻求意义和任务完成的满足感。

雪恩在总结了马斯洛、阿吉里斯、麦格雷戈等人的理论后，提出了自我实现人假设，并认为这种假设与麦格雷戈的 Y 理论的假设是一致的。

自我实现人假设可以概述为以下几点。

（1）当人们的最基本需要（食物、饮水、住所）得到满足后，他们就会转而致力于较高层次需要的满足，即自我实现。这种自我实现的需要是指人所具有的力求最大限度地利用自己的才能与资源的需要。

（2）个人总是追求在工作中变得成熟。他们通过行使一定的自主权，采用长远的观点来看问题，培养自己的专长和能力，并以较大的灵活性去适应环境等从而体现出自己的逐渐成熟，并使自己能真正成熟起来。

（3）人主要还是由自己来激励和控制自己的，外部施加的刺激物与控制很可能对人造成一种威胁，并使人退回到较不成熟的状态。

（4）自我实现和使组织绩效更富成果。这两方面并没有什么矛盾，如果能给予适当的机会，职工们是会自愿地把他们的个人目标与组织的目标结合为一体的。

**（二）自我实现人假设与管理策略**

自我实现人强调的是对自主、挑战、个人成长，以及充分发挥自己的潜能与才智等的较高层次的需要。在现实生活中，科技专业人员、教师、管理干部等，他们有着强烈的参与工作的倾向，他们的核心价值观是追求具有挑战性和有意义的工作。当然，并不是每个人都期望他们的工作环境能向他们提出挑战和具有意义，他们的核心价值观并不把工作当作"生活的主要乐趣"，而是"凭良心干一天活，公正地得一天钱"就行了。形成这种局面的原因是多方面的，其中之一就是这些人觉得自己的生活仍受威胁，不安全、不稳定，工资给得太少，这就是低层次的需求尚未满足，因而不得不去应付这些因素。另一方面，管理者对职工监控得太凶、太严，因而职工的期望被现实压低了，于是也习惯于不抱过高的期望。

根据自我实现人假设，应该采取以下的管理策略与措施。

（1）管理重点的改变。管理者要较多地考虑怎样才能使工作本身变得具有内在意义和更高的挑战性。问题不在于使职工的社交需要得到满足，而在于职工们能否在工作中找到意义，那才能给他们一种自豪感与自尊感。

（2）管理职能的改变。管理者与其说是一位激励者、指导者或控制者，不如说是一位起催化作用的媒介者，是创造与提供方便的人。管理者要为发挥人的聪明才智创造适宜的条件，减少和消除职工自我实现过程中所遇到的障碍。

(3) 奖励方式的改变。奖励方式分外在的奖励与内在的奖励。外在的奖励包括工资、晋升、良好的人际关系等。内在奖励是指人们在工作中获得知识、增长才干，因完成了任务与发挥了个人的潜能而得到了最大的满足感。只有内在奖励才能满足人的自尊和自我实现的需要，从而极大地调动职工的积极性。根据自我实现人的假设，应该强调内在的奖励。

(4) 管理方式的改变。从自我实现人假设来看，管理制度与方式也要进行相应的改变。总的来说，管理制度与方式应能保证职工充分地展露自己的才能，达到自己所希望的成就。这就要求管理者实行"民主与参与管理"，给职工以一定的自主权，使他们参与组织决策的实施。

### 四、复杂人假设

#### （一）复杂人假设的基本观点

复杂人假设是指人是很复杂的，人们的需要与潜在的欲望多种多样，而且这些需要的模式也是随着年龄与发展阶段的变迁、随着所扮演的角色的变化、随着所处境遇及人际关系的演变而不断变化的。

雪恩在20世纪60年代末至70年代初的研究结果表明，无论是经济人、社会人、还是自我实现人，都各有其合理性的一面，并不适用于一切人。一个人在不同年龄、不同时间和不同地点会有不同的表现。人的需要是随着年龄增长、知识增加、地位改变，以及人与人之间关系的变化而发生变化的。

复杂人假设可以概述为以下几点。

(1) 人类的需要可以分成许多类，并且会随着人的发展阶段和整个生活处境而变化。人的需要的等级、层次会因人、情境、时间而异。

(2) 由于需要与动机相互作用，并组合成复杂的动机模式、价值观与目标，所以人们必须决定自己要在什么样的层次上去理解人的激励。例如，一方面，金钱是能满足许多不同的需要的，即便是某些人的自我实现需要，也可以由金钱来满足；但另一方面，社交动机或自我实现需要又可以用多种方式来满足，以及在不同的发展阶段用不同的方式来满足。

(3) 职工可以通过他们在组织中的经历产生新的动机。这说明，一个人在某一特定的职业生涯中或生活阶段上的总的动机模式和目标，是他的原始需要与他的组织经历之间的一连串复杂交往作用的结果。

(4) 每个人在不同的组织中或是同一组织的不同部门中，可能会表现出不同的需要。一个在正式组织中受到冷遇的人，可能在工会或非正式群体中得到自己的社交需要与自我实现需要的满足。

(5) 人们可以在许多不同类型的动机基础上，成为组织中生产率很高的一员，全心全意地参与到组织中去。对个人而言，能否获得根本的满足，对组织来说，能否实现最大的效益，仅部分地取决于这种激励的性质。

(6) 职工能够对多种互不相同的管理策略做出反应，这取决于他们自己的动机和能力，也决定于工作任务的性质。

#### （二）复杂人假设的管理策略

根据复杂人的假设，应该采取以下的管理策略与措施。

（1）管理者要有权变论的观点，即以现实的情境为基础做出可变的或灵活的行为反应。为此，管理者必须学会，在某一给定的情境中，正确的组织、管理或领导方式，要根据实际情况而定。

（2）既然人的需要与动机都是各不相同的，那么管理者就要根据具体的人的不同情况，灵活地采取不同的管理措施，要因人而异、因事而异，不能千篇一律。

（3）管理者的管理策略与措施不能过于简单和一般，而是要具体分析，根据情况采取灵活多变的管理方法。例如，在企业的任务不明确、工作混乱的情况下，需采取严格的管理措施，才能使生产秩序走上正轨。反之，如果企业的任务清楚、分工明确，则可以采取授权形式，使下级充分发挥自己的能动性。

## 第四节　人本管理的理论与实施

### 一、人本管理的实质与内涵

人本管理的实质可概括为确立"人本位"与尊重"人本性"的管理理念。前者是指确立人在组织中及管理过程中的主导地位；后者强调人是组织中的主要资源与活力源泉。通过人本管理，牢固树立尊重人、依靠人、服务人、发展人的管理理念。

尊重"人本性"是指人要认同人的共性与人的个性，既要关心人的普遍共性，又要关注人的个性特征及特殊的利益诉求。尊重"人本性"就是要关注人的尊严感，理解与尊重人；要着重开发人的潜能；让员工主动、积极地参与组织的活动。以此使人自身的能力得到全面的开发与发展，最终目标是点亮人性的光辉，回归生命的价值。

由上可见，人本管理是一种确立人的本位、尊重人的本性、实现人的自由、全面发展的管理模式。

### 二、人本管理的目标

人本管理的终极目标是对人的人性化管理与个性化管理。通过人性化管理，使人的需要得到满足，从而发挥人的积极性、主动性、创造性。通过个性化管理，使人的潜质现实化，从而达到自我实现的目的。人本管理的目标不是让员工消极地被管理，而是主动地进行自我管理。人本管理在人的假设中相信人是追求自我实现的人、追求自我管理的人。

人本管理的理想境界是使人获得全面而自由的发展。人本管理中要为此而创设人全面、自由发展所需的场所，在人本管理中所创设的组织文化环境皆有利于人们个性化的发展，有利于推动人的自我实现与自主管理。

### 三、人本管理的意义

以人为本与人本管理已成为现代社会、政治、经济中有共识性的重要理念。十八大已明确指出，党的执政理念是以人为本，党的科学发展观的核心是以人为本。

人本管理是一个理想与超现实的命题。人本管理的终极目标是人的自由而全面的发展。

人本管理中对人的发展也分先后，首先是"重视人""关心人""以人为中心的管理"，然后发展为重视"人力资源的开发与管理及人力资源的重视和应用"。开始阶段，人本管理先重视人的功利性需要，即生存需要；之后重视人的创造性需要，即培育人的知识、能力、心理等素质的全面发展。

总之，人们对人本管理的认识与实践在不断深化与提高，需要尽量减少认识上的偏差。

### 四、人本管理思想的演变

#### （一）人本管理思想是管理的回归

人本管理不是管理的新学派、新流派，人本管理并没有提出新的管理理论与观点。从管理思想的演变角度看，人本管理只是管理的回归，回归到管理的本来面目上。管理的实质就是人本管理，就是确立在管理中"人本位"的思想，确立尊重"人本性"的思想。

其实，在管理史的发展过程中，从泰勒的科学管理时代直至当今的各种管理流派，都已经包含了人本管理的各种思想。

#### （二）泰勒科学管理中的人本主义思想

泰勒的科学管理思想中并没有忽视人的因素，而是将管理描述为一个把组织的物质资源或技术力量同人力资源结合起来，以便实现组织目标的过程。

泰勒将科学管理中要重视人的因素这一人本主义思想称为心理革命。科学管理的实质是劳资双方心理态度的转变，即要达成合作而不是对抗关系。他们双方都会认识到，当他们以友好合作而不是对抗的态度面对彼此时，企业利润就会大增，工人的工资也会增加，这就是心理革命，这是实现科学管理的第一步。科学管理的最终目的是使企业财富最大限度地增加，与此同时工人的利益也能极大地增加。

泰勒的科学管理中的人本主义思想还体现在以下三个方面：激励、管理环境优化及重视文化管理的作用。

总之，泰勒的科学管理不仅强调监督与控制，更强调"完全的心理革命"，其内涵为员工与雇主双方经历企业文化、价值观的转变，看到了精神激励的重要性，看到了人的心理需要，以及尊重、平等待人等精神激励因素在刚性制度管理中的作用。

#### （三）人际关系——行为科学阶段中的人本管理思想

人际关系——行为科学的代表人物是梅奥等人。梅奥通过霍桑实验得出三项结论：①工人是社会人，是复杂的社会系统的成员，工人不是单纯追求金钱，而是有社会的、心理的需求；②存在着"非正式组织"；③激励的主要目标是提高员工的满意度、士气。

行为科学阶段集中要解决的问题是：①有关人的需要、动机和激励问题；②有关"人性"问题；③非正式的组织与人际关系问题；④领导方式问题。

行为科学的研究中已经提出了许多宝贵的理论与解决方法，如需要层次论、双因素理论、期望理论，涉及人性问题的有 X 理论、Y 理论，涉及非正式组织、人际关系、领导方式问题的团体力学理论、敏感性训练、领导方式连续统一体理论、支持—关系理论等模式。

由上可见，在人际关系—行为科学阶段已为人本管理的理论建设与实践打下了基础。当然，在新时代对人本管理中的问题理应提出新的理论模式与解决途径。

### （四）中国传统文化中的人本管理思想

我国最早明确提出"以人为本"的观念是春秋时期的齐国名相管仲。在《管子·霸言》中有这么一段话："夫霸王之所始也，以人为本。本理则国固，本乱则国危。"管仲所说的"以人为本"，就是以人民为本。可见，人本管理作为一种管理理念在我国古代就已存在，并且代表着管理科学发展的历史。

中国传统文化中的人本主义思想主张尊人、爱人与施仁政，强调"以民以人为本"，认为"人为五行之秀气"，推崇"国以人为本""政以收民心为本"。为此，主张实行"尊人、爱人、不伤民、富民、利民，无欲有欲各得以足"的仁政之道。

传统文化中强调，人本管理的实施要"义以生利"，相信"得人者得天下""得人者兴，失人者亡"。要获得成事的人才，在实践中要选好人、用好人，使人本管理得以实现。总之，中国传统文化主张对人的态度要尊重、爱护，对人的管理则要施仁政。

## 五、人本主义心理学是人本管理的理论基础

人本主义心理学要探讨的是人性、价值、意义、自我实现，这反映了物质生产高度发展后的社会需要。

现代社会，一方面是物质生活高度发达，另一方面则是严重的社会问题相继出现，如失业、暴力、吸毒、精神疾病等日益增多，犯罪率上升等，这些都使社会充满不安与动荡。人本主义心理学正是在这种时代背景下产生的。

人本主义心理学的主题就是人性、价值、意义、自我实现等，现代人本管理的理论基础也是要探索现代社会中人性、动机、潜能、价值观、自主、自我选择、自我实现等问题。由此可见，人本主义心理学实际上就是人本管理的理论基础。

人本主义心理学的核心内容是人的自我实现，而人本管理的重大目标就是管理使人达到自我实现。人本管理的另一个重要目标就是人的潜能现实化。潜能是指个人未来可能发展的能力，潜能不仅仅是"将要有""可能有"的能力，而是现在就存在着的能力。人具有生物潜能与心理潜能，这是人类的一种高级需要或冲动，如友爱、合作、求和、审美、公正、创造的需要。人的自然潜能都有自发实现的倾向，理想的社会就是要通过实施人本管理，创设条件，使人的潜能现实化。

由此可见，人本管理的两大目标——促使人的自我实现与人的潜能现实化，其理论基础就是人本主义心理学。

### （一）人本管理中有关人及人性的假设

人本管理中的人力资源观与物本管理中的人力资源观存在着明显的差别。这种差别可以用一个简单的列表显示出来，如表2-3所示。

表 2-3 人本管理与物本管理中人力资源观的差别

| 物本管理 | 人本管理 |
| --- | --- |
| 人是工具与手段 | 人是动力与资源 |
| 人处于从属地位 | 人处于中心地位 |

由表可见，物本管理中对待人力资源的出发点与着眼点是将人当做工具与手段，于是，对待人力资源的态度就是将人作为资源加以利用与控制、操纵，也因此导致人在管理中始终处于从属地位。如果在对待人力资源的态度上只停留在"利用""操纵"层面，那么，开发人力资源也就仅会停留在挖掘管理的技巧方面。人本管理中的人力资源观强调的不是依靠管理技巧而发挥出员工被动的积极性，而是把人的因素当做管理中的首要因素和本质因素，通过发挥与开发人性的潜能，实现人力资源的主动开发，涌现出主动发挥的积极性。

### （二）人本管理中的有关人的基本假设

经典著作及心理学的研究成果表明：①人是有自我意识、自我需要、自我利益考虑的生物体；②人是可以管理的，人的心理、行为、动机、能力是可以塑造的，也是可以影响及改变的；③企业文化、社会环境、社会文化可以改变企业的价值观，影响人的心理与行为方式；④通过人本管理可以实现人的自由而全面的发展，为人们更好地完成社会角色提供了选择的自由。

### （三）人本管理中的人性观

人本主义的人性观反对将人性生物化、动物化，而是强调人的内在本质，是独特的本体论存在状态。人本主义的人性观中强调人性的基本性质为似本能，反对人性由本能决定的本能论观点。

纵观人本管理中的人性假设观点，可分为以下内容：①人有潜在的善性；②人性是成长、发展的；③通过社会、教育、人格完成，会使人性得到发展。

人本管理中人性的主导性理论模式为性善论，认为人具有积极性、乐观性、善良性、道德性、建设性、向上性、可信赖性等价值定向，因而人的未来发展的潜在倾向是积极的，没有邪恶行为的似本能倾向。

人本管理中的人性假设认为，人性非静止不变的，而是成长与发展的。人本管理的根本目的就是促使人性的成长与发展。

### （四）人本管理中实施的管理方式

人本管理在管理方式上有以下三个特点：实施人性化管理、实施个性化管理、实施自我管理。

#### 1. 实施人性化管理

人性化管理是人本管理的本质特征所要求的。作为组织，首先考虑的并不是组织的功利目标，而是要考虑员工潜质的发挥。为此，组织在员工的岗位安排、环境、文化氛围、资源配置等过程中均以是否有利于当事人的本意，是否有利于他的潜质特性的发挥为首要目的。在功利化与人性化目标面前，组织要兼顾、融合而不能偏废。

#### 2. 实施个性化管理

人本管理中要尊重人的个性差异，要根据不同员工的个体差异实施差异化管理，也就是要实施"一把钥匙开一把锁"的深入细致的管理方式。尊重个性差异就要实现差异化领导。作为领导者，其领导理念与领导方式也要因人而异，实现权变领导。差异管理与权变领导是实现个性化管理的重要管理方式。

#### 3. 实施自我管理

管理的最高境界是不用约束和管理，完全依靠员工对自己的思想与行为进行自我管理。自我管理是一种能有效地体现人本管理宗旨的管理方式。自我管理是要发挥人自身的作用，激发自己的潜能。

人本管理中的自我管理是一种引导性的管理准则，其本质是组织成员的自我管理，是不需要权威和命令的管理，以引导代替权威和命令，以协调成员行为。自我管理是促使员工个性化发展的条件与结果。

总之，自我管理实现了人本管理的宗旨，通过自我管理使员工参与到人本管理的一切工作中。自我意识、自我反省、自我锻炼等皆为实施人本管理的重要方面。

### 六、人本管理的实施

人本管理不是为各项管理职能贴上"人本管理"的标签和口号，而是实实在在地融入各项管理职能中，如激励、团队建设、组织构建、员工薪酬与用工制度、员工培训等。下面选择几项重要的管理职能加以说明。

#### （一）人本管理在员工激励职能中的实施

通过人本管理，领导的职责是把职工的动机有效地引向组织的目标，将职工作为人力资源加以开发，通过激励了解动机、留住员工、激发创造性。

在人本管理中，要善于应用当今世界的三大激励模式——物质激励模式、精神激励模式与感情激励模式。

当今社会的物质文明已有大幅提高，为此，尽管金钱仍是满足多种需要的主体，但已不再是人们唯一的追求目标。当前，要强调精神激励，其中的主要形式是提倡企业精神与企业文化，以此鼓励员工工作。在实施以人为本的管理理念中要推行人性化的管理，其要点是要尊重人、关心人，这就要求加强、加深领导与员工之间的感情联系。为此，以情感为纽带的感情激励模式会产生有效的激励作用。在人本管理中实施感情激励，其性质是一种软性管理，是一种带有人情味的管理。

在人本管理中，既要克服"平均主义"大锅饭的分配方式，也要克服两极分化、差别很大的社会不公平的分配方式。作为领导者，在人本管理的实践中要正确区分哪些是真正的激励因素，哪些是消极的去激励因素。领导者的职责是通过努力使去激励因素向激励因素转化。

#### （二）人本管理在组织构建中的实施

在人本管理的组织设计中，通过将组织结构、制度规范的变革与组织成员行为的改变有机地结合起来，将人置于组织的管理、运行过程的中心地位，以实现调动组织成员的主动性、积极性、创造性，促进人实现全面发展的组织目标。

人本管理中的组织设计应遵循一些原理，这些原理包括以下内容：①统一有效；②幅度合理；③职权与知识、直线主管与幕僚相结合；④扁平化集权和分权的平衡和适宜。

人本管理组织的基本形式是学习型组织。通过创建学习型组织形式，使全体成员全身心地投入工作，使员工能体验到工作中的意义，创造自我、积聚能量。通过学习型组织，成员间保持亲密合作的人际关系，提升能力，最终达到使组织与环境相结合、人与组织共同发展的目的。

人本管理中要诊断低效率与病态组织，并使之优化。要在人本管理的实施过程中不断诊断是否出现低效率与病态的组织状况，通过诊治，完善组织的权力结构、角色结构、沟通结构，这是使成员潜能得到激发及组织得以发展的动力过程。

低效率、病态组织的低效率和病态是由组织因素与主管因素、成员因素所造成的，可归结为结构与政策因素。要将低效率、病态组织改造成为人本管理的组织，必须进行权力、沟通、角色结构的重塑，具体做法如下。

1. 重塑权力结构

重塑权力结构就是在人本管理组织中强调协商、分权结构、组织扁平化，使集权与分权平衡，使其成为理想的权力结构。

2. 重塑沟通结构

重塑沟通结构就是要创造成员间沟通的机会。要从决策民主化与协商的制度化、规范化做起，实现组织和团队的全员决策，打破沟通对象与范围的限制，向成员自由沟通和交往的沟通结构发展，以激发成员的工作热情和智力发展。

3. 完善角色结构

完善角色结构是强调组织成员的个性化和特殊的角色行为对组织结构和运行的影响。完善角色结构有利于增加成员及组织间的沟通，使组织内冲突减少，协调合作增加，关系融洽，加强组织地位与作用。

（三）人本管理在员工薪酬与职业生涯管理中的实施

实实在在地关注员工的薪酬与职业生涯的前途与规划是"以人为本""人本关怀"的核心。人本管理中制定薪酬制度对一个组织来说是最重要的问题，也是矛盾最多、难度最大的一项工作。

薪酬具有补偿、激励、调节与增效的作用。在人本管理中关心员工的薪酬、工资、福利，其实质就是关心民生，最具体的体现是"以人为本"和"人本关怀"。在薪酬设计中要遵守以下原则。

1. 适度性原则

适度性原则是指薪酬既要有上限，也要有下限。只有高于规定工资下限、低于规定工资上限的薪酬才是适度的。

2. 公平性原则

薪酬不在于多少，而在于与条件相等的人比较时感觉公平与公正，这样员工的积极性才会提高。

3. 接受性原则

不被员工认可的薪酬制度起不到激励作用，只有被员工广泛接受的薪酬制度才会有成效。

4. 刺激性原则

高额奖金、国外培训等刺激性措施能起到强化员工劳动行为的作用，并使其行为达到更高目标。

5. 多元化原则

薪酬制度的多元化能满足员工多元化的需求。

人本管理中的职业生涯管理，具体体现在组织为员工设计制订职业发展规划，并将其付诸实施。根据人本管理的思想，劳动用工制度应遵循以下原则：①用人所长、用人所能，劳动与所长、所能一致，目标与利益协调一致；②达到人遂所愿、人适其事、事得其人的理想目的；③通过动态的调整，使人与岗位相匹配，员工使用与人才培养相结合。

#### （四）人本管理中员工培训的实施

有计划的员工培训是促使员工自我实现与潜能现实化的主要方式与手段。人员培训与工作成效有密切的关系。员工的工作成效和工作积极性在很大程度上取决于他们所得到的培训和所掌握的知识与能力。培训可分为职前训练与在职训练。

（1）职前训练。通过职前训练可以建立起新进人员与企业之间的情感与友谊，通过职前训练可以培养新进人员在岗位上所需的特定技能，让他们了解工作方法与内容，并努力掌握新技能，从而胜任当前的工作。

（2）在职训练。由于社会发展、技术发展、科技发展，要求从业人员必须不断学习，增进新知识、新技能以适应环境。

开发人力资源对企业的重要性超乎资金、时间、设备等资源。而切实符合企业所需的人才，必须由企业本身采取措施，加以培训、培养，并使这种培训与企业目标相一致。

培训的方法包括讲授法、示范法、情境教法和案例研究法。

培训作为一种教育活动有别于普通教育，其特点表现为培训的战略性、培训的针对性和培训的多样性。

培训活动的目标可划分为五个层次：知识培训、技能培训、思维培训、观念培训与心理培训。

#### （五）人本管理在团队建设中的实施

1. 人本管理中团队建设的方向和目标

人本管理中团队建设的方向和目标应该与人本管理的总目标和方向一致，那就是通过团队建设使团队中的个体与群体都得到自由而全面的发展。为达此目标，在团队建设中实施人本管理应注意以下几点。

（1）关注团队构成的队员角色、地位、影响力、沟通与交互作用，还必须充分考虑并切实保障成员相互沟通的无障碍性、交互作用的有效性，以及果断、足够的授权。

（2）要倡导团队精神与愿景，这是因为团队精神与愿景是一种凝聚团队成员的亲和力，对成员的集体意识有强化作用，是团队对其成员的一种文化确认与影响力确认。

（3）通过人本管理中的团队建设将团队再造成为一个自主性的管理团队。此外，通过差异化的团队管理方法与人性化管理方法，使人自由而全面的发展得以实现。

2. 人本管理中对团队的差异化管理方法

团队成员之间的差异可以看作是团队运行的推力，也可看作是团队运行的"耗损黑洞"。为此，在团队成员的差异化管理中，既要发挥差异的结构和滚动效应，同时也要避免"耗损黑洞"对团队各方面的侵蚀和瓦解作用。对团队成员差异问题的不同看法，决定了团队在差异化管理中是发挥了"差异资产"的正面效应，还是扩张了差异"耗损黑洞"的负面效应。显然，不同的抉择会导致不同的后果。

团队的差异化管理方法在具体实施时又可分为以下三种：两人关系体管理法、差异抑制管理法、利导管理法。

（1）两人关系体管理法。这是一种分而治之的差异化管理方法的具体形式。它是指将团队成员分割成众多的"两人关系体"，从而将成员的个体差异效应牢牢地禁锢在两人关系中，这样由差异引起的冲突和不满就不会在团队的层面上反映出来。

（2）差异抑制管理法。差异抑制管理法具体有以下几种方式：①对个人差异视而不见，无视其存在，对任何事物的处理都是一刀切；②强调事物发展和处理事物的理性，要求成员克服因个人差异而引发的在客观事物面前的内心痛苦；③劝导成员放弃个人对问题的不同看法；④成员可以宣泄个人的不同见解和意见，但问题的解决仍由领导仲裁。

（3）利导管理法。这也称利导式差异管理法，这是一种"疏通"和"引导"相结合的差异管理方法。利导管理法要取得预期效果，关键在于让团队成员之间有透彻的意见沟通。这样，既保障了成员发表见解的权利，又发挥了成员的专长与智力因素，有利于团队人心的凝聚。

团队的差异管理是从团队层面将一切工作趋向人本管理的一种尝试。

## 本章小结

1. 工业心理学与霍桑实验及人际关系学派的兴起在管理心理学的发展中起着里程碑式的作用。

2. 人性假设的X理论与Y理论的观点与由此而产生的管理策略截然相反。前者认为人性是懒惰、消极的，因而要严加控制与管理；后者认为人是积极、主动、有创造性的，因而要采取参与式管理与融合的原则。

3. 经济人、社会人、自我实现人、复杂人假设具有不同的内涵与特征，针对不同的人性假设将采取不同的管理策略。根据经济人假设主要采取物质与金钱刺激，针对社会人假设采取参与管理的策略，针对自我实现人假设采取人本管理的方式，而对应复杂人假设要采用权变管理的策略。

4. 人本管理的目标是发挥人的潜能，实现人的全面发展。人本管理的原则是实行个性化发展、自我管理、创设物质与文化环境、人与组织共同成长等。

5. 人本管理的基本方式是要有组织内体制架构的保障，领导要采取权变领导与管理，注重人本主义文化环境的塑造，促使人的心理与行为的转换。

## 复习思考题

1. 试述人际关系学派的主要观点及其意义。
2. 比较人性假设的 X 理论与 Y 理论的不同观点及相应的管理策略。
3. 解释人本管理概念的内涵及其原则。
4. 分析实施人本管理应注意哪些方面的问题。

# 第三章

# 人力资源的跨文化管理

**学习目标**

1. 了解文化的概念与特征,认识民族文化四维度的内容。
2. 深刻理解人力资源管理理论的文化相对性。
3. 了解中国人力资源今后的努力方向。
4. 掌握整合同化理论的实质及其在跨文化管理中的应用。
5. 认识不同国家和地区的人力资源招聘模式的跨文化比较。

## 第一节 管理与文化

### 一、管理与文化概述

从马克思主义的历史唯物论的观点看,经济是基础,而政治与文化是上层建筑。政治与文化是在一定的经济基础上产生的,一旦占统治地位的先进的政治与文化产生,必然会反过来促进经济的发展。

管理理论属于观念形态的一部分,任何一个时代,某一时期的管理理论的产生都有其深刻的、具有时代经济基础的原因,即受到一定生产方式的现实制约。显然,古典管理理论、人群关系理论与当代管理理论都与一定时期生产方式的发展相联系。

同样,为了建立具有中国特色的管理心理学的理论,首先要考虑我国的政治制度,即不同于资本主义社会的社会主义制度模式;其次要考虑我国有着光彩夺目的几千年的历史文化传统。

生根于中国文化传统中的中国人所特有的心理、行为、习惯等,深深地埋藏在中国人的精神深处,这些可以感觉到的因素应该在管理制度和措施的制定中被充分地考虑进去。经验表明，如果管理制度不符合人们固有的文化传统，就会在改革中遇到阻力。国外的情况也是如此，如"全面质量管理小组"的活动在美国行不通，而在日本就行得通。这是因为，在美国的企业中，其文化传统强调的是个人独立活动；而在日本的企业中，其文化传统强调的是集体统一行动。日本有着封建集权观念、等级观念、家庭观念、团队精神等文化传统，因而在管理上一般采取"长期雇用制""集体决策""缓慢晋升"等一系列与之相应的措施。而美国的文化传统中强调个人的独特性与独立地位，团体观念相对淡薄，因而在管理上大多采取"短期雇用制""个人决策""快速提升"等一系列与之相应的措施。

由此可见，管理思想的产生既受到经济基础的制约，同时也受到社会、政治、文化传统的制约。不顾本国的文化传统，生搬硬套其他国家的管理理论与思想，其效果一定是不理想的。只有一方面吸收国外的先进管理理论与思想，另一方面结合本国的文化传统加以合理的利用，才能做到以我为主、博采众长、融合提炼、自成一家。

## 二、文化的概念与特征

### （一）文化的概念

"文化"这个词，在英文与法文中均为"culture"，它是从拉丁文"cultura"演变而来的。拉丁文中的"cultura"有好几种意义：一为耕种；二为居住；三为练习；四为留心或注意；五为敬神。

在日常生活中，人们对文化的最狭义的理解，就是要学文化、讲礼貌，言行不粗鄙，提倡文化素养。

人们对文化的另一种习惯性理解，是指艺术、文博、图书等文化行政部门。

人们对文化的广义理解是指除政治、经济、军事以外的一种观念形态、是精神活动的产物。文化是一个复杂的总体，它表现为一定时期人们的艺术、宗教、信仰、道德、习俗、心理等传统。

文化是各门学科如思想史、哲学史、科学史、文学史、宗教史、中外关系史、考古史、文物学、古文献学等，共同的研究对象。管理心理学对文化的理解，应该限定在特定的界限内，以便从特定的角度来考察管理与文化的相互关系。

文化是影响某一人群总体行为的态度、类型、价值观和准则，它是某种环境下人们集体精神的程序编制表现。

显然，在任何一个时代，一个民族、一个阶层的人们都有自己的观念、心理状态、思维方式、社会习惯、人情世态、行为准则等，这些就是人们集体精神的程序编制表现。在一定文化影响下所形成的人们的态度、类型、价值观、准则等，决定了该人群总体的行为方向。我国文化传统中的一个中心思想是"礼"，这种儒家思想几千年来统治着人们的心理状态、思维方式、社会习惯、人情世态、行为准则等。此外，"尊老爱幼"的理念也是我国文化中的优良传统。

## （二）文化的特征

文化的特征可以分为以下四个方面。

### 1. 文化不是一种个体的特征，而是人类群体的特征

这个群体是由相同的教育、相同的生活经验所制约的大群体，如部落、宗教组织、协会、工作组织、家庭等。

### 2. 文化是一种观念形态，是精神活动的产物

文化存在于人们的精神中，同样也体现在人们的物质生活中。人们的衣、食、住、行等都体现了一定的文化，即一定历史时期、一定地区的精神生产的结果。

### 3. 文化具有相对的独立性与稳定性

文化形态是从社会经济结构中发展起来的，并受这个结构的制约。但是，文化形态一经产生，便具有相对的独立性和稳定性。

文化的稳定性表现为地域性、民族性与排他性。中华民族的文化有极强的稳定性与相对独立性。从历史的经验看，外来文化传入中国后，将被中华文化所融合。

### 4. 文化是发展的

尽管文化的变化是缓慢的，但终究是要发展、变化的。政治、经济对文化的发展、变化具有决定性的影响，但是，这种影响是通过文化自身的矛盾运动来实现的。具体来说，文化是通过对自身的扬弃、克服、批判、继承、融合而发展、变化的。中华民族在数千年的历史中，以及在现在与将来，都将不断地通过自身的批判克服、摒弃文化传统中的糟粕，同时继承、发扬、融合中外文化中的精华。

## 三、民族文化的维度

美国管理协会的管理心理学家吉特·霍夫斯泰德于1980年发表了《动机、领导和组织——美国的理论可以在国外应用吗?》一文。这是一篇有关管理心理学的跨文化研究的重要论文。作者提出，确定民族文化特征的维度有以下四个：权力距离，不确定性规避，个人主义与集体主义，男性度与女性度。

民族文化四个维度的提出，是大规模调查研究、大量统计分析和理论推断得出的结果。这项调查研究长达7年；资料总数包括116 000张问卷；调查范围遍及40个国家和地区；调查对象是某一跨国公司的各分公司中的雇员，其中包括从非熟练工人到上层管理者的不同层次的人员。

以一个跨国公司内的资料为调查对象是能够说明民族文化的特征的。因为，来自不同国家的受试者组成了良好的匹配样本，他们受雇于同一公司，具有相同的职业、年龄范围和性格构成也是相似的，唯有国籍不同。因此，如果考察了在不同国家中的跨国公司雇员中的问卷结果的差异，那么，一定程度上能够解释这种差异的因素就是民族文化。

民族文化四维度的内涵可概述如下。

### 1. 权力距离

权力距离（Power Distance）是民族文化的第一个维度。权力距离是指社会承认的权力在组织机构中不平等分配的范围。权力距离也可以理解为职工与管理者之间的社会距离。权力距离具有大与小的显著差异，它代表两个极端的民族文化的程度差异，但大多数民族位于两个极端之间的某处。

大的权力距离表现为以下的特征：等级顺序严格，每个人都处于或高、或低的位置上；少数人是独立的，大多数人是依赖的；掌权者是有特权的；有权和无权者之间存在着潜在的冲突等。

小的权力距离表现为与此相反的特征：等级应减至最低程度；所有的人应该相互依赖；处于不同权力地位的人，相互间信任，很少感到有威胁；有权与无权之间存在着潜在的和谐。

权力距离的大小可以用权力距离指数（Power Distance Index，PDI）的量值来表示。

### 2. 不确定性规避

不确定性规避（Uncertainty Avoidance）是民族文化的第二维度。不确定性规避是指一个社会感受到的不确定性和模糊情境的威胁，并试图以提供较高的职业安全性、建立更正式的规则、不容忍偏离观点和行为、相信绝对知识和专家评定等手段来避免这些情境。不确定性规避具有强与弱的显著差异。

强的确定性规避表现为以下特征：将生活中固有的不确定性感受为必须与之不断战斗的威胁；体验到高度的焦虑和应激；冲突和竞争可能增加攻击性，因此，应该避免；偏离的人和思想是危险的，不容忍其占优势等。

弱的不确定性规避表现为与上述相反的如下特征：较容易接受生活中固有的不确定性，每天都能接受它的来临；体验到平静和较低的应激；冲突和竞争都维持在公平竞赛的水平上，并建设性地来使用；不认为偏离是威胁，有较大的容忍度等。

不确定性规避的强弱，也是用不确定性规避指数（Uncertainly Avoidance Index，UAI）的量值来表示的。

### 3. 个人主义与集体主义

个人主义与集体主义（Individualism Versus Collectivism）是民族文化的第三个维度。个人主义是指一种组织松散的社会结构，其中的人仅仅关心他们自己和自己最亲密的家庭。集体主义的特征是社会结构严密，其中有内部群体与外部群体之分，他们期望内部群体（亲属、氏族、组织）来关心他们，他们也对内部群体绝对忠诚。

个人主义表现为以下特征：在社会中，人们应关心自己和自己最亲密的家庭；"我"的意识占统治地位；在制度中寻求自主、多样化、快乐和个人财产安全等。

集体主义表现为与之相反的下述特征：在社会中，人们生来就在保护他们的家庭和要对这个集体忠诚；"我们"的意识占统治地位；专长、制度、责任和安全是由组织或氏族提供的等。

个人主义的强弱用个人主义指数（Individualism Index，II）的量值来表示；集体主义的强弱用集体主义指数（Collectivism Index，CI）的量值来表示。

4. 男性度与女性度

男性度（Masculinity Dimension）是民族文化的第四个维度，这一概念也包括其对立面——女性度（Feminine Dimension）。这一维度的内容是代表在社会中"男性"优势的价值程度。例如，自信、获得金钱和物质、不关心他人、强调生活质量或人。这些价值称为"男性的"，因为差不多在所有社会中，男性在这些价值的肯定面上比其否定面上（如自信，而不是自信的缺失）会得到更高的分数。

男性度表现为以下特征：社会中性别角色是明确地划分的；社会中男性应占统治地位；钱和物质是重要的；羡慕有成就者等。

女性度则表现为以下特征：社会中的性别角色不是固定的；两性间应该平等；人和环境是重要的；同情不幸者等。

男性度用MDI指数（Masculinity Dimension Index）的量值来表示；女性度用FDI指数（Feminine Dimension Index）的量值来表示。

## 第二节　人力资源管理理论的文化相对性

### 一、世界文化分类图

按照民族文化四维度的得分高低，可将世界上大部分国家和地区的文化分成不同的几类。由于在单个图表中表示这四个维度有困难，所以世界上许多国家和地区在维度中的位置，以一次显示两个维度的图来表示。

**（一）不同国家和地区在权力距离和不确定性规避维度上的分类**

从图3-1中可见，不同国家和地区在权力距离和不确定性规避维度上可以分成以下四种类型。

（1）大的权力距离，弱的不确定性规避。属于这种类型的国家和地区有：新加坡、中国香港、印度、菲律宾。

（2）大的权力距离，强的不确定性规避。属于这种类型的国家和地区有：巴基斯坦、伊朗、泰国、中国台湾、意大利、巴西、委内瑞拉、哥伦比亚、阿根廷、智利、土耳其、墨西哥、西班牙、法国、秘鲁、日本、比利时、葡萄牙、希腊。

（3）小的权力距离，强的不确定性规避。属于这种类型的国家有：芬兰、瑞士、奥地利、德国、以色列。

（4）小的权力距离，弱的不确定性规避。属于这种类型的国家有：丹麦、英国、新西兰、美国、加拿大、南非、挪威、澳大利亚、荷兰。

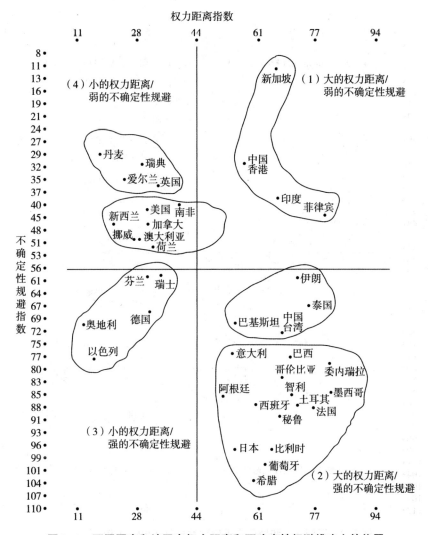

图 3-1　不同国家和地区在权力距离和不确定性规避维度上的位置

**（二）不同国家和地区在不确定性规避和男性维度上的分类**

图 3-2 为不同国家和地区在不确定性规避和男性维度上的位置。由图可见，不同国家和地区可以分成以下四种类型。

（1）弱的不确定性规避，男性度。属于这种类型的国家和地区有：中国香港、英国、爱尔兰、印度、加拿大、新西兰、美国、菲律宾、南非、澳大利亚。新加坡处于最弱的男性度，正在向女性度靠拢的位置上。

（2）强的不确定性规避，男性度。属于这种类型的国家有：瑞士、德国、奥地利、意大利、委内瑞拉、哥伦比亚、阿根廷、墨西哥、比利时、日本。日本的男性度指数高。

（3）强的不确定性规避，女性度。属于这种类型的国家和地区有：伊朗、泰国、中国台湾、巴基斯坦、巴西、以色列、西班牙、法国、土耳其、秘鲁、智利、葡萄牙。

（4）弱的不确定性规避，女性度。属于这种类型的国家有：丹麦、瑞典、挪威、荷兰。芬兰处于向强的不确定性规避靠拢的位置。

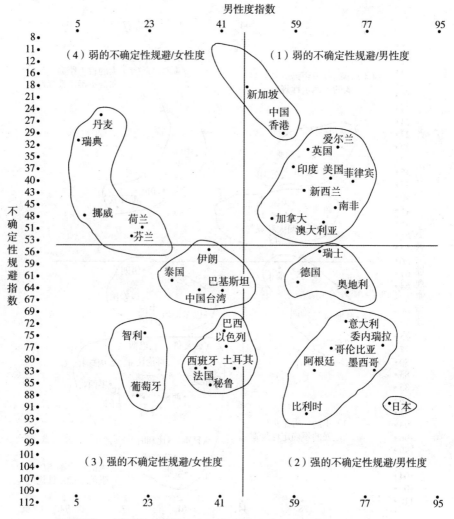

图 3-2 不同国家和地区在不确定性规避和男性维度上的位置

### (三) 不同国家和地区在权力距离和个人主义维度上的分类

图 3-3 显示了不同国家和地区在权力距离和个人主义维度上的位置。从图中可见，不同国家和地区可以分为三种类型。

(1) 大的权力距离，集体主义。属于这种类型的国家和地区有：巴基斯坦、哥伦比亚、中国台湾、秘鲁、委内瑞拉、泰国、智利、新加坡、葡萄牙、中国香港、希腊、墨西哥、土耳其、菲律宾、巴西、伊朗、阿根廷、日本、印度。

(2) 大的权力距离，个人主义。属于这种类型的国家有西班牙、南非、法国、意大利、比利时。

(3) 小的权力距离，个人主义。属于这种类型的国家有：奥地利、以色列、芬兰、挪威、德国、爱尔兰、瑞士、瑞典、丹麦、新西兰、加拿大、荷兰、英国、澳大利亚、美国。

在图 3-3 中有一空白处，因为不存在小的权力距离和集体主义的组合。

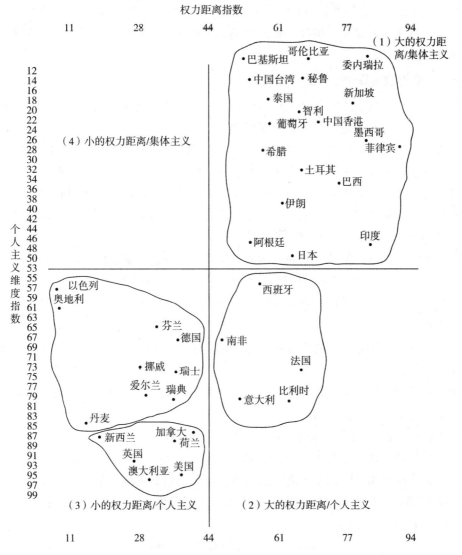

图 3-3 不同国家和地区在权力距离和个人主义维度上的位置

以上三图，表示世界文化类型的一系列组合。应该指出，上述的研究仍然是不够全面的，其中缺乏东欧和其他国家地区的材料，同样也没有我国内地的调查资料，因而其结果仍具有地区性。

## 二、人力资源管理理论的文化相对性

20 世纪 60 年代以来，美国产生和输出了世界上最多的管理理论，并涉及人力资源管理的一些关键领域，如激励理论、组织理论等。那么，在一个国家发展起来的理论，在哪些方面以及可以在什么程度上能够应用于别的国家呢？

任何理论的提出者都是生活在特定的文化环境中的，所以任何一种理论都必然反映一定的文化背景。因此，美国的理论必然反映美国一定时代的文化。同理，意大利、英国、德国和法国的理论也分别反映了意大利、英国、德国和法国的一定时代的文化。又由于当代大多数理论家是中产阶级知识分子，因而，他们的理论就反映了一个国家的中产阶级的文化背景。

下面从民族文化四维度及世界文化分类图的角度来考察各国在应用人力资源管理理论时的文化相对性。

### (一) 在应用激励理论中的文化相对性

美国激励理论的代表人物及其理论思想有：马斯洛的需要层次论、麦克利兰的成就动机论、赫兹伯格的双因素理论、弗鲁姆的期望理论等。

这些理论的产生与美国的文化传统有密切的联系。例如，美国的个人主义维度占第40位，也就是说，美国是一个推崇个人主义的国家。极高的个人主义倾向导致了需要用自我利益来解释行为，即人的行为动机是为了获得某种需要的满足。此外，美国的弱的不确定性规避和相对高的男性度的组合，说明这个国家的成就动机是普遍的。因为，成就动机就包含着人们乐意承担风险，同时又关心自己的成就内容。

但是，另一些国家的情况就不同。例如，对于具有强的不确定性规避和男性度组合的国家（如德国、墨西哥、日本等）最需要的是成就加安全，而不像美国那样的成就加冒险。

对于具有很强的不确定性规避和女性度组合的国家（如巴西、泰国等），最需要的是生活质量加安全。

对于具有弱的不确定性规避和女性度组合的国家（如丹麦、瑞典、荷兰等），最需要的是生活质量加冒险。

同理，在需要的问题上，德国、日本等国是安全需要第一，而巴西等国是安全与社会需要第一，瑞典等国是社会需要第一。

在对于诸如工作的人性化方面，美国是属于男性化社会，因而注重建设个人职业，实现工作丰富化。但是，在女性化占统治地位的北欧国家，如瑞典的"沃尔沃"汽车工厂，就强调建立半自主的班组，降低个人之间的竞争，增强健康的人际关系。

表3-1 以美国、日本和中国三个国家为例，说明了由于各国文化背景的差异，在采取激励措施时会有明显的差别。

表 3-1 不同国家激励措施的差异

| 国家<br>鼓励措施 | 美国 | 日本 | 中国 |
| --- | --- | --- | --- |
| 动机 | 成就+冒险 | 成就+安全 | 生活质量+安全 |
| 需要 | 成就需要（个人） | 安全需要+个人成就需要 | 社会需要+安全，个人需要 |
| 工作 | 工作丰富化<br>重建个人职业 | 集体班组成就 | 健康的人际关系<br>降低个人间竞争关系 |

### (二) 在应用领导理论中的文化相对性

美国的领导理论，如李克特的管理的四种体制，布莱克、莫顿的管理坐标图，麦格雷戈的Y理论等，这些理论的共同点是它们都提倡下属参与管理者的决策，并且参与是由管理者发起的。然而，有较大权力距离的法国却不怎么关心美国式的参与管理，而是更关注有权力的人。此外，权力距离小于美国的国家（如瑞典、挪威、德国和以色列等）相当赞成由下属采取主动的管理模式（工业民主形式），但不怎么赞成美国式管理。

同样采取工业民主的方式，在低的不确定性规避的国家，如瑞典，工业民主首先从地方实践的形式开始，到后来才形成一个立法框架。而在高的不确定性规避的国家，如德国，工业民主首先是由立法产生，然后再在组织中产生活力。

从表 3-2 中可见，不同国家在采取工业民主与参与管理的程度是有差异的。

表 3-2　不同国家采取工业民主与参与管理程度的差异

| 国家 | 美国 | 法国 | 瑞典 | 德国 | 日本 | 中国 |
|---|---|---|---|---|---|---|
| 差异 | 一般关心 | 不关心 | 工业民主 | 工业民主 | 关心 | 制度性要求民主与参与管理 |

此外，领导者采取什么风格来进行领导，在很大程度上依赖于下属的文化条件，以及不同的权力距离水平。

目标管理是一种领导方式，也是美国最流行的管理方法。但是，对于目标管理的理解，在不同国家也有区别。美国从其特有的文化出发，认为实行目标管理法应该有以下的先决条件。

（1）与主管人进行有意义的谈判时，下属有充分的独立性（不太大的权力距离）。

（2）上级和下属都乐于承担风险（低的不确定性规避）。

（3）上级和下属都认为成绩是重要的（高的男性度）。

德国是一个权力距离较低的国家，而同时具有高的不确定性规避，因而在实行目标管理法时，不接受风险和模棱两可的倾向，主张用相互赞成的非个人权威来代替主管人的裁决性权威。在德国，目标管理应理解为目标协商管理。

法国将目标管理称为目标参与管理。总的来说，目标参与管理在法国只徒有口号，因为法国人从他们的童年起就习惯于大的权力距离，习惯于高度人格化的权威，而目标管理法的先决条件是以内化了的目标形式作为非人格化权威。

从表 3-3 可见，各国在目标参与管理方面也存在明显的差异。

表 3-3　不同国家在目标参与管理方面的差异

| 国家 | 美国 | 德国 | 法国 | 日本 | 中国 |
|---|---|---|---|---|---|
| 差异 | 解释为领导决策为先决条件 | 目标协商管理 | 不赞成目标参与管理 | 赞成 | 先决条件为领导决策，同时加强民主，参与决策 |

### （三）在应用组织理论中的文化相对性

小的权力距离文化中的人们喜欢决策的非集中化，而大的权力距离文化中的人们喜欢集中决策。在美国，增加薪金是由雇员的直接上司提出的；而在法国，是由上司的上司决定的，这种行政方式在法国人看来是非常自然的。

从表 3-4 可见，决策在哪一级进行，不同国家是有差异的。

表 3-4　不同国家决策级次上的差异

| 国家 | 美国 | 法国 | 日本 | 中国 |
|---|---|---|---|---|
| 差异 | 顶头上司 | 三级上司 | 顶头上司 | 集中化决策，地方开始有自主权 |

权力距离与中央集权化有关，而不确定性规避与形式化（对正式规则和规定的需要）、

将任务委派给专家等有关。为此，大多数法国组织的"内含模式"是金字塔形，表现为中央集权和形式化；德国的组织像是一架润滑的机器，表现为形式化但不是中央集权；英国的组织则是一个乡村市场，既不是形式化，也不是中央集权。表3-5反映了不同国家在组织结构的权力形式方面存在差异。

表3-5 不同国家在组织结构的权力形式方面的差异

| 国家 | 法国 | 德国 | 英国 | 中国 |
| --- | --- | --- | --- | --- |
| 差异 | 金字塔形（中央集权和形式化） | 润滑机器（形式化而非中央集权） | 乡村市场（非形式化、非中央集权） | 中央集权，形式化经济体制改革向民主化发展 |

相比之下，美国的组织形式是一种处于"金字塔""润滑机器""市场"模式之间的组织结构权力形式，这种形式有助于解释为什么在非常不同的文化中，美国的工商业活动能够取得成功。根据美国组织的概念，层次本身并不是目标（如在法国），规则本身也不是目标，这两者都只是获得结果的手段，如果需要，它们是可以改变的。在向着矩阵组织或更灵活的组织体系发展时，可以打破层次和官僚的传统。

## 第三节　中国的文化传统与管理思想的相关分析

### 一、中国文化的基本精神

什么是中国文化的基本精神，至今学术界并无统一的定论，但以下几点是易为大多数人所接受的。

**（一）刚健有为，自强不息**

在《周易大传》中提出了"刚健"的学说。《彖传》说："需，须也，险在前也。刚健而不陷，其义不困穷矣。"《象传》说："天行健，君子以自强不息。"强调"刚健"，主张"自强不息"，这是有着深刻意义的精粹思想。至于《周易大传》的作者，有人认为其源于孔子，但是由战国时期儒家学派中讲"易"的学者提出来的。

《周易大传》关于"刚健"和"自强不息"的思想实际上起了推动中国文化向前发展的积极作用。而道家的"柔静"学说则是"刚健"思想的一种补充，两者相互对峙、相互引发，构成了中国文化的独特面貌。

**（二）中庸思想——和与中**

孔子说："中庸之为德也，其至矣乎！民鲜久矣。"（《论语·雍也篇》）但是，中庸的含义，各家的理解与解释不尽相同，有人认为"不偏之谓中，不易之谓庸"（朱熹《中庸章句》）。

中庸思想的主要含义是：在事物的发展过程中，对于一定的目的来说，有一个特定的标准，达到这个标准就可以实现这个目的，否则就不可能实现这个目的。没有达到这个标准叫作"不及"，超过了这个标准叫作"过"。如果超过了这个标准，就不可能实现原来的目的，而有可能转变到原来目的的反面。所谓"中庸之为德"，就是要遵守一定的标准，既不过，亦不不及。

中庸思想在中国文化发展中起着两重性的作用：一方面保证了民族文化发展的稳定性，反对过度的破坏活动，使文化发展不致中断；另一方面，对于根本性的变革又起了一定的阻碍作用。因为，在一定条件下，社会的变革只有打破原来的标准，才能取得更大的发展；如果固守原来的标准，就停滞不前。

### （三）崇德利用

春秋时代有"三事"之说。《左传文公·文公七年》中记载了晋国贵族郤缺的言论，说："正德、利用、厚生，谓之三事。""正德"是提高精神生活，"利用、厚生"是提高物质生活。"三事"之说兼重物质生活与精神生活，是一种比较全面的观点。

### （四）天人协调

天人协调问题，亦即人与自然的关系问题。在这一问题上有三种观点：庄子主张因任自然，"不以人助天"（《庄子·大宗师》）；荀子主张改造自然，"大天而思之，孰与物畜而制之？从天而颂之，孰与制天命而用之？"（《荀子·天论》）；最后一种观点为"辅相天地"学说，在《周易大传》的《象传》中说："天地交泰，后以财（裁）成天地之道，辅相天地之宜，以左右民。"所谓"裁成""辅相"，亦即加以调整辅助。

综合上述三种观点，天人相互协调，即为在自然变化未萌之先加以引导，在自然变化即成之后注意适应，做到天不违人、人亦不违天，即天人相互协调。用现代的观点看，改造自然是必要的，而破坏自然一定要自食苦果。中国传统的天人协调观具有重要的价值。

除上述观点外，也有人认为，诸多理论思想，如儒家思想——"礼"、尊老爱幼等，皆为中国文化传统，在此就不一一列举了。

## 二、中国文化的维度分析

中国文化的维度分析可以分为两个方向：一为纵向比较，即从历史的角度考察中国文化维度的变迁；二为横向比较，即将中国文化的维度与外国文化的维度作对比分析。如表3-6所示。

表3-6 中国文化维度的历史比较

| 文化维度 | 封建社会 | 社会主义新中国 |
| --- | --- | --- |
| 权力距离 | 大（严格的等级制度） | 有封建思想的残余<br>民主化进程已开始 |
| 不确定性规避 | 大（中庸之道） | 风险性弱 |
| 个人主义与集体主义 | 个人主义（名利思想） | 集体主义 |
| 男性度与女性度 | 男性度（男尊女卑） | 男女平等 |

由此表可见，新中国成立后，在文化传统四维度上，同封建社会相比，已在许多方面有了长足的进步，如民主化进程已经开始，创造精神得到提倡，集体主义成为精神支柱，男女基本平等等。但是，中国社会的封建思想残余仍是可以触及、感受得到的，如权力过于集中，民主化思想尚未真正树立，创造精神还处于萌芽状态，个人主义思想时隐时现，部分地

区还有男尊女卑现象等。

如果将中国与美国作一下比较，则可以看到更加明显的差异，见表3-7。

表3-7 中国与美国在文化传统维度上的差异

| 维度 | 美国 | 中国 |
| --- | --- | --- |
| 权力距离 | 小 | 大 |
| 不确定性避免 | 小 | 大 |
| 个人主义与集体主义 | 强（个人主义） | 强（集体主义） |
| 男性度与女性度 | 中上（男性度） | 男女平等 |

由此表可见，中国与美国在四个维度上都存在差异。这说明，中美两国不仅在社会制度上存在着本质的差异，而且在文化上的差异也是相当大的。

如果将中国与日本作一下比较，则可以看到另一种情况，如表3-8所示。

表3-8 中国与日本在文化传统维度上的差异

| 维度 | 日本 | 中国 |
| --- | --- | --- |
| 权力距离 | 大 | 大 |
| 不确定性规避 | 大 | 大 |
| 个人主义与集体主义 | 集体主义 | 集体主义 |
| 男性度与女性度 | 大 | 小 |

由此表可见，中日两国在社会制度上存在差异，但在文化维度上仍有相似之处。当然，日本的集体主义与中国倡导的集体主义在本质上仍有区别，这是不言而喻的。

如果把不同的文化维度结合起来考察，则可发现，在权力距离与不确定性规避的组合上，中国相当于日本、比利时、葡萄牙、希腊等国，即大的权力距离，大的不确定性规避。在权力距离与个人主义与集体主义维度的组合上，中国相当于日本、阿根廷等国，即大的权力距离和集体主义。在不确定性规避与男性度与女性度的组合上，中国相当于智利、葡萄牙等国，即强的不确定性规避与女性度。

## 第四节 整合同化理论与跨文化管理

### 一、整合同化理论产生的历史背景

跨国公司是全球化发展的产物，同时它也大大推进了全球化的进程。它使不同国家和不同地域的人们比以往任何时代都有了更多接触，这种接触不仅体现在资本、技术、商品、劳务方面，还涉及深层次的文化、管理等方面。

跨国公司有很多特点，其中较突出的一个特点就是多元化。同时，多元化也成为今天组织的重要特征。对于多元化，人们有不同的理解。本书认为多元化的核心是多样性，它的外延包括管理方式多元化、经营多元化、产品多元化、投资主体多元化、培训方式多元化等。跨国公司的多元化特点主要体现在以下三个方面。

（1）文化背景多元化，主要指员工在种族和文化背景上的差异，如跨国公司可能来自不同国家和地区，来自不同的种族。

（2）员工个体多元化，包括员工性别多元化、年龄多元化、心理多元化、生理多元化等个体因素的差异。

（3）其他多元化因素，包括员工学历、家庭与婚姻状况多元化、收入、社会地位、工作经验的差异等。

跨国公司人力资源多元化使得管理多元化成为必要。多元化管理的一个重要任务是增强企业的凝聚力，保证组织成员有一致的努力方向。

如何实现管理多元化？本书认为，整合同化理论是实现这一目标的有效方法和理论。整合同化理论（Integration-Assimilation Theory，IAT）是将企业多元的价值观转变为一个大多数员工认同的共同价值观念，即企业核心价值观，并使全体员工接受。整合（Integration），指跨文化企业主动组合内外部资源，在求同存异的基础上，将多元化价值观转化为企业新的共同价值观，它既来源于多元价值观，又高于多元的价值观。同化（Assimilation），是组织对共同价值观进行确认，并使其成为绝大多数员工认同的观念。

## 二、整合同化理论的特点及模式

### （一）整合同化理论的特点

整合同化理论是共同管理文化（Common Management Culture，CMC）模式的进一步推广与提高。整合同化理论具有以下四个特点。

（1）该理论阐释具有中国特色的跨文化管理模式。在中国引入西方先进管理观念和方法时，在多元文化被整合同化的过程中，必须立足于中国传统的管理文化，只有适合中国国情的整合同化理论才能取得最终成功。

（2）整合同化理论进一步从系统论的观点，阐明了宏观、中观和微观三个层面的跨文化管理。从跨国公司东道国与母国之间文化差异的宏观层面来看，跨文化管理需要对文化差异进行了解、适应和调整，达成整合与同化——这是整合同化的第一层面；就跨国公司内部的中观层面来看，要对企业组织内部各部门的不同文化氛围或背景进行协调，达到组织之间、团队与团队之间的协同合作，构建和谐而具有弹性的组织网络——这是整合同化的第二层面；从个体的微观层面看，不同社会文化背景的员工进入跨国公司后，需要多元化员工之间有良好的沟通，对其实行多元化管理，调动和发挥其潜能，增进组织智商——这是整合同化的第三层面。这三个层面各自独立，同时又相互作用、相互影响。

（3）整合同化理论是在共同管理文化模式的基础上发展、总结出来的理论，其主旨是体现不同管理文化的"最佳协和"状态。其理论基础主要有：莫朗（Robert T. Moran）的跨文化管理理论，他以"最佳协和（Synergy）作用"来评价跨文化管理模式的有效性；阿德勒（Adler）也在其"文化协调配合论"中，提出了跨文化管理中文化协调的方向、处理方法和有益建议等；美国学者斯特文斯（O. Pstevens）提出了"组织隐模型理论"，对各国组织中权力距离、不确定性规避等特征进行了描述和分类；加拿大学者基林（Peter Killing）提出了合资企业成功之道的标志及其遇到的障碍；毕密斯（Paul W. Beamish）对发展中国家的合资企业的经营提出了一些准则。

（4）跨国公司面向的是瞬息万变的市场、多元化的员工、多元化的社会文化背景，因而客观上要求跨国公司的管理具有发展性、动态性。作为学习型的跨文化企业，必须根据现存的管理认知结构，主动同化和组织新的信息、顺应新的变化。所以，成功的跨文化管理必然是由跨文化企业作为一个行动者主动进行而实现的。

### （二）整合同化的过程

跨国公司的文化整合同化过程可以分为四个阶段：探索期、碰撞期、整合期及创新期。文化冲突的高潮可能发生在碰撞期，也可能发生在整合期。

1. 探索期

在文化整合的探索期，需要全面考察跨文化企业所面临的文化背景、文化差异，以及可能产生文化冲突的一些相关问题，并根据考察的结果初步制订出整合同化的方案。利用"公司简讯""公司各类会议"沟通不同文化团体之间的思想与行为模式的差异。列出各方的文化要点、公司的期望，并列表进行"相同点"和"不同点"的比较。经理们和职员们常用图解的方法来表示文化差异对他们的影响，这可为随后的跨文化分析提供可视化的起点。

2. 碰撞期

碰撞期是跨文化企业进行文化整合的实施阶段，也就是文化整合开始执行的阶段，这一阶段往往伴随着一系列管理制度的出台。因此，在这一过程中十分重要的是对障碍焦点的监控。所谓"障碍焦点"是指文化整合过程中可能成为重大障碍的关键因素，它可以是某一个人、某一个利益团体、某种文化背景之下的一种制度等。随着文化整合的进行，障碍焦点将是一个十分活跃的因素。碰撞期由于不同文化的直接接触，发生冲突的情况是在所难免的，只是不同的跨文化企业的冲突类型不同，程度有所差异而已。因此，在碰撞期中把握好文化整合的速度和可能发生的文化冲突的强度，是监控障碍焦点过程中必须注意的问题。

3. 整合期

整合期是指不同的文化逐步达到融合、协调、同化的时期，这是一个较长的阶段。这个阶段中的主要工作就是形成、维护与调整文化整合中的一系列行之有效的跨文化管理制度与系统。这是一个动态的发展过程，"整合—同化"在这一阶段体现得最为明显。跨文化管理中需要采取深度访谈等方式寻找适合于不同文化的共同愿景。

4. 创新期

创新期是指在文化趋向同化的基础上，跨文化企业整合、创造出新的文化的时期。这一时期的开始点相对于前面三个时期来说是比较模糊的，因为很可能文化碰撞的过程就是开拓和创新的过程，而且随着跨文化企业的成长与成熟，创新期的主题和过程会不断地进行下去，寻找出不同文化中的优点，摒弃不同文化中的缺点或不适应之处，促进一个创新的、充满生机的跨文化企业文化的整合形成，在文化碰撞的基础上创新出具有独特风格的跨文化的管理文化。

## 第五节　不同国家和地区人力资源招聘模式的跨文化比较

每一个国家和地区的历史、地理、文化、风俗、信仰、种族等方面都存在着较大的差异，这些差异决定了行为准则和方式有所不同，人力资源招聘也是如此。尽管所有国家和地区的企业都把招聘放在重要的位置上，以促进人力资源的提升和变更人力成本，但其方式方法存在许多不同之处，且侧重点也不一样。

### 一、美国模式

美国模式具有以下特点。

*1. 能力是招聘的基础*

美国企业实行的是能力主义人才竞争机制，即企业甄选和录用应聘者，员工在企业中的合理使用，薪酬增加和职务晋升等都以员工在具体岗位中所发挥的实际能力为依据。这种能力主义竞争机制对员工构成某种制约，富有创造才能、高素质的人在企业中积极寻找机会表现自己，努力发挥自己的才干，就能争得一席之地，晋升到高的职位上。反之，员工业绩平平，无所作为，为此不能加薪，还可能被解雇或自动辞职。经营管理人员所负责的工作未达到预期目标就会被降职、调离或被解雇。美国崇尚个人价值的实现，只要有更好的职位，他们就会另谋高位，为此，员工对企业的忠诚度不高。因此，美国企业员工流动率高，"跳槽"现象十分普遍。

*2. 工作分析是招聘的重要准备*

美国企业之间存在激烈竞争，为此，选用人才对企业发展至关重要。美国企业采用"砌砖墙"模式招聘人才，即重视和规范工作分析并把它作为人力资源管理的基石，用以确定每一个岗位的职责、任职者具备的能力和身心素质标准，明确任职者应有的知识和所需接受的培训，然后根据这些尺度去衡量应聘者。只有合格者才能得到录用，并接受工作。同样，企业也会依此尺度对工作绩效进行考评。

*3. 双向选择是招聘的重要特征*

应聘者根据招聘信息，对岗位条件、标准进行自我分析、衡量，并了解企业的整体情况，从而选择合适的企业和合适的岗位作为应聘目标，企业根据工作分析，择优录用。企业采取"高不求，低不就"的原则，尽量使被录人员的能力与岗位相匹配，不提倡"人才高消费"。

### 二、日本模式

日本模式具有以下特点。

*1. 招聘的主要渠道是校园招聘和内部招聘*

日本的大多数企业采用"砌石墙"模式招聘员工。由于石头存在不同的形状，所以"砌石墙"是根据每块石头的形状来安排其最合适的位置。中、高等学校的应届毕业生是日本企业招聘的主要来源。

2. 终生雇佣制是招聘双方的行为准则

在日本，应聘者一旦被企业录用，就终身服务于该企业。因此，应聘者大多以慎重的态度对待，为此要大量搜集企业信息，反复衡量比较，分析企业的发展前景。员工不愿意中途跳槽，企业也不轻易解雇员工。日本法律规定了雇佣和就业自由，但传统的终身雇佣制在很大程度上影响了招聘方与应聘方的行为。

3. 文化因素在内部招聘中起决定作用

在日本，员工的社会地位的高低取决于所属企业在社会上享有的声誉及本人在企业中所处的地位。在企业中谋取高级职位是日本员工的一大追求。由于日本不少企业引入了美国的职能资格制度，并将其与原有的"年功自动升格制"相结合加以推进，因此，员工都避免在考核评价中被划入差等，力争取得高等级的胜任评价，获得认可的竞争资格和谋取好的职位。为此，员工之间展开了旷日持久的竞争，其中包括效忠企业、服从领导、实现业绩等。员工也以个人的不同手段效忠企业，如自动延长工作时间等，由此产生了一批优秀的技术人员和管理人员，他们成为企业的中坚力量。但"过劳死"也是日本企业中常有的一大现象。

## 三、德国模式

德国模式具有以下特点。

1. 双向选择，重视技能培训

德国的职业教育十分发达，招聘时注重员工所受职业训练和掌握的专项技能，关注受聘者的资格证书。德国文化相对严谨、墨守成规和自律独立，因此技能培训能确保员工在工作岗位和环节上达到岗位要求。德国有完善的用人市场，双向选择、自由雇佣、遵守合同和法规是招聘中要严格遵守的规则。

2. 招聘时间不固定

德国的组织招聘通常不与高等院校的毕业时间衔接，在一年中的任何时间都可以根据工作需要面向全社会公开招聘。招聘原则是轻学历、重技能、重潜质，有能力的员工受聘机会多。

3. 提倡流动招聘，更加关注有其他公司工作经验的员工

在德国，高级的管理岗位也可以采用"空降兵"手段，即可直接由其他公司跳槽来应聘的员工获得。这说明德国更看重真才实学、个人的具体表现，以及个人拥有的知识与技能。

4. 对新员工培训注重流水作业培训，对特别优秀的员工进行特殊的岗前训练

德国对新录用的员工的培训相当严格，每个新录用的员工都有见习计划、初级员工计划、流水线式的作业流程培训计划等。对特别优秀的员工，公司会提供一系列有针对性的特殊培训，使他们快速地获取工作技能并提升工作能力。如德国奔驰公司的招聘标准包括智力、团队合作能力、沟通技巧、积极主动的工作精神、勇于承担责任、处理压力的能力、多学科的学习潜能、独当一面的工作能力八个指标，如果在上述指标中有五个以上获得特别优秀的成绩，公司将安排特殊的培训计划。

## 四、中国香港模式

中国香港的模式具有以下特点。

1. 人员招聘方式高度专业化

香港作为我国的一个特别行政区，由于其政治、经济发展历史的特殊性，其招聘方式也独具特点，香港十分注重招聘手段的专业化。目前，在员工招聘中广泛使用的就是 PAPI 测试。PAPI 测试是借助工业心理学的知识，对员工进行性格测试的国际标准化技术，以这种技术为基础的招聘和培训均有严格的标准化模式。

2. 人力资源招聘工作的从业人员高度专业化

香港重视招聘人员的专业素质和专业训练。从 20 世纪 70 年代起，香港企业建立了一套以工作分析和工作评价为核心的规范的人力资源管理制度，要求凡从事人力资源招聘工作的从业人员，不仅需要相关的学历背景、工作经历、专业认证机构颁发的人力资源管理专业等级资格证书，而且必须接受过招聘知识、技术和技巧方面的专门训练。这种高度专业化的从业队伍，可以确保招聘工作的公正性、科学性和有效性。

3. 招聘方式的线上化

网上招聘可以节省大量成本和时间，香港近 85% 的企业会选择电子招聘方法。香港大多数企业都设有自己的网站，可以直接发布招聘信息，接受电子应聘资料，进行初步甄选，对应聘人员进行在线测试，在网上进行初步沟通，然后进行测试和面试。网上招聘具有快捷、便利的特点，并可节省大量的人力和物力。

## 五、新加坡模式

新加坡模式具有以下特点。

1. 用优惠政策和高薪待遇直接从发达国家引进人才

新加坡是一个自然资源相对匮乏的国家，为了以人力资源弥补自然资源的不足，新加坡使用"三最"来吸引国外的优秀人才，即用最好的工作条件、最具挑战性的工作、最高的薪酬吸引最优秀的人才。如果企业成功招聘到国外优秀人才，即可享受减税和提供免费培训等优惠政策。

2. 企业直接从国内外名牌大学招聘所需人员

新加坡崇尚出身，名牌大学毕业的学生在新加坡企业会受到各种礼遇。如美国一流大学的毕业生可直接从校园进入企业，且会立即受到重用。与其他国家不同，新加坡的校园招聘是所有招聘渠道中地位最高的。

3. 企业的管理者与政府公务员之间难以形成流动

新加坡的公务员享受很高的待遇，但职业领域进难退也难，流动更难，于是形成了一支稳定在 6 万人左右、零增长的公务员队伍。世界上任何一个国家都会有公务员从自己的岗位向企业中高层管理者的岗位流动的现象，但在新加坡不存在，这是一个很有特色的人才不流动现象，也是一个典型的"玻璃墙"现象。

### 本章小结

1. 文化是影响某一人群总体行为的态度、类型、价值观和准则；它是某种环境下人们集体精神的程序编制表现。传统文化统治着人们的心理状态、思维方式、社会环境、人情世态、行为准则等。文化是人类群体的特征、观念形态及精神活动的产物。文化具有相对独立性、稳定性，但它又是发展的。

2. 民族文化四维度为权力距离、不确定性规避、个人主义与集体主义、男性度与女性度。不同文化的国家在应用激励理论、领导理论与组织理论的过程中都有明显的文化相对性。

3. 整合同化理论是将企业多元化的价值观转变为一个大多数员工认同的共同价值观念，即核心价值观，并使员工接受。整合是指企业主动组合内外部资源，将多元价值观转为新的共同价值观；同化是组织对共同价值观的确认，并使其成为大多数员工的观念。

4. 受文化差异的影响，美国、日本、德国、中国香港等在人力资源招聘模式上有显著差别：美国强调能力是招聘的基础，工作分析是招聘的准备，双向选择是招聘的特征；日本则强调文化因素起决定作用，雇用制是招聘双方的行为特征；德国则重视双向选择、流动招聘、作业培训等；中国香港则强调从业人员的高度专业化。

### 复习思考题

1. 试分析管理与文化的相互关系。
2. 解释人力资源管理的各种理论（激励、领导、组织等）都具有哪些文化的相对性。
3. 试述整合同化理论的内涵及其在跨文化管理中的应用。
4. 从跨文化比较角度，试分析美国、日本、德国、中国香港、新加坡在人力资源模式上的不同特点。

# 第四章

# 个体心理与管理

> **学习目标**
>
> 1. 了解社会知觉的内涵及形成正确社会知觉的条件。
> 2. 掌握造成社会知觉偏差的原因。
> 3. 认识气质的体液说与高级神经活动类型说。
> 4. 掌握性格的心理学类型论及性格的特质理论。
> 5. 掌握能力与管理的关系。
> 6. 认识胜任力及其在管理中的应用。
> 7. 了解五大人格因素的结构维度及意义。

## 第一节 社会知觉与管理

### 一、社会知觉的一般概念

#### (一) 知觉与社会知觉

知觉是人们选择、组织和理解他们周围信息的过程，而社会知觉是理解他人的过程。社会知觉是指联结、整合有关别人的信息并去了解、理解他们的过程。社会知觉的研究范围包括：对他人的知觉，对自己的知觉，对人际关系的知觉，对社会角色的知觉等。

社会知觉中的知觉者与被知觉者既可以是个体，也可以是群体。因为，任何群体（公司、部门、班组）都可以被看作是给定的个人，可以成为社会知觉过程中的主要参与者。为此，知觉者与被知觉者的知觉方式可以包括以下四种：第一种是个体对个体的知觉，简称 I vs I；第二种是个体对群体的知觉，简称 I vs G；第三种是群体对个体的知觉，简称 G vs I；第四种是群体对群体的知觉，简称 G vs G。

其中的 I 为个体（Individual），G 为群体（Group），VS 是 versus 的简写，表示与其相对。

### （二）社会知觉中的知觉者与被知觉者

社会知觉的最终目的是通过对别人所形成的正确印象，洞察被知觉者。形成正确的社会知觉，有赖于以下三个参数：知觉者、被知觉者、情境的特征及相互之间的正面影响。

#### 1. 知觉者的特征

知觉者是指洞察和注释别人的个体。知觉者的个人特征直接影响到对被知觉者的正确认识。人们在观察他人时，总习惯于以自己为准则，从而对他人得出某种判断。一个人自身具备的一些特征会影响他对别人所能观察到的特征和知觉。例如，与忧虑重重的人相比，一个无忧无虑的人容易将别人都看作是热情奔放的，而不是冷淡无情的。这说明，每个知觉者在对别人进行判断时，均存在着各自固定的倾向性。

自我感觉良好的人会更倾向于观察别人的积极方面，而不是以非常消极的或批判的态度去对待别人。反之，一个满腹忧郁、疑虑过多的人，总会从别人身上观察到许多消极的问题。一个自我认知较为深刻的人，在观察他人时评价也会更加准确。

作为一个管理者（知觉者）必须要认识到，对于下属（被知觉者）的正确知觉并不是一件简单的事，而是会受到自身某些特征的影响。

#### 2. 被知觉者的特征

被知觉者的某些特征是知觉者对其判断的影响因素，如被知觉者的地位是别人对他的行为加以判断的影响因素之一。对具有不同地位的人，尽管其有相同的行为，但人们对他们行为动机的判定往往是不一样的。对于工作中的合作性伙伴来说，人们往往认为，地位高的人是自动合作的，而地位低的人是被迫合作的。地位高的人比地位低的人更容易获得人们的好感。例如，领导者说一声"早上好"，就比普通员工说一声"早上好"更加使人感到荣幸。

被知觉者的范畴类别也会影响到人们对他们的判断，同样内容的话由不同角色的人来讲，会有不同的理解。

被知觉者的外显行为是否得到知觉者的喜爱，这也会影响人际知觉的正确性。知觉者对被知觉者如果是喜欢的态度，知觉判断就准确些；知觉者对被知觉者有厌恶的情绪，知觉判断就会有偏差。

#### 3. 情境因素的影响

人们所处的客观环境会影响知觉者与被知觉者之间的知觉正确性。

（1）人际关系的环境会影响人们相互之间的知觉的正确性。当人们处于一个相互友好且不断相互交往的环境中时，他们更容易把别人看成是处在与自己相似的境况中。这说明，在友好合作且无竞争的环境中，人们相互之间会变得更加融洽，而且差距甚小。

（2）处于组织环境中不同层次的人，他们不同的自我认识与角色知觉也会影响人际知觉的正确性。处于领导地位的领导者会以领导型特性（创造性）来描述自己，而职工则以服从型特性（合作性）来描述自己。这说明，处于不同层次的人，其知觉行为有其自己的特征。这些都会给正确的人际知觉带来影响。

## 二、社会知觉偏差

社会知觉过程,通常都是凭知觉者过去的经验及通过对有关线索的分析进行的。这种以己度人,根据自身经验与体会去认识他人潜在心理状态的方式,在推测与判断中肯定会发生社会知觉的偏差。

造成社会知觉偏差的根源多种多样,主要有第一印象错误(最初印象指导后来知觉)、刻板印象(根据他人所属类别做出判断)、晕轮效应(以持久的正面或反面印象知觉他人)、选择性知觉(注意力集中在环境的某些方面)、类似吸引效应(以喜爱的眼光知觉相像的人)、基本归因错误(将他人行为归结为内部原因)等。现选择最主要的原因分述如下:

### (一)第一印象

第一印象是指两个不相识的人第一次见面时所形成的印象。第一印象往往是通过对别人外部特征的知觉,进而取得对他们的动机、感情、意图等方面的认识,最终形成关于这个人的印象。这些外部特征包括人的面部表情、身体姿态、眼神、仪态等。

经验表明,在招聘工作中,第一个五分钟的印象往往对录取与否有较大的影响。管理者在初见新来的工人时,从这些人的外表、表情动作、语言谈吐、文化水平等方面,可以迅速形成第一印象。

第一印象在实际工作中有重要的积极意义。一位新上任的管理人员若获得其下属较为满意的第一印象,就能为日后彼此间接触交往和进行有效管理打下良好的基础。良好的第一印象也有助于建立管理人员的威信。一般来说,新的领导要特别重视第一印象,要想方设法给下属留下一个好的第一印象,为今后工作的顺利开展创造有利条件。

第一印象具有一定的局限性,因而在实际生活中也会有消极意义,具体体现在以下几个方面。

(1)第一印象的形成会不同程度地受到周围环境或事物的影响。例如,在一个豪华餐厅中遇到一个人,与在一个普通饭馆里遇到一个人,形成的第一印象会有很大的差别。

(2)第一印象是根据被观察对象的一个有限的行为样组形成的,因而是不全面的,带有一定的局限性。

(3)第一印象是高度个体化的反映,从而有可能歪曲被观察对象的本来面貌。

(4)第一印象如果只根据偶然的交谈而不是全面考察被观察对象的个性、智力等,其结果仍然是片面的。

(5)第一印象会造成认知上的惰性,形成对被知觉对象的固定看法。如果第一印象非常好,那么就会一直认为此人很好;反之,第一印象很坏,则会一直认为此人不好。

(6)第一印象在实际生活中会造成"先入效应",给管理人员带来认识上的片面性。这种先入为主的第一印象,好的时候,就会看不到缺点;反之,第一印象坏的时候,就会看不到优点。

作为一个管理者,既不能忽视第一印象的积极作用,也要克服第一印象的消极影响。要从全面、客观、变化发展中考察被知觉对象,最终获得正确的人际知觉。

### (二)晕轮效应

晕轮效应(Halo Effect)是指根据不完全的信息而得出的对被知觉者的整体印象与评

价。晕轮效应实质上是一种"以点概面"效应，即根据一个人的个别品质，得出全面的评价。晕轮效应又名社会刻板印象，是指对某一类事物产生一种比较固定的看法——概括而笼统的看法。

管理者在对下属进行评定时，仅仅凭着他所选出的某一特征的好坏，进而对其他所有特征加以类推的判断，也属这种现象。例如，根据一次满勤记录，人们往往会得出当时的生产效率高、产品质量好等一切皆优的判断。同理，见到一个人穿着整齐、干净，就会认为他做事细心、有条理、有责任感。反之，若对某人的某一特质印象不好，就会忽略此人的其他优点。

晕轮效应是一种逻辑推理性的错误。根源在于人们在进行观察时，往往倾向于抓住事物或人的某一特征，进而推论其他特征。例如，对于一个富有闯劲的人，总认为他也拥有足够强的能力；对于一个热情奔放的人，也总认为他慷慨且富有幽默感。

阿希（S. E. Asch）曾经做过这样的实验：当对人的某种特征印象发生了变化，将导致关于他的其他一系列特征印象的变化。例如，一个人聪明、能干、勤奋、果断、现实、谨慎、热情，群体的评价为：聪明、幽默、得人心、富有想象力。如果"热情"这一特征被"冷淡"所替代，那么就会形成对此人根本不同的印象与评价。

### （三）基本归因错误

#### 1. 归因的概念

归因是指人们对他人或自己的所作所为进行分析，指出其性质或推论其原因的过程，也就是把他人或自己的行为原因加以解释和推测。简而言之，归因过程就是判断他人行为的原因。

一个人的行为必有原因，其原因可能来自外界环境，或者决定于主观条件。如果来自外部，则称为情境归因（社会条件、社会舆论）；如果是来自本身特点，则称为个人倾向原因（兴趣、信仰、态度、性格）。

#### 2. 归因的参照系

根据归因理论，归因的参照系分为三类信息：一致性（别人是否也有同样的行为）、连贯性（在同样情况下采取同样的行为）、特异性（在不同情境下有相同的行为）。对他人做出不正确的归因必然会造成社会知觉的偏差。

### （四）知觉防御

知觉防御（Perceptual Defense）是指人们对不利于自己的信息会视而不见或加以歪曲，以达到防御的目的。

当知觉者发现被知觉对象与自己已有的定型模式不相符时，便会通过抹去被知觉对象那些与模式不相符的部分，从而对被知觉对象加以歪曲。当知觉者发现自身对被知觉者的观察并不准确时，一般都会通过改变自己的定型模式来形成对自己的防御。这说明，人们对阻挠自己的发展和与形成自己个性定型的知觉不一致的信息，会故意视而不见或将输入的信息加以歪曲。

### （五）投射

投射（Projection）是一种通过"以己度人"的方法来达到心理防御目的的方法。通过投射方法可以将自己的失败、过错推演到别人身上去。

投射的结果是人们通过把自己的品质投射到他人身上，从而形成关于他人的印象，一般有以下几种情形。

（1）自觉恐惧的观察者，通过投射，较易断定别人也处于恐惧状态。

（2）具有消极个性特征的人，如吝啬、顽固、自我失调的人，通过投射，将看到别人身上也具有这种个性特征，并对其做出较高的评价。

（3）具有消极情绪的人，通过投射，会觉得别人也有同样情绪，如害怕机构调整的管理者，会断定其他人比自己更担忧。

通过投射过程，人们能无意识地、系统地保护自己，使自己免受真正或想象中的威胁，因而投射是一种心理防御反应。

### （六）定型

定型（Stereotype）是指人们头脑中存在的关于某一类人的固定形象。社会定型是社会知觉的恒常性表现，即对人或物抱有一种固定不变的看法与评价。

人们对种族类、社会团体类、年龄类等都有一种定型模式的不变评价。例如，"中国人是勤劳勇敢的""德国人是勤奋的""美国人是敢于冒险的"，这些都是种族类的定型模式评价。此外，对于银行家、干部、商人、教师等都会有社会团体的定型模式的评价。如认为妇女缺乏事业心、进取心、决断力，认为年轻人激进、老年人保守等，这些都隶属于性别与年龄的定型模式评价。有过这样一个实验：对同一个人的管理者的身份和某一协会主管的身份，别人会形成两种不同的印象。

任何社会角色的定型，都是在一定的社会历史条件下形成的，如在对我国领导角色的形象描述中，都带有一般化、公式化、概念化的特征，这实质上是一种抹杀领导者个性特征的歪曲。

显然，如果下属依据一种定型模式去观察、评价他们的上级，那么很少会得到满意的结果；同样，上级以同一种定型模式去观察、评价他们所有的下属，那么他们也无法得到较准确的判断。

## 三、自我认识与角色知觉

### （一）自我认识

人一生下来就是社会的一个成员，每一个社会群体都是由个体所组成的，每一个人都有"自我"存在的意识，在人际交往中这种感觉更为突出。由于"自我"是客观存在、取消不了的，所以，问题的关键并不是取消"自我"的意识，而在于保持什么样的自我认识的内容和自我追求的目的，而不是一味地去抑制这种认识和追求。

自我认识的内容包括以下三个方面。

1. 物质自我

物质自我是指人对自己身体的存在有自觉的意识。既然有物质自我的存在，那么也就有这个物质自我的追求问题，如有的青年人追求外表、乐于打扮等。

2. 社会自我

社会自我是指人对自己在社会上的地位和名誉的认识。一般说来，人所处的社会地位是由他的职业所决定的。这种人对自己所处的社会地位的知觉又被称为人的角色知觉。

3. 精神自我

精神自我是指人对自己的智慧、能力、道德水平的认识。这方面的追求包括上进心、道德感。

社会要有意识地鼓励和引导青年人不要只注意物质自我的追求，如只讲吃、穿、戴，而是要有社会自我和精神自我的追求。单纯地追求物质自我的人，其思想境界相对较低，而追求社会和精神自我的人的思想境界相对较高。

### （二）角色知觉

1. 角色知觉的一般概念

角色知觉是指人对于自己所处的特定的社会与组织中的地位知觉。

家庭中的父亲这一角色，在家里具有一家之主的地位，要对家庭尽到自己的职责。而一个人担任了领导职务，这个人在单位里就取得了领导者的社会地位和身份。为此，作为领导者要具备领导地位的角色知觉，时刻想到自己已经是一位领导者了，应该履行这一角色的职责与义务。

角色本来是演员在戏剧舞台上所扮演的人物。在社会这个大舞台上，每个人同样都在扮演着不同的角色。如果说一个提琴手可以自己指挥自己，而一个乐队需要一个指挥的话，那么，在社会化的工业生产和社会活动中，管理者就扮演着乐队指挥的角色。

一个完整的角色知觉过程应该包括以下四个部分：角色认知、角色行为、角色期望、角色评价。

（1）角色认知。角色认知是指一个人对自己在社会与组织中所处地位的认识。每个人都在心目中勾画着自己的形象，思考着自己应该在社会中承担何种角色，这些都是角色认知的表现。

（2）角色行为。角色行为是指一个人按照特定的社会与组织所赋予角色的特定行为模式而进行的行为。一个担任商店营业员角色的职工，在商店内的行为模式是要有熟练的服务技能，丰富的业务知识，周到、热情的服务态度。而作为一个单位的领导与管理者，其行为模式应该是要完成多项领导行为与职能，包括成为群众组织者、群体教育者、群体利益代表者与维护者、信息使用和传播者等。

（3）角色期望。角色期望是指他人对一个人所应承担某角色的希望与寄托。在一定的客观环境中，人们总是依照自己认定的角色标准，期望那些扮演一定角色的人有特定的角色行为。如群众对于承担领导角色的人寄予了很大的期望，希望领导者带领他们向着既定的目标迈进。

（4）角色评价。角色评价是指他人对一个人的角色扮演的评论与估价。人们自然而然地由角色期望开始，最后对角色扮演者的角色行为进行评判。

角色知觉中的角色认知与角色行为是角色扮演者主观方面的因素；而角色期望与角色评

价是指他人对角色扮演者的反馈信息，属于客观方面的因素。角色知觉作为复杂的社会认知与社会知觉中的一个方面，只有在主客观因素相互作用的条件下，才能最后完整、正确地形成。这也说明，角色知觉是一个人在社会实践中的动态的实现过程，而不是消极静态的反应过程。

2. 影响角色知觉的因素

(1) 角色认知的影响因素。一个人对自己所应承担的角色的认知受两种因素的影响，一是客观的自我评价，二是个人的文化背景和家庭社会环境。人们常说，"人贵有自知之明"，这说明，人对自己的估计要客观、清醒，要正确分析自己的长处与短处，然后明确自己所应追求的角色的方向。

一定的家庭环境、社会环境、个人所受的文化教育等都制约着人的角色认知与抱负。音乐世家、梨园世家的家庭环境有可能造就音乐家、艺术家的角色认知。社会环境是"时势造英雄"的客观条件，在日新月异的现代社会，争当"开拓者"的角色认知越来越成为人们追求的目标。

顺应历史潮流，以天下为己任，具有远大抱负的人，往往可以有超常的角色认知，从而就可能成就惊天动地的伟业。

(2) 角色行为的影响因素。一个人能否按照角色所规定的行为模式行动，受个人对角色认知的程度与自己的个性特征制约。单位里的领导者对自己所扮演的领导角色的认知与意识越深刻，就越会时时刻刻提醒自己是一个领导者。那么，该领导者就会承担领导者的责任，使用领导者的权力，履行领导者的义务，勤勤恳恳地做好本职工作。反之，对领导者角色的认知与意识甚差的人，就不能履行领导者的行为模式，无法承担应该承担的领导责任，起不到领导者应有的作用。

一般来说，不同个性的人，如外向型与内向型的人，在履行角色行为时会有不同的表现，甚至会影响角色行为的效果。但是，也有另一种看法，即通过角色塑造，按照角色所规定的规范，可以改变人的个性特征。因为在角色认知的基础上，人对自己的个性是否适合该角色会有所认识，从而设立角色形象，按照形象来调整自身的个性特征，进入角色行为。许多人在自己的岗位上，形成了该角色特有的个性特征。

(3) 角色期望的影响因素。他人对某一人的角色期望是受角色的职务及平时对其的了解程度的制约。一旦组织上任命某人担任了某一职务，那么，人们就会按照职务的职能标准来期望该角色。因为不同职务的人的职、权、能是不同的，人们不会期望班组长有像厂长一样的角色行为，而是期望他们是什么样的角色就应该拥有什么样的角色行为。

另一方面，人们长期在一起工作、学习、生活，彼此有一定的相互认知，因而可以期望什么人在什么时候会有什么样的行为。

(4) 角色评价的影响因素。他人对某一人的角色评价的高低，首先受制于对该角色的期望与该角色实际上的角色行为的差距。图 4-1 表示了角色评价与角色期望、角色行为之间差距的相关性。

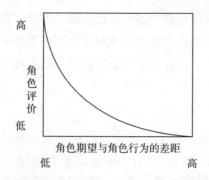

**图 4-1　角色评价与角色期望、角色行为之间差距的相关性**

3. 角色知觉的实践过程

角色知觉的实践过程,如图 4-2 所示。

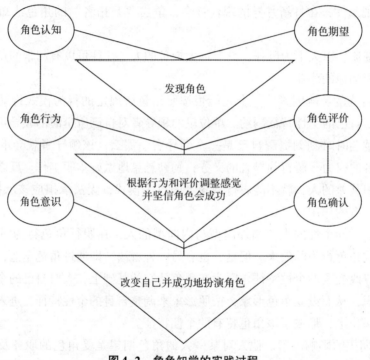

**图 4-2　角色知觉的实践过程**

(1) 角色知觉的实践过程综合了角色认知和角色期望,并结合了主观因素与客观需要,其目的是寻找明确的自我角色形象。

(2) 体察客观的角色评价,吸收各方面的反馈和意见,并结合角色认知调整自己的角色行为。这时,要坚信自己能按角色的要求行动,进一步树立自己的角色形象。

(3) 充分检查自己的角色,并根据角色评价确立自己固定的角色行为模式,最终达到角色确认的目的。

分析角色知觉的全过程具有重要的激励作用,表 4-1 显示了角色效益与个体自我评价、社会组织的认可程度之间的相关性。

表 4-1　角色效益与个体自我评价、社会组织的认可程度之间的相关性

| 项目 | 程度 | | | |
|---|---|---|---|---|
| 个体自我评价 | 高 | 高 | 低 | 低 |
| 社会组织的认可程度 | 高 | 低 | 高 | 低 |
| 角色效益 | 高 | 低 | 高 | 低 |

只有在个体的自我评价与社会组织的认可程度都高时，角色的效益才最高，才最能发挥对角色的激励作用。分析角色知觉将有助于合理使用人才，搞好人事管理，调动各类人员的积极性，做好各项工作。

## 第二节　个性与管理

企事业单位的领导与管理者要用个性心理学的知识去指导自己的管理行为，做到合理使用人才。只有充分了解了人的个性特点，才能知人善用，根据人的不同特点安排不同的工作，才能扬长避短，做到人尽其才。在人力资源的开发与管理中，按照人的不同个性，"一把钥匙开一把锁"地工作，一定能取得最佳的效果。

### 一、个性的概念

#### （一）个性的定义

个性也可称为人格，它是指一个人的整个精神面貌，即具有一定倾向性的心理特征的总和。个性结构是多层次、多侧面的，是由复杂的心理特征的结合构成的整体。这些层次有：①完成某些活动的潜在可能性的特征，即能力；②心理活动的动力特征，即气质；③完成活动任务的态度和行为方式方面的特征，即性格；④活动倾向方面的特征，如动机、兴趣、理想、信念、世界观等。

上述这些特征相互联系，有机结合成一个整体，对人的行为进行调节和控制。

#### （二）个性的基本特征

个性有以下基本特征。

1. 个性的独特性

每个人的个性都是由独特的个性倾向性和个性心理特征所组成。每个人的个性都反映了自身独特的、与他人有所区别的心理状态。

2. 个性的整体性

个性是一个统一的整体结构，是人的整个心理面貌。每个人的个性倾向性和个性心理特征是相互联系、制约的，从而形成了一个统一的整体结构。

3. 个性的稳定性

个性是一个人比较稳定的心理倾向和心理特征的总和。"江山易改，本性难移"，人的个性一旦形成是比较稳定的。当然，个性的稳定性也是相对的，个性也有可塑性的一面。确

切地说,个性是稳定性和可塑性的统一。

4. 个性的社会性

个性具有由社会活动与社会关系所决定的社会特性,同时,个性也决定于一定的生物特性。确切地说,个性是人的生物性与社会性的统一。

### (三) 个性的心理结构

个性的心理结构是复杂的、多层次的、不同水平的,它是一个系统,包括个性倾向性与个性心理特征。

个性倾向性主要包括需要、动机、兴趣、理想、信念和世界观等,这些是人活动的基本动力,是个性结构中最活跃的因素。

个性心理特征表明了一个人的特定类型特征,主要包括能力、气质、性格。

一般情况下,当不要求全面而系统地评定或描述一个人的个性时,通常涉及的只是个性心理特征中最突出的气质或性格的某些方面,这就是通常所说的人的脾气、性格等。

### (四) 个性形成的原因

形成个性的原因基本上可以归结为两个方面:遗传因素与环境因素。图4-3显示了个性差异形成的原因。人们普遍地接受了个性遗传的观点,个性也的确有其遗传基础。一些研究表明,50%~55%的个性特征来自遗传,所以常会听到有人这样说:"他就像他爸爸""他的脾气来自他的家族"等。

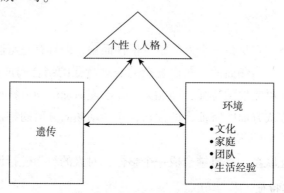

**图 4-3 个性差异形成的原因**

环境因素包括文化、家庭、团队与生活经验。人们也同样相信环境在个性形成中所起的作用,甚至认为这个作用可能比遗传的作用更大。出生于某一特殊文化环境中的人,会接受来自家庭和社会的价值观念以及普遍认可的行为规范。家庭境况也是个性差异的一个重要原因,如家庭规模、经济水平、种族、宗教、地理位置、本人在家庭中的长幼顺序、父母的教育水平等。个体作为不同团队成员所担负的各种角色及不同经历是个性差异的又一重要影响因素。虽然早期生活的玩伴和同窗对个性形成有强烈影响,但在以后的生活中,社会和团队体验将会继续影响人格的形成。此外,从特殊事件和经验的角度而言,每个人的人生都是独一无二的,这也是个性的重要决定因素。

强调个性是由遗传决定的称为天性论,强调个性是由后天环境决定的称为教养论,两种观点存在尖锐的矛盾。目前,这两者已逐渐趋向平衡,即人们开始认为遗传和环境经验都是重要的，某些个性特质更多地是由遗传成分决定，而另一些个性特质则是通过学习而获得的。至于具体到个体，则可认为个性形象是遗传与环境因素共同作用的结果。个性是具有一定遗传素质的人在环境的影响下，通过社会实践活动而逐步形成的。为此，对待个性，既要重视遗传因素的作用，不能抱宿命论，也是要看到环境因素的作用，即强调社会实践与发展的观点。

## 二、气质与管理

### （一）气质的概念

气质是个人心理活动的稳定的动力特征，包括心理过程的速度和稳定性（如知觉速度、思维灵活程度、注意力的集中时间），心理过程的强度（如情绪的强弱、努力程度），心理活动的指向性（如倾向外部事物、倾向内心世界）。

### （二）气质的特征

气质强调个体的情绪方面，即个体习惯性的情绪反应。气质偏重个体的动作反应，即个体反应的独特模式。

### （三）气质的生理基础

气质决定于神经过程的基本特性，主要指标有神经过程的强度、神经过程的平衡性、神经过程的灵活性。

### （四）气质的理论——体液说

气质的体液说源于古希腊。当时的著名医生希波克拉底认为存在着四种不同的体液，从而决定了四种不同的气质，分别为多血质、胆汁质、黏液质、抑郁（忧郁）质。这四种气质具有不同的心理与行为特征。

1. 多血质

多血质表现为开朗，对刺激感受迅速而强烈，但并不深入，也不太持久；无忧无虑，有良好的希望，对事情重视但易忘记，许诺但不信守诺言。总之，尽管多血质反应灵敏，易适应环境，但注意力不稳定，缺乏沉思。

2. 胆汁质

胆汁质表现为热血、暴烈，易发怒但不记仇。行动迅猛，缺乏持久性，爱面子、讲排场，想当领导，但又不做具体事。总之，胆汁质的人热情、开朗、刚强、精力旺盛，缺乏自制力，生硬急躁，爱发脾气。

3. 黏液质

黏液质表现为"冷血"，不易冲动，有正常理性，有持久性，不易愤怒。总之，这种人冷静沉着、自制、踏实，但对生活往往漠然处之。

4. 抑郁（忧郁）质

抑郁质表现为沉稳，对刺激感受不太明显，注意事物的困难面，深思熟虑，不轻易许诺。总之，这种人情感敏感、深刻、稳定。但这种人过分腼腆，容易沉浸在个人的体验中。

## （五）气质的高级神经活动类型说

根据巴甫洛夫的高级神经活动学说，上述四种类型的气质与高级神经活动的不同类型有着密切的相关性，如表4-2所示。

表4-2　高级神经活动类型与气质类型的相关性

| 高级神经活动类型 | | | 气质类型 |
| --- | --- | --- | --- |
| 强型 | 不平衡型 | — | 胆汁质 |
| 强型 | 平衡型 | 灵活性高 | 多血质 |
| 强型 | 平衡型 | 灵活性低 | 黏液质 |
| 弱型（抑郁型） | — | — | 抑郁质 |

由表4-2可知，胆汁质与高级神经活动中的强而不平衡型对应；多血质与强型、平衡型、灵活性高对应；黏液质与强型、平衡型、灵活性低对应，抑郁质则与高级神经活动中的弱型（抑制型）对应。

气质类型没有好坏之分，不受道德标准的评价，任何一种气质类型仅表现为积极或消极的心理特征而已。气质也不能决定一个人的智力水平，不影响人的智力发展及事业的成功。但是，了解人的气质有利于选拔与培养人才，在教育过程中可以找到适合于受教育者气质特点的最佳培训方式与道路，实现"一把钥匙开一把锁"的个性化教育。

## （六）气质与管理

气质在人的实践活动中不起决定作用，但对人的活动有一定的影响，主要表现在它可能影响活动的效率。例如，要求做出迅速灵活反应的工作，多血质和胆汁质的人较为合适，而黏液质和抑郁质的人则较难胜任这类工作。黏液质、抑郁质的人较为合适的工作，多血质、胆汁质的人却较难适应。

显然，为了提高工作效率，必须对管理者的气质特性提出特定的要求，否则不能适应不同要求的工作。

西方管理心理学家将管理者的气质分为三种类型，即躁郁质型、分裂质型、黏着质型。

### 1. 躁郁质型

躁郁质型的管理者的行为有如下表现：适应环境能力较强；有与别人共同生活和共事的倾向；行动善于应变，事前没有一定的设想与计划，不经思考就行动；待人和蔼，容易亲近，有同情心，很会交际，有竞争力；有干劲，但没有持久力；很容易发怒，但也容易忘记。

人们对这种类型的管理者的评价是：有进取心、能通融、很活泼、人很好，但没有心计、蛮干、不检点。

### 2. 分裂质型

分裂质型的管理者的行为有以下表现：先思考后行动；思考多，行动少；能经常提出新规则、新设想，肯向别人学习，办法多，不做傻事；按自己的标准做事；会利用微妙的感情；认为生产只是浪费精力。

人们对这种气质类型的管理者的评价是：像一个理论家，有独特性，但不实际，爱空想。

3. 黏着质型

黏着质型的管理者的行为有以下表现：现实而稳定；正确、诚实、无懈可击；生活中能尽义务，有道德观念，有礼貌；坚守一定的规则，脑筋很死；行动缓慢，但有耐心。

对这种气质类型的管理者的评价是：像一个朴素的研究者，稳重有余，但变革思想较差。

现实生活中单纯属于一种类型的管理者较少，混合型的管理者较多。比较来看，这三种气质类型的管理者的优劣是相对的，具体表现如下。

（1）躁郁质型的管理者，适应环境的能力较强，上级领导可以无所顾忌地、坦率地从正面给予指示。其缺点是计划性差、脾气急躁。

（2）分裂质型的管理者是多元性的人，无法在规定范围内行动，上级领导对这些人要表示热情或关心，不能对其施加太大的压力。这些人的缺点是讲得多、做得少。

（3）黏着质型的管理者，其优点是比较稳重，缺点是变革精神较差，上级领导者对这些人要多讲道理，少正面批评。

现代社会需要的是第一种气质类型的管理者，他们能够打开局面，能适应环境的变化，热情、勇于变革，当然，这些人急躁、好发脾气，但这只是支流问题。所以，如果一个工作群体要选择能开创新局面的管理者，具有这种气质的人比较合适。

第二种气质类型的人不太适合现代社会的需要。他们崇尚高谈阔论，不注重实践，一般不宜做管理者。

第三种气质类型的人虽然不适合做开拓型的管理者，但是作为管理者群体中的成员还是适宜的。因为企业也需要能耐心、细致、稳重地处理事务的管理者。

（七）气质与职业

一些特殊的工种，如飞机驾驶员、宇航员、电站集中控制室的调度员、高空带电作业人员等，工作时身心处在高度紧张状态，因而要求他们具有能灵敏、快速反应、冷静、理智、胆大心细、临危不惧的心理品质。

特殊工种对人的气质特性提出了特殊的要求。在这种情况下，气质特性就影响着一个人是否适合从事该种职业。为此，是否具有特殊工种所要求的特殊气质特性，应成为职业选择、培训、淘汰的重要依据之一。

至于一般的职业，如车工、钳工、纺织工、售货员、医生、教师、工程师等，原则上都要求人们具备相应的某些气质特点。但是，如果这些特点在某人身上表现较弱，此人就会依靠他的其他气质特点，或者以受这些气质特点制约的工作方法加以弥补。例如，有些属于黏液质类型的纺织工人，他们具有注意力的稳定性，缺乏注意力迅速转移的灵活性，在工作中，他们往往用注意力的稳定性补偿了注意力不易转移的缺陷，从而很好地适应工作。

（八）气质与管理教育

气质本身并无好坏之分，在评定人的气质时不能认为一种气质类型是好的，另一种气质类型是坏的。因为，任何一种类型都有其积极的一面，又都有其消极的一面。

管理教育的目的之一，就是要注意培养人的气质，使人认清自己气质的积极一面和消极一面，发扬积极的方面，克服消极的方面。在不断自我提高和培养锻炼的基础上，气质就会得到改善。

此外，在进行管理教育时，要注意根据人们不同的气质特点，采取不同的方法。例如，对职工进行批评帮助时，要考虑到不同气质类型的人对挫折的承受力。由于胆汁质、多血质的人承受挫折的能力较强，为此，对这些人可以严厉批评，这种批评有利于他们认识错误，改正缺点。但是，抑郁质的人承受挫折的能力较弱，又不善于表露自己的思想，所以，对他们进行批评教育时要特别注意方式和方法。

此外，在采用新的操作规程与重新编排班组时，因为多血质的员工很容易适应新环境、新制度，因此管理者无须对他们过度关心；但是，黏液质、抑郁质的员工则需要管理者给予更多的关怀和照顾，才能使他们尽快地适应新环境。

### 三、性格与管理

#### （一）性格的一般概念

性格是个体现实的稳定态度和习惯化了的行为表现。如一位管理者在各种场合都表现得热情忠厚、与人友善、虚心谦逊、严于律己、遇事坚毅果断、深谋远虑，这种对人、对己、对事的稳定态度和习惯化了的行为表现所体现出来的心理特征，就是这位管理人员的性格特性。

但是，一个人在某种特殊情况下，偶尔表现出来的行为方式，并不能说明此人的性格特征。同样，如果管理者一向处事很果断，但偶尔表现得优柔寡断，也不能凭此说他的性格是优柔寡断的。这说明，只有那些经常性的、习惯性的表现才能被认为是一个人的性格特征。

性格在某种程度上是以道德观点来评断的，所以有好坏之分。人们通常对"懒惰""骄傲"持否定的态度，而对"勤奋""慷慨"加以赞赏。

世界上性格完全相同的人是没有的，只能说相似程度的高低。性格的特征是多种多样的，其组合后的特征就更多了。显然，性格是个体差异的一个重要方面。

#### （二）性格的特征

性格是一个十分复杂的心理现象，从人的心理与行为的不同方面表现出来，具体表现为性格的态度特征、性格的意志特征、性格的情绪特征、性格的理智特征等方面。

1. 性格的态度特征

性格的态度特征一方面是指个人对社会、集体、他人的态度特征，是公而忘私还是假公济私，是忠心耿耿抑或三心二意，是热爱集体还是自私自利。另一方面，也表现为对工作、学习的态度特征，是勤劳或懒惰，是认真或马虎，是创新或墨守成规等。

2. 性格的意志特征

性格的意志特征主要表现在以下几个方面。

（1）对行为目的性的明确程度，是有目的性还是盲目性，是有独立性还是易受暗示。

（2）对行为的自觉控制水平，在对行为的控制水平方面表现为主动性还是被动性，是有自制力抑或只有冲动性。同时，在长期工作中的行为表现是有恒心还是见异思迁；在紧急情况下的行为表现是勇敢还是怯懦，是镇定还是惊慌失措等。

3. 性格的情绪特征

性格的情绪特征表现为受情绪影响的程度，如稳定性、持久性、主导心境特征等。每个人受情绪影响的程度都是不同的，而人的情绪是受意志控制的，这也间接反映了人的意志力水平。

情绪的稳定性表现为情绪起伏波动的程度，有人有时表现为冲昏头脑，有时则表现为垂头丧气。主导心境特征表现为在相当长的一段时间里是愉快还是忧伤，其稳定性较大。

4. 性格的理智特征

性格的理智特征表现在心理过程的各个方面：感知方面表现的是主动观察或被动观察；记忆方面表现的是保持时间的长或短，记忆速度的快或慢，记忆方法是直觉还是逻辑推断；想象方面表现的是主动想象还是被动想象，是现实感强还是脱离实际；思维方面表现的是独立型还是依赖型等。

（三）性格的形成与发展

在性格的形成过程中，遗传与环境相互作用。遗传因素是性格形成的自然基础和潜在因素，为性格发展提供可能性和潜势。性格一经形成，相当稳定，但是也会在环境的影响下发生一定的变化，环境因素的影响包括自然环境、地理环境、社会环境。

（四）性格的理论

性格的理论分为性格类型理论和性格特质理论。类型论是一种性格分类的理论，而特质论是一种性格分析的理论。

1. 性格类型理论

性格类型理论是根据某种原则把所有的人划分成几大类型，以此来解说人的个性或性格的一种理论。常见的几种类型理论如下。

（1）生物学类型论——体格类型说。克雷奇默根据人体的胖瘦来区分性格的类型，他认为矮胖型的人健壮、外向，易动感情，有时高兴，有时垂头丧气，善交际、好活动；瘦长型的人不善交际，孤僻、沉默、羞怯、固执；运动型的人乐观与进取。

（2）心理学类型论——内倾型和外倾型性格论。心理学家荣格认为，来自本能的力量均可称为力比多，可是非性的，也可是性方面的。外倾型的人（外向型）力比多外向转移，这种人重视外在世界，爱社交，活跃、开朗、自信，勇于进取，对周围一切事物都感兴趣，容易适应环境变化。内倾型的人（内向型）重视主观世界，好沉思、善内省，沉浸在自我欣赏中，孤僻、冷漠、缺乏自信，难适应环境变化。

（3）场依存性和场独立性类型说。心理学家威特金根据场的理论，将人划分为场依存性和场独立性两种类型。场依存性的人，比较容易受当时环境中的其他事物的影响，很难离析出知觉单元；场独立性的人比较少受当时知觉的情境影响，比较易于离析出知觉单元。这两种人是按照对立的信息加工方式工作的，场依存性者倾向于以外在参照（客观事物）作为信息加工的依据，后者则主要利用内在参照（主体感觉）。场依存型的人，独立性差，易受暗示；场独立型的人，独立性强，不受暗示。

(4) 文化—社会价值类型论。心理学家斯普兰格与莫利斯用价值观作为划分人的性格类型的根据。由此,将人划分为六种类型:理论型、经济型、审美型、社会型、权力型、宗教型。

理论型者以追求真理为目的,认识为主要活动,情感为次要的,冷静、客观,对功利、实用缺乏兴趣,这些人多为理论与哲学家;经济型者以实际功利来评价事物,期望获取财产与利益,这些人多为实业家;审美型者以美为最高人生意义,注重自我完善与自我欣赏,这类人多为艺术家;社会型者重视爱,重视他人,具有献身精神,能增进社会福利,这些人多为教育工作者与医务工作者;权力型者有强烈的控制欲望,有组织协调能力,这些人可担当领导者与管理者;宗教型者富有同情心,可任牧师。

### 2. 性格特质理论

性格特质理论认为,性格是由个体特质组成,特质是构成性格的基本单位,特质决定人的行为。特质在时间上具有稳定性,空间上具有普遍性,特质可预测人的行为。特质在量上因人而异,从而形成有差异的性格,如情绪稳定性就是人的性格特质,而且是因人而异的。

特质被认为是个人所特有的、现实焦点的神经心理结构,可细分为共同特质与个人特质。前者普遍存在于每一个人身上,是一种概括化了的性格倾向。而个人特质只为个人所特有,代表着个人倾向,世界上没有两个人具有相同的个人特质。

特质理论种类繁多,此处只介绍艾森克的特质理论。艾森克在其特质理论中提出了个性的五个维度:内外向、神经质、精神质、智力和守旧性,其中着重强调内外向、神经质与精神质三个维度。

(1) 内外向。艾森克的内外向型与荣格的内外倾型,其内涵是有差异的。在此,外向的人是指不易受周围环境影响,个性具有冲动且难以控制,好交际,渴望刺激、冒险,粗心大意,爱发脾气等特点,外表给人印象是不大可靠的人。内向的人是指易受周围环境影响,情绪稳定,好静,不爱社交,冷淡,不喜欢刺激,深思熟虑,喜欢有秩序的生活和工作,极少发脾气,外表给人的印象常常极具悲观色彩但可靠的人。外向的人兴奋过程产生慢,持续时间短,易形成条件反射。内向的人兴奋过程产生快,持续时间长,不易形成条件反射。

(2) 神经质。神经质又称为情绪性。情绪不稳定的人表现出高焦虑、喜怒无常、易激动。情绪稳定的人,情绪反应缓慢、轻微,容易恢复平静、稳重、温和,能自我克制,不易焦虑。外向的人加上情绪不稳定就会出现强烈的焦虑。

(3) 精神质。精神质又称为倔强性,常导致行为异常。精神质高者固执、粗暴、强横、铁石心肠。精神质低者表现温柔。精神质强烈的人,性情孤僻,对他人漠不关心,缺乏人性,缺乏情感和同情心。

### (五) 管理者的性格类型

西方管理心理学根据性格的结构和管理者的行为,将管理人员的性格分成三种类型:积极刚勇型、消极怯懦型和折中型。

#### 1. 积极刚勇型

积极刚勇型管理者的行为特点表现为:活泼,有坚强的信念,有时候甚至过分地信任自己,积极地做正当的事,遇事不顺心也不灰心,有斗争性。由于自己的行为伴随愉快的事,所以行为被强化了。

2. 消极怯懦型

消极怯懦型管理者的行为特点表现为：缩手缩脚，对社会活动不感兴趣，生活单调；话题少，依赖性强，一切听从别人指挥，使自己的思维和行为停留在狭小的范围内；消极，敏感，自卑；由于遇到的都是不愉快的事，因而对于采取行动持消极态度。

3. 折中型

折中型管理者的行为特点表现为：做事没有条理，有点慌张情绪；令人感到不诚实；有时有冒险行动，有时则有逃避行动；其行动伴随有愉快的与不愉快的极端变化；做事不利落。

现实中需要的管理人员，应以积极刚勇型为主，但是，这种性格类型的管理者也有弱点，如过于自负，喜欢别人顺从自己。消极怯懦型管理者虽然不理想，但可以通过实践活动使之转化，增加其刚勇性的一面，使其在工作中更有干劲。对于折中型领导者，则要通过多接触来增加与他的亲密程度，最终使其性格向积极刚勇型转化。

### 四、能力的概念

#### （一）什么是能力

能力是人们成功地完成某种活动所必须具备的个性心理特征。能力是与活动联系在一起的，掌握活动的速度与成果的质量被认为是能力高低的两种标志，完成活动的速度快、完成活动的质量高者会被认为是能力高者。

#### （二）能力的种类

能力可分为一般能力与特殊能力。一般能力是指大多数活动所共同需要的能力，如观察力、记忆力、思维力等。特殊能力是指某项专门活动所必需的能力，如数学、音乐能力。

能力还可分为实际能力与潜在能力两种。潜在能力是实际能力形成的基础与条件，实际能力是潜在能力的展现。

从事某种职业、完成一项活动，需要多种能力的完备结合，这种具有多种能力的人被称为有才能者。不同职业需要有不同才能的人去完成，从领导与管理者到教师、公务员、营业员、厨师等，都需要不同才能的人去执业。才能高度的发展能成就天才或是特殊人才，如音乐家、艺术家、发明家等。

#### （三）能力和知识

能力和知识这两个概念是有区别的，不能等同，因为能力与知识属于不同的范畴。能力属于个性心理特征，知识属于人类社会历史经验的总结和概括。知识的掌握与能力的发展不是同步的，但是能力与知识是有联系的。知识的掌握，有利于发展智力。但是，掌握知识是以一定的能力为前提的，而能力是掌握知识的内在条件和可能性。能力与知识相互促进，通过传授知识培养能力。

#### （四）智力结构理论

智力结构理论存在多种说法，如智力结构单因素理论、智力结构二因素理论、智力结构三因素理论、智力结构群因理论等。

（1）智力结构的单因素论者认为，智力具有单一特质、单一能力。

（2）主张智力结构的二因素论的心理学家斯皮尔曼认为，智力不具有单一特质、单一能力，而是综合的整体结构，进而他认为，智力可分为两个因素，普遍因素和特殊因素。

（3）智力结构的三因素论者认为，智力结构三因素包括：抽象智力，处理语言与数学的能力，也称为心智能力；具体智力，指处理事务的能力；社会智力，指人际交往的能力。

（4）主张智力结构的群因素论的心理学家瑟斯顿认为，智力包括七种平等的基本能力：计算，语词流畅，语词理解，记忆，推理，空间知觉，知觉速度。

（5）美国心理学家吉尔福特提出了一种新的智力结构设想，称为智慧结构学说。他认为，智慧因素是由操作、材料内容和产品三个维度构成，每一维度由一些有关的要素所组成。吉尔福特认为，智力的第一个维度是操作，它包括认知、记忆、发散思维、辐合思维和评价五种智力类型。智力的第二维度是材料内容，它包括图形、符号、语义和行为四种类型。智力的第三个维度是产品，即智力活动的结果，它包括单元、门类、关系、系统、转换和含蓄六个方面。

### （五）能力与管理

管理职能的各个方面都与人的因素有关，特别是与人的能力有关。如何将能力应用在管理工作中呢？

#### 1. 人员选拔、工作安排中要做到人尽其才

有什么样能力的人就做什么样的工作，这样才能做到人与工作的最佳匹配，使人的能力得到最大限度的发挥，使工作取得最佳的绩效。

实际上，如果一个人所具有的能力低于实际工作所要求的水平，这个人就无法胜任该项工作，其后果是给企业和自己带来极大的损失。反之，如果一个人所具有的能力高于实际工作所要求的水平，他可能会不满足现状，致使工作效果不佳，客观上是大材小用，一定程度上造成人力资源的浪费。

例如，如果让受过高等教育的人去做单位里的门卫，显然他们会感到工作单调、乏味，无法容忍，因而对工作漠不关心、不负责任，离职率高。如果这项工作让受过初等教育的人来担任，他们可能会感到很满意，因而责任心强、工作负责任，缺勤率、离职率也很低。

#### 2. 要按照不同工作、不同能力要求的标准考核干部

不同工作岗位对人的能力要求有很大的差别。企业中的不同工种、生产岗位都应制订出相对独立的能力要求及考核标准。例如，对厂长的能力要求与对普通工人的能力要求是完全不同的。对不同类型人员的考核、提职升级等，实际上就是对一个人是否符合某一职位所要求的能力的衡量。

#### 3. 落实职业培训

职业培训的内容既包括一般能力的发展，也包括特殊能力的提高。每个人的一般能力的发展与特殊能力的提高，存在着相互依存、相互联系、相互促进的辩证关系。职工所形成的特殊能力是建立在他的一般能力的基础上的，同时，职工的特殊能力的发展，也提高了其一

般能力水平。

职业培训既要有提高职工特殊能力的科目,也要有提高诸如观察能力、分析能力、计算能力、想象力、创造力等一般能力的内容。前者要抓与他们当前所从事的工作或将来可能从事的工作直接有关的专业知识或专业技能的教育,如组织电工学电工知识,财务人员学会计知识,医务人员进修医药专门知识等;后者要根据职工原有的文化水平、兴趣爱好,组织他们参加一般文化学习,以增进他们的科学文化知识,为职工队伍的智力开发奠定雄厚基础。

4. 录用员工既要考虑到他的知识、技能,也要考虑到其潜在能力

目前,单位往往把文化考核与技术操作考核的成绩作为招聘是否录用的标准,这显然是不全面的。文化或技术操作的考核,只代表了一个人已经掌握的部分知识或技能的水平,但这并不等于一个人所具有的能力,更不等于一个人所蕴藏的潜力,所以这种招聘录用办法需要变革。克服这种片面性的办法,就是要对人的能力进行全面的了解,在录用员工时,既要看文凭,也要看解决实际问题的能力。

## 第三节 胜任力及其在管理中的应用

### (一)胜任力的概念

美国管理心理学家麦克利兰在《美国心理学家》杂志发表了一篇具有颠覆性价值的论文——《测量胜任力而不是智力》。文中论述了传统的智力、知识技能、人格测评对个体工作绩效和职业生涯成功没有预测作用,真正具有鉴别性的是高绩效的行为特征,这些特征称为胜任力。胜任力是一个统合的概念,是一种"能将在某一工作(或组织文化)中表现优异者与表现平平者区分开来的个体潜在的深层次特征",它可以是动机、个性特质、自我形象、态度或价值观,亦可是某领域的知识和行为技能,它们都能够被可靠地观察和测量出来。

麦克利兰对胜任力的定义是个体在工作中取得高绩效所需要的知识、技能、能力及其他特征的组合。显然,根据与工作、工作绩效和生活中其他重要成果相联系的知识、技能、能力、特质或动机,可区分出卓越绩效者和一般绩效者。胜任力是人们为适应工作或管理环境而产生的具体绩效和成就感的个性特征,是与任务情景相联系的综合才能。

管理者的胜任力是指管理者将诸要素有机结合所形成的能力,管理者凭借自己的道德品质、个性心理素质及其他素质的有机结合并运用于经营管理过程的能力。胜任力具有动态性,随管理与工作环境的变化而变化。胜任力的核心特征有:应变力、责任感、影响力、概念化、多视角、预见性、尊重与敏锐、沟通性、自知之明等。构建管理胜任力的四个维度分别为:对工作成就的承诺;诊断和问题解决的技能;人际管理;领导和管理。

### (二)胜任力的类型

胜任力可分为行为胜任力、知觉胜任力、情感胜任力、思维胜任力四种类型。行为胜任力是指在不确定性和有风险条件下的主动性和承担责任的能力;知觉胜任力是指收集、组织信息,把握不同组织及系统前景的能力;情感胜任力是指理解他人,解决人际冲突影响,领

导他人等的能力；思维胜任力是指系统管理能力，其中包括计划、思考和行动，表现为有新方法、途径与构建概念模型等。

专家们构建了管理胜任力的八维结构模型，如表4-3所示。

表4-3 管理胜任力的八维结构模型

| 维度 | 胜任力 |
| --- | --- |
| 行政技能 | 计划，人事，程序，实施，文秘 |
| 沟通技能 | 表达，开放，倾听，报告，书面 |
| 人际技能 | 关系，协商，网络，多向，求同 |
| 领导技能 | 导向，坚持，影响，团队，指导 |
| 激励技能 | 目标，成就，绩效，推动，进取 |
| 组织技能 | 预算，量化，战略，职务，商务 |
| 自管技能 | 约束，适应，自立，学习，发展 |
| 思维技能 | 分析，判断，批判，信息，创新 |

### （三）胜任力的理论

胜任力的内涵包括两部分：一个是外显的内涵，包括知识、技能、社会角色等；另一个是内隐的、潜在的内涵，包括自我概念、特质、动机等。

胜任力的行为观与特质观也是解释胜任力概念的重要方面。胜任力的行为观认为胜任力是一种高绩效的行为表现或行为模式。胜任力的特质观认为胜任力是一种支持个体在工作中表现出高绩效的内在特质的组合。胜任力的行为观便于操作，为此可通过面试、评价等环节对胜任力进行客观评估。总之，以行为训练为核心的培训技能，可以帮助员工提高自身的胜任力水平。

由上可见，对胜任力可做以下六个方面的理解。

（1）绩效导向：胜任力与绩效的高度相关。

（2）行为表现：高绩效行为表现与模式。

（3）情境相关：情境不同，胜任力不同。

（4）预测作用：胜任力对绩效的预测作用。

（5）可观察性：胜任力可观察与测量。

（6）可培养性：胜任力可经培训而提高。

### （四）胜任力在管理中的应用

胜任力在人力资源管理实践中的应用可分为以下几个方面。

#### 1. 胜任力在招聘与选拔中的应用

根据岗位所需能力、个性、价值等层面的胜任标准与胜任力模型，确定招聘、选拔人才的标准。具体的步骤如下。

第一步，分解指标。指标的类型包括核心职能类、个性潜能类与态度类。

第二步，确定指标的等级。

第三步，设置相匹配的方法。

第四步，设置各项指标的权重。

各项胜任力指标的测评方法包括以下多项内容：心理测验、面谈、无领导小组讨论、公文信、角色扮演、管理游戏、案例分析等。

由于岗位的不同，招聘、选拔中所使用的胜任力模型也有差别，其中分为全员通用模型、专业岗位模型、领导力模型等。

通过胜任力测评，主要评定招聘对象是否具有基准性胜任力，即是否达到门槛性要求。胜任力测评内容主要是知识、技能，主要测试招聘对象的动机、特质、自我概念、社会角色，此为鉴别性胜任力，这是区别一般绩效者与绩效优异者的重要指标。总之，招聘与选拔中胜任力测评的要素为知识、技能、经验、能力、个性、动机的整合体。

**2. 胜任力在薪酬管理中的应用**

传统薪酬管理是以职位为基础的。这里强调，支付薪酬的依据是员工拥有的胜任力，即知识、技能、社会角色、自我概念、人格特质和动机等。薪酬增长与否，取决于胜任力和每一种胜任力的获得情况。

这种做法有利于员工个人胜任力的提高与扩展；有利于企业核心竞争力的增强，实现企业战略；有利于吸引和留住高水平的人才。

**3. 胜任力在绩效考核中的应用**

绩效考核可分为以下四个发展阶段。

第一阶段为表象型考核阶段，重点考核员工的日常表现、工作纪律、工作态度。

第二阶段为目标考核阶段，主要考核部门与员工的工作计划和工作职责。

第三阶段为关键绩效指标考核阶段，关键绩效指标又称为KPI（Key Performance Indicator）。

第四阶段为关键指标与关键能力指标结合阶段，即人力资源管理胜任力指标。这一指标又称为KCI（Key Competency Index），这一指标能区分绩效高低的员工，能对考核对象的高绩效达成的关键胜任力指标加以评定，即通过工作行为评定把能力、个性、动机、态度等进行量化和定性。

KPI和KCI在绩效考核中各有侧重。KPI以结果为重，忽视过程；KCI注重过程的考察。KPI重实效、实绩，重全面发展、团队协作，强调事；KCI强调做事，重视人的存在。由此可见，KCI是更为人性化的管理工具。而KPI与KCI的结合，则是将结果导向与能力、态度相结合，既强调结果，也强调能力与态度。因此，实践中，人们应将两者结合起来使用，即将业绩考核与素质考核结合起来，不可偏废。

**4. 胜任力在人才与培训中的应用**

员工的成长与发展是影响组织绩效的重要因素。培训是人力资源管理的六大模块之一。培训包括新员工培训与基层员工技能培训、中高层管理者领导力的培训。培训效果的四层次评估包括培训反应、知识与技能获取、行为改变、绩效提升。根据胜任力的要求，首先要确定一定的标准，即知识、技能、岗位能力要达到何等水平才能胜任工作岗位。然后才是用这一标准作为尺子找差距，编制"人才发展地图"和"学习地图"。企业需要重点提升员工的关键能力素质，根据胜任力的标准，在对员工培训的过程中要对重点加以落实。

## 第四节 大五人格理论

大五人格理论是当前应用较广的一种有关个性的特质理论。大五人格因素是指以下五项维度：外向性、情绪稳定性、宜人性（随和性）、尽责性（责任心）、经验开放性，如图4-4所示。

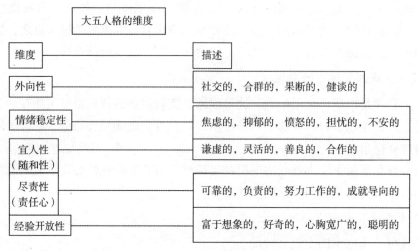

图4-4 大五人格的维度

（1）外向性。外向性是指个体合群、果断、善交际，对应保守、胆怯和安静。

（2）情绪稳定性。情绪稳定性是指个体具有安全感、冷静和愉快，对应不安、焦躁和压抑。

（3）宜人性（随和性）。宜人性是指个体有合作精神、热心和令人愉快，对应好斗、冷漠和令人不快。

（4）尽责性（责任心）。尽责性是指个体勤奋、有组织性、可信任和坚定，对应懒惰、懒散和不可信任。

（5）经验开放性。经验开放性是指个体具有创造性、好奇心和有修养，对应实用主义和兴趣狭隘。

具有以上五种人格因素的人会有以下的行为表现。

具有外向性人格特征的人会认为："我通常总是很快乐""我喜欢生活中充满令人振奋的事"。

具有情绪稳定性人格特征的人会认为："我经常感到悲伤或沮丧""我经常为我无力控制的局面而伤脑筋"。

具有宜人性（随和性）人格特征的人通常认为："我总是待人彬彬有礼""人们从不认为我是冷漠或狡诈的人"。

具有尽责性（责任心）人格因素的人会认为"人们总是认为我非常可靠"。

具有经验开放性人格特征的人一般认为："我有很大的好奇心""我喜欢各种富有挑战性的变化"。

研究结果表明，人们在责任心和情绪稳定性方面得分越高，他们的工作绩效会越好。实践证明，大五人格因素是对工作成功起着决定性影响的因素，是成功的先决条件。

## 本章小结

1. 社会知觉是理解他人的过程，是指联结、整合有关别人的信息并去了解、理解他们的过程。社会知觉也包括对自己、对人际关系、对社会角色的知觉。

2. 造成社会知觉偏差的原因有第一印象、刻板印象、晕轮效应、基本归因错误、选择性知觉、类似吸引效应等。

3. 角色知觉是指人对自己所处特定的社会与组织中的地位的知觉。影响角色知觉的因素有角色认知、角色行为与角色期望等。

4. 个性也称为人格，它是指一个人的整体精神面貌，即具有一定倾向性的心理特征的总和，其中包括个性倾向性（动机、兴趣、理想、信念、世界观）与个性心理特征（气质、性格、能力）。

5. 气质的体液说认为气质有四种类型：胆汁质、多血质、黏液质、抑郁质。气质的高级神经活动类型说认为对应四种气质类型的高级神经活动类型分为：强而不平衡型；强而平衡型，灵活性高；强而平衡型，灵活性低；弱型（抑制型）。

6. 性格类型理论：生物学类型论——体格类型说；心理学类型论——内倾型和外倾型性格论；场独立性和场依存性类型说；文化—社会价值类型论。性格的特质理论强调三个特质维度：内外向、神经质与精神质。

7. 能力是成功完成某种活动所必须具备的个性心理特征。能力分为一般能力与特殊能力。能力的智力结构包括单因素、二因素、三因素及群因素等不同能力结构。

8. 胜任力是个体在工作中取得高绩效所需要的知识技能、能力以及其他特征的组合。胜任力是一种管理综合才能。胜任力在招聘与选拔、薪酬管理、绩效考核、人才与培训中得到了广泛的应用。

9. 大五人格因素的五项维度为：尽责性、外向性、宜人性、情绪稳定性与经验开放性。其中，尽责性和情绪稳定性对工作绩效的影响最大。

## 复习思考题

1. 论述社会知觉的内涵及其重要性。
2. 讨论造成社会知觉偏差的各种原因及其对工作绩效的影响。
3. 解释气质的体液说与气质的高级神经活动类型说。
4. 试述性格的心理学类型说与特质理论对性格的分类。
5. 试述能力在管理工作中的意义。
6. 论述胜任力的实质内涵及其在管理诸领域中的实际应用。
7. 说明大五人格因素的维度结构及其对管理的意义。

# 第五章

# 激励理论与管理（上）——内容型激励理论

> **学习目标**
> 1. 了解激励在管理中的重要性。
> 2. 掌握"行为是个体强化经验的产物，受到奖励的行为在未来更可能实现"。
> 3. 能够为提高激励水平，根据需要层次论可给出的建议。
> 4. 了解双因素理论应用于现实社会中，既要考虑到激励因素，又要考虑到保健因素。
> 5. 理解"成就需要"与"成就动机"对个人事业成功的重要意义。

## 第一节 激励的一般概念

### 一、激励的含义

在西方"管理心理学"与"组织行为学"中，激励称为工作动机（Job Motivation）研究。激励在此有三种意义：其一，一个人在做某件事背后的动机是什么，即驱使某人做某事的原因；其二，一个人做这件事的动机有多强，即做事的愿望程度、准备程度；其三，一个人做事的行为表现如何，即个人行为努力的程度。

工作动机是指引导一个人参与特定行为的内在状态。动机与行为的方向强度和持续性密不可分。持续性指的是对一种行为连续不断的投入，持续努力完成某件事的状态。

在激励人们努力工作的动机中，薪酬只是其中之一。在人们工作的需求中，除福利、住房等有形需求外，还有无形需求，而成就感就是一种无形需求。比尔·盖茨曾说，激励他工作的是挑战和对学习新事物的渴望，这正是一种证明。本书中，激励与工作动机为同义词，即寻找驱使人们努力工作的力量来源、心理状态与行为结果。

## 二、激励的概念

激励一词作为心理学术语,指的是持续激发人的动机的心理过程。通过激励,在某种内部或外部刺激的影响下,使人始终处在一个兴奋状态中,引起个体产生明确的目标指向行为的内在动力。

将激励这一概念用于管理,就是通常所说的调动人的积极性的问题。

一个有效的激励手段必然是符合人的心理和行为活动的客观规律的;反之,不符合人的心理活动和客观规律的激励措施就不会达到调动人的积极性的目的。

激发人的动机的心理过程的模式可以表示为:需要引起动机,动机引起行为,行为又指向一定的目标。这说明,人的行为都是由动机支配的,而动机则是由需要所引起的,人的行为都是在某种动机的策动下为了达到某个目标而有目的地活动。

需要、动机、行为、目标这四者之间的关系可以用图5-1来描述。如果将图5-1改画成如图5-2的形式,那么,这就是一张典型的人类行为的模式图。

需要 → 动机 → 行为 → 目标

**图5-1 动机激发的心理过程模式**

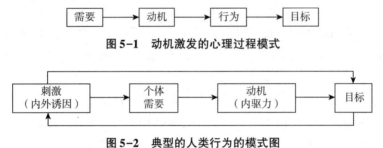

**图5-2 典型的人类行为的模式图**

从心理学的角度分析激励过程,实质上就是要处理好三类变量之间的相互关系。这三类变量是指刺激变量、机体变量和反应变量。

(1) 刺激变量是指对有机体的反应产生影响的刺激条件,包括可以变化与控制的自然与社会的环境刺激。

(2) 机体变量是指有机体对反应有影响的特性,这些都是被试者本身具有的特征,如性格、动机、内驱力强度等。

(3) 反应变量是指刺激变量和机体变量在行为上引起的变化。

由此分析,上述两图中的需要和动机都是属于机体变量,行为是属于反应变量,外界的目标实际上是刺激变量。

激励过程实际上就是要使刺激变量引起的机体变量(需要、动机)产生持续不断的兴奋,从而引起积极的行为反应,当目标达成之后,经反馈又强化了刺激,如此周而复始、延续不断。

## 三、激励的基本特征

关于激励过程的分析一般涉及以下三个方面:激励的动力,激励行为的指向,激励行为的保持。所以激励包括唤起、指向以及对朝向一个目标前进的行为的维持。

唤起(Arousal)是指行动的驱动力、能量;指向(Direction)是指选择行为的指向;维持（Maintaining）是指坚持多长时间。由此可见，激励是指唤起、指向、维持通往某一目标行为的过程。激励的三要点表明，激励不等同于工作绩效，激励过程的核心阶段可用图5-3表示。

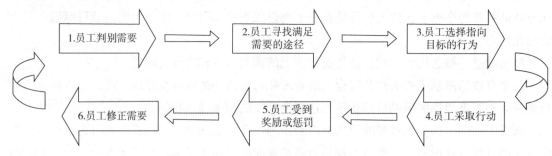

图5-3 激励过程的核心阶段

从图中可见，激励过程起始于个体对需要的判别（第一阶段），需要是动力之源，它会使个体处于紧张状态（第二阶段），从而促使个体采取措施以减轻或消除紧张状态，激励是有目标指向的（第三阶段），目标是个体力求达成的特定结果，追求上进的员工常常通过出色地解决组织所面临的难题而获得领导的赏识（第四阶段），升职与加薪是组织激励个体行为的两条主要途径，也是向员工传递其行为是否恰当的重要反馈信息（第五阶段），当员工受到奖励或惩罚时，就会主动修正其需要（第六阶段）。

应该指出，激励过程的内容在不同的社会体制下是有区别的，但就其形式而言，上述的激励过程模式在一定程度上反映了人类行为和心理活动的共同规律。心理学的研究已证实了这样一些客观的规律性：人的意志行动开始于需要以及由需要而引起的动机。具体来说，人受到刺激产生了需要，需要不满足时，引起心理紧张，成为寻找目标以满足需要的驱动力，由此而激发了动机。因此，从需要着手寻求激励是符合心理规律的有效途径。

当然，支配行为的动机除需要外，还有愿望、意志、情感、兴趣、价值观等。人们在生活实践中，在某种需要的基础上，还产生了各种各样的社会情感、兴趣、信仰和理想，最后形成了世界观。由世界观而决定的思想、信念等，都将成为人行为的动机，驱使人们去行动。

## 四、激励的意义

1. 激励是生产力的促进剂、推动剂

构成生产力因素的人是指掌握一定的文化、科技知识与劳动技能，并且具有极高的积极性、工作热情，在实际生产劳动中能发挥其创造力和智慧的人。激励是生产力的促进剂、推动剂。

2. 激励是以人为中心的管理思想的主要管理职能

现代企业管理正在从以物为中心转向以人为中心，越来越突出人的作用和力量。人是管理的主体，激励是管理的核心。

总之，正确地认识激励理论、模式，不失时机地采用适当的激励方法与手段，对各级管理人员具有很大的指导作用，可以避免决策失误。

## 五、领导者要重视激励

企业的物化过程是投入与产出,它要求企业经营者以最少的投入获取最大的效益。在我国,职工教育、职工的思想政治工作、各种物质与精神激励手段的应用等,都是企业的投入,是企业高效运转的重要组成部分。只有依靠这些适当、适时的企业投入,才能有高效产出,取得明显的社会与经济效益。

哈佛大学教授威廉·詹姆斯在一次员工激励调查中发现,按时计酬的员工只要发挥20%~30%的能力就可以保牢饭碗,如果给予充分的激励,他们的能力可发挥到80%~90%。这说明,随着科学技术的不断进步和生产过程的日趋复杂,单靠机器设备并不能增加产量,激发职工的创造性和革新精神显得越来越重要了。

在当今国内外企业竞争日趋激烈的情况下,企业为了生存和发展,不断提高自己的竞争能力,必须最大限度地激励全体职工,充分挖掘人力资源的内在潜力,促使职工能够自觉自愿地去为实现组织目标而奋斗。

西方国家许多成功的范例说明,只有采取各种合理的物质与精神激励的手段,才能真正发挥职工的潜能,调动起职工持久高涨的积极性。

日本松下电器产业株式会社创始人松下幸之助指出,只有先铸造出"松下人",才能研制出"松下的商品"。

美国的大型企业——国际商用机器公司(IBM)是世界上经营最好、管理最成功的公司之一。该公司采用了一系列尊重人、信任人的激励手段。他们将尊重人、信任人视为公司的第一宗旨。该公司创始人沃森曾经说过:"我希望IBM公司的推销人员受人敬佩,我想让他们的妻子和孩子们为自己的丈夫和父亲所从事的职业感到自豪。"他认为,公司最伟大的财富是人,而不是金钱或者其他的东西。IBM公司的所有经理都懂得人们对工作满意的价值和不断调动积极性的必要性。

法国有一句古老的谚语:"一个人累了也能再走完一段很长的道路。"但是,这需要调动人本身的动力或受到外界的鼓励。激励的作用,就是鼓励人们在这条道路上走下去,直到实现组织目标。

## 六、心理学路线的激励理论分类

心理学路线的激励理论可分为以下五类。

(1) 早期的动机激发理论。

(2) 行为主义激励论(新、老行为主义激励论;强化理论,又称为行为修正激励论)。

(3) 综合激励论(勒温的场动力论与波特和劳勒的综合激励模式)。

(4) 认知派激励论,认知派激励论又分为内容型激励理论和过程型激励理论。

内容型激励理论包括:①需要层次论(马斯洛);②生存—相互关系—成长需要理论(阿尔德弗);③成就需要(成就动机)论(麦克里兰等);④双因素(激励保健)理论(赫茨伯格)。

过程型激励理论包括:①期望理论(弗鲁姆);②公平理论(亚当斯);③目标理论(德鲁克等);④归因理论(海特等)。

(5) 认知评价理论。

现代激励理论的分类如图5-4所示。

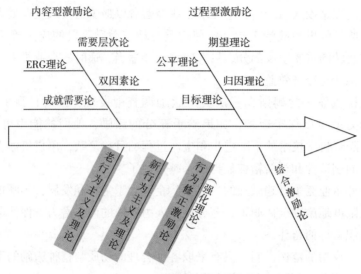

图5-4 现代激励理论的分类

近年来激励理论的结构体系并未有多大变化，一些新发展的激励理论与内容将在下一章中补充阐述。

## 第二节 强化理论与管理中的奖励与惩罚

### 一、操作性条件反射与强化理论

美国新行为主义者斯金纳（B. F. Skinner）1938年在《有机体的行为》一书中，提出了操作性条件反射的学说。这一学说认为，人类的许多行为具有操作性、工具性。人由于某种需要而进行探索或自发地活动，在探索的过程中，若一种偶发反应成为达到目的的一种工具，人们就会学习利用这种反应去操纵环境、达到目的、满足需要。由于这种反应是达到目的的工具，因此称之为工具性条件反射，也称为操作性条件反射。

操作性条件反射是一种反应型条件反射，个体只有在强化的条件下才会形成这种反射。在操作性条件反射中，强化取决于反应，不取决于对刺激的感知，学得的反应会因强化的增加而增加，也会因强化的减弱而消退。由此，可以得出行为是个体强化经验的产物。

### 二、行为修正激励与正、负强化

将操作性条件反射与强化理论应用于管理，就产生了行为修正激励论。行为修正激励论表明，当行为的结果有利于个人时，行为就会重复出现，这就起到了强化激励的作用。如果行为的结果对个人不利，这一行为就会削弱或消失。

对人的某种行为给予肯定和奖赏，使这个行为巩固、保持、加强，这就是正强化；对于某种行为给予否定和惩罚，使之减弱、消退，这就是负强化。正、负强化都是强化的方式和手段，若应用得当，就可以对人的行为进行定向控制和改造，最后达到预期的最佳状态。

图 5-5 是强化概念模式，它形象地显示了正、负强化的含义。

图 5-5　强化概念模式

## 三、有效奖励的实施方法

1. 创造有效奖励的心理气氛

奖励要特别注意环境给人带来的心理气氛。例如，在一个平淡气氛中奖励某人，这种奖励对此人和其他人只能起保健因素的作用。如果能创造受奖光荣的浓厚气氛，那么，在这种氛围下，奖励对被奖励者与其他人都有极为强烈的激励作用。

2. 奖励对象要有真正的先进性

奖励的先进性是为人们树立一个学习的榜样和追赶的目标，激发人们的进取意识，使人产生向先进人物学习的积极、良好的心理倾向。为此，奖励对象要有真正的先进性，切忌弄虚作假。

3. 奖励要注意时效性

行为修正理论强调"即时反馈"，就是要让人们及时知道自己行为的结果，只有这样才能够给人们鼓励和信心，鞭策人们继续努力。相对而言，"延时反馈"也就是相隔相当长的时间之后，再让人们知道行为的结果，这时的激励力量就会相应减弱，而且缺乏活力。因此，管理者应强调奖励的时效性，赏罚都应及时。

4. 奖励的内容应该多样化

奖励内容与形式要真正符合人们的需求，并富有时代性、多样性，这样才能使更多的人受到真正的激励。传统奖励的标准应该继承并发扬光大，但是在新形势下固守原有标准而不改变，也不会获得最佳的奖励效果。因此，在改革、开放事业的发展过程中，必须树立与时俱进的奖励标准观。

## 四、有效惩罚的实施方式

### （一）惩罚的负效应

惩罚作为一种负强化，也有积极的激励作用，只是所用方式和手段与奖励有所不同。惩罚相对奖励而言，方式、方法更难掌握，如果惩罚措施不当就会引起人们心理上的不满和情绪上的消极反应，以及行为上的对抗。

惩罚的负效应表现为惩罚可以让不想要的行为不再发生，但是潜在的负面效应是很严重的，如图 5-6 所示。

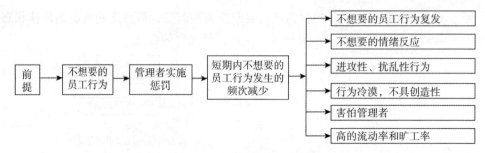

图 5-6　惩罚的潜在负面效应

惩罚可以导致一些不想要的情绪产生。例如，因为多休息一会儿而遭到责备的员工，可能对管理者和组织产生愤怒的情绪，这可能导致有损组织的行为发生。怠工就是典型的以惩罚为中心的管理体系的结果。

惩罚通常只能在短期内压制不想要的行为，而不能消除它。这样，如果要长期压制不想要的行为，就需要持续实施逐步严重的惩罚。同时，对不想要的行为的控制也要看管理者是否在场，当管理者不在场时，员工的不想要行为就可能复发。

另外，被惩罚的个体可以设法回避或逃避这种情境。从组织的观点来看，如果员工是在回避一项特别的、必要的任务，这种反应就是不可接受的。高旷工率是一种回避反应，当经常使用惩罚时，它就可能发生。辞职是员工最后的逃避形式，依靠惩罚来管理员工的组织有可能出现员工频繁辞职的现象，形成高流动率。一定的流动率是需要的，但是过高的流动率对组织就有害了，如有能力的、高技能的员工可能因受到挫折而离开公司，而重新招聘、培训这样的人才的代价又是高昂的。

## （二）有效惩罚的实施方式

当前，许多企业对违纪职工采取了一些经济制裁的措施，这对强化劳动者的劳动纪律意识有积极的意义，对提高生产效率也起到了一定作用。但是，在采用惩罚手段时必须注意以下两点。

1. 惩罚与批评的形式要多样化

人们对于惩罚和批评有着本能的对抗心理，为此，针对不同人的情况，可采用不同的批评方式。

（1）直接批评：对能够听取意见者，可以直截了当地提出批评。

（2）间接批评：通过一件事旁敲侧击地批评某事、某人。

（3）暗示批评：不直接点穿，而暗示某人，这种批评方式可以让人意会到。

（4）对比批评：通过表扬好的，达到批评坏的的目的。

（5）强制批评：对于明显有害的事与人，要强制批评，责令其立即改正错误。

（6）商讨批评：通过对话商量式地指出问题，使对方心悦诚服。

（7）分段批评：若被批评对象不轻易接受别人意见，就要有耐心、逐步提出问题，等对方态度有所转变时，再加重批评的分量。

2. 惩罚时同样要做到严中有情理

众所周知，多用、滥用经济制裁的惩罚方式会加重人们的抵触情绪。奖惩不是目的，而是调动群众积极性的手段,故在采取惩罚手段时,既要坚持原则,又要做到严中有情、有理,使人们口服心服、知过改正。另外,领导者在使用惩罚手段时必须持有善意,学会以理服人;处理时要适当,即轻重适宜;对所有被罚者要一视同仁,不能厚此薄彼;要强调冷静对待,以冷处理方式为宜等。

## 第三节　内容型激励理论

内容型激励理论更注重研究那些影响行为的变量的性质,而忽视这些变量影响行为的过程以及这些变量之间的相互作用。例如,研究人们需要什么特殊的报酬,需要满足人的哪些基本需要,什么样的刺激是最有效的,等等。需要层次论、生存—相互关系—成长、双因素理论、成就激励论都属于内容型激励理论。

### 一、马斯洛的需要层次论

#### (一) 需要层次论概述

亚伯拉罕·马斯洛(Abraham H. Maslow)是美国心理学家,早期从事动物社会心理学的研究。1940年他发表了《灵长类优劣品质和社会行为》一文,之后转入对人类社会心理学的研究。1943年他出版了《人类动机的理论》一书,1954年出版《动机与人格》一书,1962年又出版了《存在心理学导言》一书。

马斯洛在其《人类动机的理论》一书中,阐述了人的基本需要可以分为五个层次,即生理需要、安全需要、归属和爱的需要、尊重需要和自我实现需要。

1. 生理需要(Physiological Need)

马斯洛认为,属于基本生理需要的项目很多,如食、住、喝等。当一个人受某种生理需要支配时,他的理想的境界就会变化。例如,长期处于极端饥饿状态的人,他追求的目标首先是食物,为此,生活的目的就是为了填饱肚子。但是,一旦这种需要满足了,"食"就不再是一种需要了。

2. 安全需要(Safety Need)

马斯洛认为,人们喜欢一个安全的、有秩序的、可以预测的、有组织的世界,在那里人们有所依靠,不会发生意外的、难以控制的或其他危险的事情。

安全需要的含义是广泛的,从世界和平、社会安定直至个人安全。人们希望有一个和平、安定、良好的社会环境。现实社会中,不安全因素到处存在,交通事故与工矿事故不断发生,谋杀、犯罪、偷盗等案件也不断出现。为此,保障与满足人的安全需要仍然具有现实意义。

3. 归属和爱的需要(Belongingness and Love Need)

马斯洛认为,归属和爱的需要是指个人对爱、情感和归属的需要。个人在生活中会需要朋友、爱人、孩子,渴望与同事之间建立深情厚谊。

爱应该包括两个方面,即给别人爱和接受别人的爱。现实社会中,要处好人际关系,不能简单地就事论事,而应该有感情与爱。

### 4. 尊重需要（Esteem Need）

马斯洛认为，社会上所有的人都希望自己有稳定、牢固的地位，希望得到别人的高度评价。尊重需要是希望别人尊重自己，同时自己也表现出非常自重、自尊。尊重需要分为两类：一类是希望有实力、有成就、能胜任、有信心，以及要求独立和自由；另一类是要求有名誉和威望，受到别人的赏识、关心、重视或高度评价。

现实社会中，尊重需要的满足会使人有自信的感觉，觉得在这个世界上有价值、有实力、有能力、被需要。一旦人的尊重需要受到挫折，就会产生自卑感、软弱感、无能感，最后导致失去基本的生活信心。

### 5. 自我实现需要（Self-actualization Need）

"自我实现"这个词是库尔特·戈尔德斯泰因首创的。马斯洛在使用这个词时有所限定。马斯洛认为，自我实现需要是指促使人的能力得以实现的趋势，这种趋势就是希望自己成为所期望成为的人物，完成与自己能力相称的一切事情。为此，音乐家必须演奏音乐，画家必须绘画，诗人必须写诗，这样才会使他们感到最大的快乐。什么样的角色就应该做什么样的事，人们把这种需要叫作自我实现。

自我实现就是使人的潜能现实化，也就是说要使这个人成为有完美人性的人，成就这个人能够成就的一切。

自我实现这个概念是演绎性的，包括心理健康、自主性、创造性等。这说明，在人的内部存在着一种向一定方向成长的趋势或需要，这个方向一般可以概括为自我实现或心理的健康成长。

现实社会中，人的高层次需要应该是自我实现。人们会千方百计地通过工作实践将自己的潜能现实化。现代人应该不断地希望、向往和有所追求，使自己成为一个能够自我实现的人。

## （二）需要各层次间的相互关系

在马斯洛看来，人类价值体系中存在两种不同的需要：一类是沿生物谱系上升方向逐渐变弱的本能或冲动，称为低级需要或生理需要；另一类是随生物进化而逐渐显现的潜能或需要，称为高级需要。这两类需要的关系有以下表现。

（1）这五种需要像阶梯一样从低到高，但这种次序不是完全固定的，可以变化，如图5-7所示。

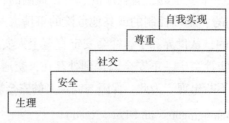

图 5-7　五种需要的阶梯关系

（2）当低层次的需要相对地满足了，就会向高一层次发展。这五种需要不可能完全满足，越到上层，满足的百分比愈低。

（3）同一时期内，可以同时存在几种需要，因为人的行为是受多种需要支配的。但是，每一时期内总有一种需要是占支配地位的。

图 5-8 表明，任何一种需要并不会因为下一个高层次需要的发展而消失，各层次的需要相互依赖与重叠，高层次的需要发展后，低层次需要仍然存在，只是对行为影响的程度减轻了。

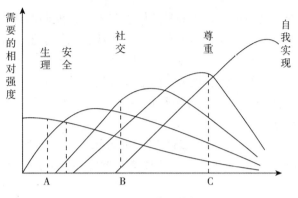

图 5-8　需要各层次间的相互关系

（4）需要满足了就不再是一股激励力量。

（三）需要层次论在企业管理中的作用

一些西方管理心理学家宣称，马斯洛的需要层次论能够帮助企业家管理好他们的企业。表 5-1 就是一张需要层次论与管理措施密切结合的相关表。

表 5-1　需要层次论与管理措施密切结合的相关表

| 需要的层次 | 诱因（追求的目标） | 管理制度与措施 |
|---|---|---|
| 生理需要 | 薪水，工作环境，各种福利 | 身体保健（医疗设备）、工作时间（休息）、住宅设施、福利设备 |
| 安全需要 | 职位的保障，意外的防止 | 雇用保证、退休金制度、健康保险制度、意外保险制度 |
| 归属和爱的需要 | 友谊（良好的人际关系）、团体的接纳与组织的一致 | 协谈制度、利润分配制度、团体活动制度、互助金制度、娱乐制度、教育训练制度 |
| 尊重需要 | 地位、权力、责任，与他人薪水的相对高低 | 人事考核制度、晋升制度、表彰制度、奖金制度、选拔进修制度、委员会参与制度 |
| 自我实现需要 | 能发展个人特长的组织环境，具有挑战性的工作 | 决策参与制度、提案制度、研究发展计划、劳资会议 |

（四）需要理论的评价

西方管理心理学对马斯洛的需要理论的评价是各不相同的。总的来说，既重视这一理论，又指出了这一理论的不足之处。美国管理心理学家列维特认为，尽管人们对于马斯洛理论的有效性和科学性存在着经常性的争论，但它对于管理者而言仍可成为一种思考的工具，似乎其优点总是超过它存在的问题。

为了正确评价马斯洛的需要理论，必须联系他的基本哲学观点和人本主义的心理学观点，这样才能客观地考察一种理论产生的思想根源、历史背景，以及它在一定时期的作用及其局限性。

1. 人本主义心理学与马斯洛的需要理论

人本主义心理学的渊源可追溯到古希腊。人本主义的观点现已被许多国家的心理学家所接受。

美国早期提倡人本主义心理学思想的是詹姆士和霍尔,他们都认为,人本主义心理学应揭示整体的人,应探讨人们基于理智的丰富的感情生活,以便了解个体的人性。

20世纪30年代以后,格·阿尔波特和亨·默里竭力宣扬人本主义的人格理论。他们主张全面理解处在环境关系中的个体,把人看作是积极的、独立的,看重未来的整体。

1942年,卡尔·罗杰斯出版了《咨询和心理治疗》一书,阐述了患者的新的主动作用,由此提出了患者中心治疗法。

1943年,马斯洛出版了第一部关于动机理论的著作——《人类动机的理论》。但是,由于行为主义在美国统治了20世纪上半期,马斯洛与罗杰斯这样的人本主义心理学家一直受到学术界的排斥。

20世纪50年代,人本主义心理学在美国逐渐形成,它是基于对行为主义心理学的不满而产生的,强调以人为中心、以价值为中心,主张现象学和存在主义的心理学。在这一时期出版了大量著作,如马斯洛的《动机与人格》(1954)、阿尔波特的《成长》(1955)、穆斯塔克的《自我》(1956)、加德纳·墨菲的《人的潜能》(1958)和科恩的《人本主义心理学》(1958)。

人本主义心理学的基本观点是人作为一个生物体不是简单地由外界力量或是无意识冲动所控制的,而是受他们自己的价值观和选择所支配。马斯洛称这场人本主义运动为"第三势力",他是这场运动的发动者。

1961年,《人本主义心理学》杂志创刊;1962年,美国人本主义心理学会成立。1968年,马斯洛当选为美国心理学会主席,这说明他所提倡的人本主义观点已在美国心理学家中得到承认和重视。1970年,在荷兰的阿姆斯特丹召开了第一次人本主义心理学的国际会议。1971年,在美国心理学会内建立了一个专门的分会——第32分会,即人本主义心理学分会,该分会的宗旨是:将人本主义心理学的概念、理论和哲学应用于科学心理学的研究、教育和专业实施上。

人本主义心理学在美国的发展有其深刻的社会原因。20世纪60年代至70年代初,美国正处于激烈的社会变革和精神动荡之中,而人本主义心理学所关切的问题,如人的潜能、成长等问题正是社会所关心的。

人本主义心理学强调,心理学应该是一门关于人的科学,而人不仅仅是作为客体在行为主义的机械形态模式中被操作的对象,而且是有感情的主体。

由此可见,人本主义心理学批判行为主义的外因决定论,强调人与动物的差异,强调人的价值、人的内在因素和人的特殊性,这些观点是有进步意义的。

马斯洛的需要理论是一种内容型激励理论,它强调人的不同层次的内部需要是激发动机的主要因素。这种理论强调人的内部需求、思想意识、兴趣、价值等内在因素,批判了人的行为是外部刺激、机械决定的行为主义理论。从这个意义上看,需要层次论也具有积极意义。

2. 马斯洛需要理论的积极评价

马斯洛的需要层次论有其科学的一面。作为一种激励理论,它在一定程度上反映了人类行为和心理活动的共同规律。

(1) 激励理论在很大程度上直接或间接立论于人的需要。心理学已经证实了,人的意志行为开始于需要,并由需要引发动机。具体说来,人受到刺激产生了需要,需要不满足时,引起心理紧张,就成为寻找目标以满足需要的驱动力,由此激发了动机。因此,从研究需要着手来探索激励,是符合心理规律的有效途径。

(2) 如果撇开需要的社会内容,就心理发展的趋势而言,马斯洛所概括的生理、安全、爱、尊敬、自我实现的基本需要,应该说在任何人群中都同样存在。

(3) 马斯洛阐述的需要分为五个层次并呈逐级上升的模式,这一模式虽在国外早有争议,但他所指出的需要层次性和需要由低级向高级发展的趋向,是一般人共同的心理过程。这一原理在西方国家中已经得到验证。

(4) 马斯洛从人的需要出发研究人的行为,这抓住了问题的关键。人们为了生存的需要,为了更好生活的需要,在这种物质和精神需要的强有力的推动下,发展了生产力,变革了生产关系,使人类社会不断发展。

(5) 马斯洛的需要理论为企业管理指出了调动积极性的工作方向和内容,任何企业都应从物质和精神两方面去满足职工的合理需要。

(6) 按马斯洛的理论,人的需要因不同的情况(人、时、地)而有所不同,为此,要根据不同人的不同需要,有针对性地采取不同的管理措施,才能取得效果。

## 二、生存—相互关系—成长需要理论

### (一) ERG 理论

阿尔德弗根据对人进行的大量调查研究结果得出结论,认为一个人的需要不是五种,而是三种,即生存需要(Existence Need)、相互关系需要(Relatedness Need)、成长需要(Growth Need)。因此,他的这三种基础需要理论也被简称为 ERG 理论。

(1) 生存的需要是最基本的。生存的需要是指人在衣、食、住、行等方面的物质需要,这种需要只有通过钱才能满足。

(2) 相互关系的需要。这种需要相当于马斯洛理论中所说的友谊、爱和归属的需要。当一个人的工资已经满足了他的基本生存需要之后,他就希望在与上级和同级的相互关系上处理得更好。当一个人对他的工资不满意时,对归属方面的需求就小些。

(3) 成长的需要。当相互关系的需要满足后,就会产生成长的需要。这种需要是指个人在事业上、前途方面发展的需要。

阿尔德弗还认为,作为一个企业管理人员,应该了解职工的真实需要。这种情况可用图 5-9 来说明。

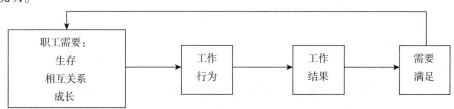

图 5-9　阿尔德弗的需要与工作成果的关系

职工不同的需要会导致他们工作中的不同行为表现,最终也决定了他们不同的工作结果。这些结果可能满足他们的需要,也可能不能满足他们的需要。

管理人员想要控制下属的工作行为或工作表现,首先要了解他们的真实需要,同时,通过控制工作结果(使之成为能满足下属需要的资源和报酬)来控制他们的工作行为。如果管理人员不能控制那些对下属的需要起作用的工作结果,那么,他们也就不能影响下属的工作行为。

### (二) 马斯洛理论与阿尔德弗理论的异同

马斯洛理论与阿尔德弗理论之间有表 5-2 所示的相同点和不同点。

表 5-2 马斯洛理论与阿尔德弗理论的异同

| 异同点 | 需求理论 ||
|---|---|---|
| | 马斯洛的需要理论 | 阿尔德弗的需要理论 |
| 相同点 | 人的需要分为五个层次 | 人的需要分为三种类型 |
| | 这五个层次的需要由低到高逐步发展上升,同时也相互联系 | 这三种需要一般来说由低到高逐步发展,同时这三种需要又是相互联系的 |
| 不同点 | 人类有五个层次的需要,它们是生来就有的,是内在的、下意识的,即使小孩子也具有 | 人类有三种需要,这些需要不完全都是生来就有的,有的需要是通过后天学习产生的 |
| | 人的需要按照严格的层次,由低级到高级逐步上升,如果越级上升,那就是不正常的 | 人的需要并不一定严格地按照由低到高逐级发展的顺序,可以越级,如人可能在没有归属的情况下,先产生自尊需要 |
| | 人的需要只存在由低到高的上升情况,不存在由高级的需要后退到低级需要的问题 | 人的三种需要既是由低到高向上发展的,也存在一旦遇到挫折就下降的情况,如人得不到好的相互关系,就下降为追求生存需要 |

## 三、双因素理论

### (一) 双因素理论的一般概念

双因素理论是由美国心理学家弗雷德里克·赫茨伯格提出的,他还是著名的管理理论家和行为科学家,其主要论著有:1959 年出版的《工业的激励》,1966 年出版的《工作与人的本质》,1968 年在《哈佛商业评论》上发表的《再一次:你怎样激励雇员》,以及 1969 年在同一杂志上与他人共同发表的《丰富工作内容大有好处》等。赫茨伯格在这些论著中阐述了双因素理论的基本观点。

1. 双因素理论的实验基础

20 世纪 50 年代后期,赫茨伯格在匹兹堡心理研究所与同事们对该地区的 11 个工商业机构中的 200 位工程师和会计师进行了一次调查。调查人员要求受试者回答:他们在工作上何时感到心情舒畅,以及导致他们产生这种心情的事件发生的先后顺序。调查人员把受试者的回答详细分类,以便考察导致对工作满意和不满意的事件类型。

赫茨伯格将调查的结果按"满意"与"不满意"因素进行了如图5-10所示的综合分析。

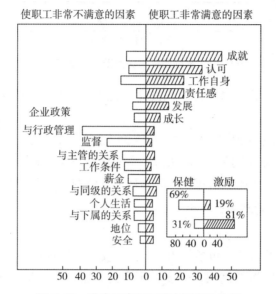

图 5-10 满意因素与不满意因素的比较

研究结果表明,带来与导致对工作满意与不满意的事件是截然不同的。带来满意的主要因素有五个:成就、认可、工作自身、责任感、发展。导致不满意的主要因素有:企业政策与行政管理、监督、薪金、人际关系以及工作条件。

赫茨伯格把这些独特的、不相同的要素与对工作满意和不满意的事件联系起来,从而得出结论,认为这两种因素彼此并不矛盾,只是它们分别代表了人的不同的需求。

之后,赫茨伯格又对1 600多名从属于不同单位、不同企业和组织的雇员进行了12次不同的调查,进而得出结论,认为对工作满意起作用的主要因素是成长与发展,而对工作不满意起作用的主要因素是环境。

2. 双因素理论的含义

双因素理论即激励因素、保健因素理论。双因素理论认为,激发人的动机的因素有两类:一类为保健因素;另一类为激励因素。

保健因素又称为维持因素,这些因素没有激励人的作用,但却带有预防性,起保持人的积极性、维持工作现状的作用。例如,上述的企业政策、工资水平、工作环境、福利和安全等,都属于此类因素。在工作中,保健因素能够防止人们对工作产生不满情绪。

激励因素是影响人们工作的内在因素,其本质是注重工作本身的内容,以此提高工作效率,增强人们的进取心,激发人们做出最大的努力。激励因素像人们锻炼身体一样,可以改变身体素质,增强人们的健康。如上述的成就、认可、责任、发展等因素的存在将给人们带来极大的满足。

关于激励因素与保健因素的相互关系问题,赫茨伯格认为,传统的"满意与不满意"的观点(认为满意的对立面是不满意)是不正确的。他认为,满意的对立面应该是没有满意，不满意的对立面应该是没有不满意，这种观点可用图 5-11 来表示。

```
               传统观点
满意 ─────────────────────── 不满意

              赫茨伯格观点
满意 ─────────────────────── 没有满意
           （以上为激励因素）
没有不满意 ─────────────────── 不满意
           （以下为保健因素）
```

图 5-11 激励因素与保健因素的相互关系

保健因素与激励因素对于调动人的积极性来说都是起作用的，只是其影响的程度不同而已。

20 世纪 60 年代以来，双因素理论越来越受到人们的关注。根据 1973—1974 年美国民意研究中心的调查，过半数的男性职工都认为工作的首要条件是能提供成就感。此外，把有意义的工作列为首位的人，要比把缩短工作时间列为首位的人数多得多。

### （二）双因素理论在管理中的应用

图 5-12 是西方发达国家的职工需求，分为两大类：一类是维持性的保健因素的需要，图中外圈所示即为追求的目标，包括物质、经济、安全、所处环境、地位、社会性等多种多样的内容；另一类为激励性的高层次需要，图中内圈所示即为追求的目标，包括成长、成就、工作、职责、赏识等内容。

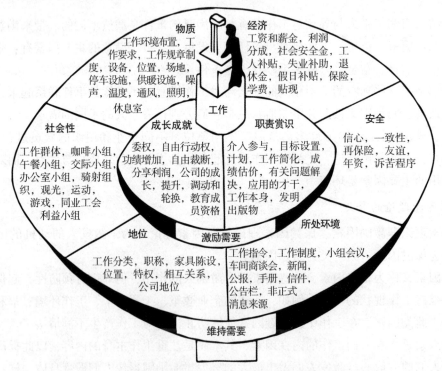

图 5-12 职工的需求：维持性的需求和激励性的需求

要调动职工的积极性，首先得注意保健因素，使职工不致产生不满情绪，但是，更重要的是要利用激励因素去激发职工的工作热情，创造出第一流的工作业绩。因此，双因素理论在我国有着很高的应用价值。领导者是创业者、开拓者，如果只顾及保健因素，仅仅满足于职工没有什么意见、大家相安无事,这种领导只能算是守业者。

另外,我国与国外的社会制度、国情、民族传统不同,因而在企业中,哪些因素属于保健因素,哪些因素属于激励因素,与国外的划分是有差异的,既使同一因素在不同时期也有可能划归于不同的范畴。在国外认为是保健因素的内容,在我国很可能是重要的激励因素,如工资等。对低保人员发放生活保证金,物价上涨时发放补助等都属于保健因素的范畴。

### 四、成就需要与管理

#### (一) 成就需要的概念

成就需要理论是美国心理学家麦克利兰于20世纪60年代提出的。1961年,麦克利兰出版了《有成就的社会》一书,在这本书中系统阐述了成就需要的理论,即成就动机论。

麦克利兰认为,人的基本需要有三种:成就需要、权力需要和归属(亲和)需要。成就需要是一种内化了的优越标准的成功需要。由成就需要所诱发的成就动机,是一种特殊的人类动机,在心理学上又称为"A动机"。凡具有成就需要的人,都有以下的行为特征。

(1) 事业心强,敢于负责,敢于寻求解决问题的途径。

(2) 有进取心,也比较实际,甘愿冒一定的可以预测的风险,但不是赌博者,而是有进取心的现实主义者。

(3) 密切注意自己的处境,要求不断得到反馈信息,以了解自己对工作和计划的适应情况。

(4) 重成就、轻金钱,从工作取得成就或者从攻克难关中得到乐趣和激励胜过物质的鼓励。报酬对人来说,是衡量进步和成就的工具,而有成就动机的人,更多的是关心个人的成就而不是成功后的报酬。

#### (二) 成就需要与企业绩效的关系

麦克利兰认为,一个企业乃至一个国家的兴旺发达,取决于其具有成就需要的人的多寡。据调查,英国1925年的经济情况良好,此时其拥有的具有高度成就需要的人数在25个国家中位列第5;第二次世界大战后英国经济走下坡路,1950年再调查时,其该项指标在39个国家中排在第27位。

企业家的责任是将成就需要转化为经济发展的动力。国外曾进行过系列的实验,检验企业家的成就需要水平与企业绩效之间的关系。

施莱奇(Schrage)的一项研究报告指出:高成就需要的企业家,会将企业引导到高的利润水平;而低成就需要的企业家,会将企业引导到低的利润水平。这说明,只有高成就需要才能带来高绩效的行为。

威纳(I. M. Wainer)与鲁宾(Ruben)认为,研究和开发企业家的动机是企业成功的因素。为此,两人着重比较了成就需要、权力需要与归属需要的强度同企业绩效平均增长率的相关性。实验是在美国波士顿地区51个小的技术性公司中进行的,这些公司的业务为计算机软件、集成元件、特种应用计算机的开发,公司历史为4~10年,实验对象为年龄在36岁左右并受过硕士教育的企业家,采用"哈佛大学动机研究小组"的主题统觉测验。实验的结果如表5-3所示。

表 5-3 需要强度与企业绩效的相关性

| 需要类型 | 检验结果的代号 | 强度 | 平均增长率 |
| --- | --- | --- | --- |
| 成就需要 | A | 高（≥9）$N=14$ | 0.73 |
| | B | 中（$4 \leq X \leq 8$）$N=9$ | 0.21 |
| | C | 低（<3）$N=18$ | 0.36 |
| 权力需要 | A | 高（≥13）$N=15$ | 0.38 |
| | B | 中（$8 \leq X \leq 12$）$N=19$ | 0.47 |
| | C | 低（<7）$N=17$ | 0.36 |
| 归属需要 | A | 高（≥4）$N=20$ | 0.33 |
| | B | 中（$2 \leq X \leq 13$）$N=18$ | 0.30 |
| | C | 低（<1）$N=13$ | 0.67 |

威纳与鲁宾的实验结论：①权力需要与企业的绩效完全没有关系；②归属需要与企业的绩效甚至会出现负相关；③在中等和高成就需要等级内，成就需要与企业绩效显著正相关。

由此可见，成就需要是一种更为内化了的需要，这种需要是促使国家、企业取得高绩效的主要动力。

**（三）成就需要的培训**

1. 开设发展成就动机的训练班

麦克利兰曾在联合国工业发展组织的资助下，面向许多国家的企业家开办了"发展成就动机训练班"取得了显著的效果。

训练班一般为期 7~16 天（短期性质），课程设置有四个主要目标。

（1）根据他们 17 年研究获得的高度成就需要的知识结构，教导参加培训者像高度成就需要者那样思考、谈论和行动。具体培训方式有编写高成就需要的故事、进行抛环游戏、建立目标等。

（2）课程促使参加者在接下来的两年中，为自己建立较高的且经过仔细计划和接近现实的工作目标，并对该目标每 6 个月检查一次。

（3）课程中也使用由他们自己创新出来的方法，这些方法不受旧习惯、态度的束缚。

（4）让学习者从希望与恐惧、成功与失败的对比中获得一种共同的情绪体验。授课过程中通常也营造团队精神，使每个学习者都能得到小组成员的同情和支持。

事实上，这种训练方法同样适用于成就感不足的青少年。麦克利兰也为虽聪明但成就感不足的青少年开设夏季训练班，从青少年时期就培养他们的高度成就动机的需要，以便帮助他们日后成为高成就企业家的接班人。

2. 进行心理测验

麦克利兰同时设计了一套心理测验方法，以测验个人成就需要的高低。他运用主题统觉测验原理，提供一张图片让被试者看 15 秒钟，然后让他在 5 分钟内把所看到的图片内容编写成一个小故事，之后，按照一定标准对故事进行评分。这种测验时间短，被试者来不及深入思考，会根据一刹那的感觉把自己潜在的意识投射到所编的故事中去。

## 3. 培训的效果

麦克利兰为企业家与青少年所办的训练班取得了非常显著的效果。凡参加过训练班的企业家都比没有参加过训练班的人做得更出色，因此也取得了较好的经济效益，所在企业也得到了快速发展。

青少年训练班的成绩也是显著的，但也发现了不同阶层的青少年效果是不同的。例如，中产阶层的孩子在训练班两年后，成绩稳步改善；社会底层的孩子经训练一年后有了改善。然而，一旦他们回到父母和朋友不鼓励成就需要和向上努力的环境之中，他们就又回到了原先的状态。

以上结果说明，企业家和一般人的成就动机不是单一、孤立的某种因素的简单结合，而是遗传、环境、教育三种因素综合影响的表现。

人的成就动机能否实现，除本人努力外，环境条件的制约作用是明显的。例如，一旦组织阻碍一个人发挥其积极性，那么，这个人成就动机再高也没有成功的可能。同样，一个有成就动机的人，不能主管实际事务，没有实践的机会，即使有高成就需要也是无益的。

这种现象表明，成就动机不是一个人天生的，而更多的是环境、教育、实践的结果。

为了取得高速的经济发展，要有计划、有目的地从青少年开始，将成就行动与需要灌输到他们的头脑中去，以此来造就一大批有高成就需要的企业家和各行业的管理者。

### 五、内容型激励理论的相互关系

图 5-13 将四种内容型激励理论的相互关系进行了表述。

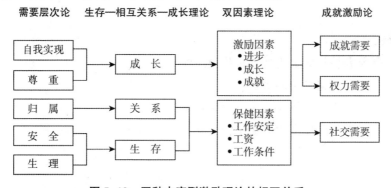

**图 5-13 四种内容型激励理论的相互关系**

生存—关系—成长理论将需要层次论作为其理论基础，因而两者之间具有一些重要的相似性：自我实现与尊重需要构成了成长需要；归属需要与关系需要相似；安全与生理需要则构成了生存需要的基础。这两种理论的主要区别在于：需要层次论提出了基于"满足—上进"原则的静态的需要体系，而生存—关系—成长理论则提出了基于"挫折—退化"原则的灵活的三种需要分类。

双因素理论则源于上述两个需要理论。如果需要层次论中的安全与生理需要得到满足，保健因素的要求就得到满足了；同样，如果生存—关系—成长理论中关系与生存需要的满足未遭受挫折，则保健因素的要求亦得到了满足。而激励因素则注重工作本身以及满足个体更高层次的需要或成长需要。

成就激励论不承认个体低层次的需要，如果个体满足了其工作中的保健因素，则社交需要也就获得了满足。如果工作本身具有挑战性或为个体的发展提供了机遇，那么就会产生激励作用，上述条件的满足将引导个体实现其成就需要。

## 本章小结

　　1. 激励是指唤起、指向、维持通往某一目标行为的过程。激励又被称为工作动机。工作动机是指引导一个人参与特定行为的内在状态。探索激励过程，即寻找驱使人们工作的力量来源、心理状态、行为结果。

　　2. 偶发的反应会因强化的增加而增加，也会因强化的减弱而消退。由此可知，行为是个体强化经验的产物。强化理论应用于管理，就产生了行为修正激励论。对人的某种行为给予肯定与奖赏，会使行为巩固、保持、加强，这就是正强化；对某种行为给予否定与惩罚，行为会削弱、消退，这就是负强化。

　　3. 内容型激励理论包括需要层次论、生存—关系—成长需要理论、双因素理论、成就激励论。马斯洛将人的需要分为五个层次：生理需要，安全需要，归属和爱的需要，尊重需要，自我实现需要。

　　4. 双因素理论认为，激发人的动机的因素有两类：一类为保健因素，一类为激励因素。保健因素又称为维持因素，虽无激励作用，但有维持现状的作用。

　　5. 成就需要是一种内化了的优越标准的成功需要，这种需要会诱发成就动机。有成就需要者的事业心强，有进取心，重成就、轻金钱。

## 复习思考题

　　1. 为什么领导者要特别重视对员工的激励？
　　2. 试述有效奖励实施方法的要点。
　　3. 如何将马斯洛的需要层次论应用于管理中？
　　4. 如何将双因素理论应用于管理中？

# 第六章

# 激励理论与管理（下）——过程型及其他激励理论

> **学习目标**
> 1. 了解期望理论的实质及其表述方式。
> 2. 认识目标设置对绩效的影响及其重要意义。
> 3. 懂得公平与程序公平理论的内涵及其对维护社会公正感的意义。
> 4. 了解公平差别阈理论的含义及其意义。
> 5. 掌握自我效能感理论与个体激励水平的相关性。
> 6. 了解控制理论与行动理论的新观点。

## 第一节　期望理论与应用

### 一、期望理论的一般概念

期望理论（Expectancy Theory）是一种过程型的激励理论，它是由费鲁姆（V. H. Vroom）在其《工作与激励》一书（1964年出版）中首先提出来的。这一理论认为，人的固定要求决定了他的行为和行为方式。工人的劳动是建立在一定的期望（对未来方向的某种期望）基础上的，这样就可以在个人活动与其结果之间建立某种联系。

### 二、期望理论的表述

期望理论中的期望是指一个人对其努力所产生绩效的信心，期望中的努力与绩效之间有着紧密的联系。期望理论解释奖励是如何通过聚集于激发动机的内部认知状态而引发的。期望理论的基本观点是，只有当人们相信他们的行为会得到想要的奖励或结果时，动机才会被激发。如果不想要这种基于行为的奖励，就不会受到激励去促使行为发生。

期望理论可用以下公式表示：

$$激励力 = 期望 \times \sum (效价 \times 工具性)$$

式中，激励力（Force）为个体不得不投入与工作绩效相关的一种特定行为或一系列行为的动机程度，表现为动机；期望（Expectancy）为个体对自己能够达到某种表现的可能性的主观判断，其值可为 0、1.0 或 0.5，这是一种自信、自尊程度的表现；效价（Valence）为结果奖励对一个人的价值，是一个人想要或渴望某些事物的程度，尽管人们渴望金钱，但金钱对不同人的效价水平是不同的；工具性（Instrumentality）为个体对特定行为将会得到特定奖励的可能性的主观判断。

根据期望理论，激励力是期望、效价、工具性要素的乘法函数，只有当三因素都高时，才能产生更高的绩效效果，若其中某一因素为零时，则整个激励水平将会归零。

期望、效价、工具性和激励力的关系如表 6-1 所示。

表 6-1 期望、效价、工具性和激励力的关系

| 期望值 | 效价 | 工具性 | 激励力 |
| --- | --- | --- | --- |
| 高 | 高 | 高 | 高 |
| 高 | 高 | 低 | 低 |
| 高 | 低 | 高 | 低 |
| 高 | 低 | 低 | 很低 |
| 低 | 高 | 高 | 低 |
| 低 | 高 | 低 | 很低 |
| 低 | 低 | 高 | 很低 |
| 低 | 低 | 低 | 很低 |

三种因素——期望值、效价、工具性中出现一个低值，激励力就会变成低值。只有在三种因素的值皆高时，激励力才会最高。

### 三、期望理论的应用

期望理论在管理中的应用表现为：①让人们清楚地认识他们的努力能产生绩效；②要给予员工积极的效价作为回报，如自助式福利计划；③明确有价值的报酬与绩效之间的联系，这种报酬并非是对单纯金钱的认可。

期望理论表明，只有通过努力才会达到高绩效，最终获得奖励，这样人们就会去努力工作。

## 第二节 目标理论与应用

目标管理是一种过程型的激励理论，它在国外被称为现代企业的"导航"。在现代化的企业中，人们更强调通过目标的设置来激发动机、指导行为，使职工需要与企业的目标挂钩，以激励他们的积极性。

# 第六章 激励理论与管理（下）——过程型及其他激励理论

为什么目标管理是一种有效的激励手段？在企业中应该如何应用才最有效呢？下面会一一解答。

## 一、目标行为的心理分析

人的行为的特点是有目的性的。一般来说，没有目的性的行为无成果而言，而有目的性的行为，其行为的成果最大。

心理学的许多实验表明，漫不经心地练习是没有什么作用的。当人在掌握某种技能时，有无明确的目的与要求是区别练习和简单重复的基本特征。练习虽然是多次地完成某一种动作，但并不是同一动作的机械重复。练习是有目的、有指导、有组织的学习活动；而重复本身并没有改进动作的作用。例如，有的人虽然天天在写字，但没有对动作进行改进，不良的书法可能伴其终身。

在掌握技能的过程中，练习者为自己确立一定的目标，对提高练习的效果具有重要意义。例如，练习游泳时，练习者确定当天或一个阶段内所要达到的质量或距离目标，并向这一目标奋斗，这就会有助于练习效果的提高。因为这种目标可以加强练习的自觉性，使练习的进行经常处在意识的控制之下。

在企业管理中，人们的经济行为都是有目标的计划行为。一个企业有自己的总的目标体系，而每一个工人都有自己的具体的生产指标。总之，企业的任何行为都是为了达到某个目标。

在企业管理中，目标是一种外在的对象，它可以是物质的，如一定的产量、质量指标；也可以是精神的或理想的对象，如达到一定的技术水平、文化水平、思想水平。

目标是一种刺激，合适的目标能够诱发人的动机，规定行为方向。心理学界把目标称为诱因，由诱因诱发动机，再由动机到达成目标的过程被称为激励过程。例如，在企业中奖金就是一种诱因，职工为了获得奖金而努力工作，这就是一种激励过程。其中，奖金作为一种目标、诱因对职工的积极性起着强烈的激励作用。

## 二、目标激励模式

目标激励是指一个设定好的目标能影响一个人完成任务的信心（自我效能感）。图 6-1 所示为目标激励模式。

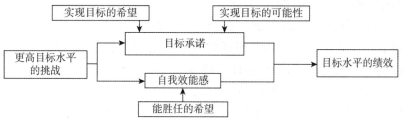

图 6-1 目标激励模式

实现目标的希望和可能性会影响人们的目标承诺，进而目标实现时会提高自我效能感。由此可见，当目标承诺、自我效能感水平提高时，人们会受到激励，为达到目标要求的水平而努力工作。同时，要设置具有一定难度但可接受的绩效目标，同时要提供目标达成情况的反馈。

### 三、目标设置理论

目标设置理论（Goal-Setting Theory）是由洛克（Edwin Locke）提出的，这一理论认为，人们的行为受内在意向、目的或目标的激励。

目标影响行为有以下几种方式。

（1）目标将注意力和行为指向人们认为会实现目标的行为上。例如，学生将注意力集中在学习指定的材料、笔记、考试时拿高分等上面。

（2）目标会调动个体兴致，使个体更努力、更勤奋。

（3）目标会增加持久性，使个体用更多的时间投入到实现目标的行为中。

（4）目标会激发个体寻求有效策略达成目标。

目标设置可能是维持或增加工作绩效的有效手段。为改善工作绩效而设置目标时应注意以下要素。

（1）目标要被员工所接受。员工必须要有目标承诺，接受目标。

（2）要有针对目标实现进程的反馈。反馈是必要的，以便了解现况是接近、朝向还是偏离目标。

（3）要有难度和挑战性的目标。具体而有难度的目标比模糊而轻易能达到的目标更为有效。

（4）自己设定的目标比组织分配的目标好。

（5）群体目标比个人目标更加有效。

### 四、目标管理法

#### （一）目标管理法的概念

目标管理法（Management by Objective，MBO），其实质是一种管理上的激励技术，也是职工参与企业管理的形式之一。国外许多公司、企业已相继应用，并产生了一定的效果。

目标管理的创始人是美国管理心理学家彼得·德鲁克（Peter F. Drucker）。德鲁克生于1909年的维也纳，他曾在法兰克福一家杂志社当编辑，1937年移居美国纽约。起初，他给一家英国报业联合组织当记者，之后在多家银行和保险公司担任经济顾问，后来又成为美国一些大企业的经营改革与管理方面的顾问。

德鲁克的主要著作有《管理实践》（1954）、《管理效果》（1964）、《有效的管理者》（1966），这些著作都是以他过去30年里从事各种顾问工作的实际经验为基础而写成的，其中，《管理实践》一书已成为当今目标管理的基石。德鲁克在该书中首次提出了目标管理的概念，并把重点放在各级管理人员中。1965年，沃迪恩（G. Ordiorne）发展了这一概念，他把参与目标管理的人员扩大到整个企业范围。他认为，目标管理是通过上下级一起来确定共同的目标，使职工从中受到激励，而且由大家共同来对所确定的目标进行具体化，并检验实施情况和评价实施结果。

#### （二）目标管理法中目标的一般概念

目标管理法是指在管理过程中对设置的目标加以运用，并以这些目标鉴定个人和组织的工作。目标管理法中的目标是在上级和下级联合参与下确定的，下级的工作是根据实现这种目标的程度来评价的。目标是任何一个管理部门努力前进的终点或目的地。目标管理法的作用有：①能指明方向；②可以作为激励因素；③能促进管理过程；④是管理的基础。

目标包括外部目标与内部目标。企业服务于顾客、服务于社会是外部目标；满足企业本身利益（职工福利、利润、产品地位等）为内部目标。

彼得·德鲁克曾建议，要按下列八个领域分别对目标进行说明：①市场状况；②创造革新；③生产能力；④实物和财政资源；⑤获得性；⑥经理的成就和发展；⑦工人的成就和发展；⑧社会的责任。

### （三）目标管理法中目标的属性

波特和斯蒂尔斯在目标管理中提出了以下六种目标属性。

1. 目标的具体性

许多事实证明，把目标定得明确，要比笼统地要求"你们好好干吧"要好得多。有专家进行过这样一项实验：有若干参加实验的被考察对象，先根据他们的成绩、能力和态度评分，然后分别派到一个积极性高和一个积极性低的小组里去。给积极性低的小组布置了十分具体的工作目标，而对积极性高的小组则只告诉他们"好好干"。结果表明，积极性低的小组，无论在工作成绩还是对任务的态度方面，都很快超过了高积极性的小组。

2. 对目标设置的参与

一般来说，职工参与目标的确定，使他看到了自己的价值和责任，有了乐趣；而一旦达到目标，又得到了一种满足感。因此，职工参与目标设置，能提高对目标的理解，并使职工较易于接受该目标。

3. 目标过程的反馈

显然，对目标过程的反馈，可以把职工工作好坏的情况反馈给他们自己，有助于他们保持自己的行为不偏离既设轨道，还能激励他们做出更大的努力。这对于那些有高度成就需要或独立性需要的人来说，就更具重要作用。

4. 职工间为实现目标而相互竞争

这种竞争会使职工的工作更为努力。但是，有时竞争也可能带来弊病，如在竞争中只注重提高产量而使产品质量受到损害。

5. 目标的困难性

适当的困难可提高人们为达成目标而努力，使目标具有挑战性。但若过于困难，就会引发沮丧感，令人觉得目标"可望而不可即"。

6. 目标的可接受性

目标的可接受性是指人们同意和接受任务指标的程度。这一点也是很重要的，如果做不到这一点，那么达成目标就有困难。

### （四）目标管理的具体做法

目标管理的具体做法可分为以下三个阶段。

1. 目标设立

企业设立总目标，职工积极主动地参与目标的设立，或者就选择什么目标提出建议，或者和上级一起讨论并认同这些目标。目标要定得尽可能具体。每个部门根据总目标会同上级确定部门目标，职工再根据所属部门目标订立个人目标，从而形成一个目标连锁。但是要注意，目标的数目不能过多。

2. 过程管理

用一整套管理控制的方法去实施目标，主要是放手让职工发挥各自的积极性，去完成自己所定的个人目标。具体实施办法可由各人自行确定，不必人人一样、千篇一律。

3. 考评效果

对照既定目标来考评效果，并讨论未达成目标的原因。同时，为下一个目标管理周期创造更好的条件，以利于设立新目标。根据对结果的评价，可采用奖励手段，激发人们为实现更高的目标而努力。

### （五）目标管理的优点

管理心理学家认为，目标管理对激发职工的积极性和提高企业的经济效益有以下好处。

（1）目标管理迫使人们事先制订计划。

（2）目标管理过程含有反馈这一环节，这就能保证上下级之间对于要下级去完成的任务取得一致的意见，有利于沟通上下左右的意见，使达成目标的措施有可靠的基础。

（3）目标管理承认职工的个人差异，并允许每个人各自设立自己的目标。

（4）下级参与目标的设立，易于增进他们对目标的理解和乐于接受目标的程度。他们在参与确定目标的过程中会发现自己的价值和责任，并能从目标的达成中得到满足。

（5）目标管理有一套控制的办法，能使实际的工作成绩与目标的偏差受到定期和系统的考评。

（6）企业利益与职工利益便于统一。目标管理有利于鼓励人们增长才能和提高积极性。

### （六）目标管理的缺点

目标管理也有它的不足之处，这主要表现在以下几个方面。

（1）在有些情况下很难设置具体目标。例如，属于发明创造性质的劳动不宜将目标设置得太具体。

（2）固定的目标可能造成整个体制的僵化。例如，有时环境已有了明显的改变，职工们却还在继续追求既定目标。

（3）管理人员往往嫌它太费时间，而且需要做大量文字工作，文件繁多加重了行政管理的工作量。

（4）由于目标管理重视的只是具体的、定量化的目标，这就容易忽视一些定量性不明显的指标，如只奖励生产率而损害创造性等。

（5）需要各级领导有一致的看法，不然实行起来效果不大。

## 第三节　公平理论与应用

### 一、公平理论

美国心理学家亚当斯（J. S. Adams）1963 年发表了论文《对于公平的理解》，1965 年又发表了《在社会交换中的不公平》，提出了公平理论的观点。亚当斯的这一理论，主要是用来解决工资报酬分配的合理性、公平性及其对职工生产积极性的影响。

### （一）公平理论的一般概念

公平理论是指人们总是要将自己所做的贡献和所得的报酬，与一个和自己条件相同的人的贡献与报酬进行比较，如果这两者之间的比值相等，双方就都有公平感。

亚当斯提出了公平关系的关系式：

$$\frac{O_p}{I_p} = \frac{O_o}{I_o}$$

式中，$O_p$ 为一个人对他自己所获报酬的感觉；$I_p$ 为一个人对他自己所做贡献的感觉；$O_o$ 为一个人对他人所获报酬的感觉；$I_o$ 为一个人对他人所做贡献的感觉。

这个等式说明，当一个人感到他的所获与他所投入的比值，与作为比较对象的别人的这项比值相等时，就有了公平感。

如果这两者之间的比值不相等，一方的比值大于另一方，另一方就会产生不公平感，反之亦然。这种情况可以用图 6-2 表示。

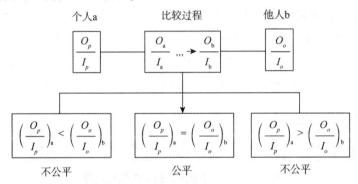

图 6-2 公平理论示意

由此可见，公平理论有以下几个理解。

(1) 职工对报酬的满足程度是一个社会比较过程。

(2) 一个人对自己的工作报酬是否满足，不仅受到报酬的绝对值的影响，而且也受到报酬的相对值的影响（个人与别人的横向比较，以及个人的历史收入的纵向比较）。

(3) 需要保持分配上的公平感。只有产生公平感时才会心情舒畅，努力工作；而在产生不公平感时会满腔怨气，大发牢骚，甚至放弃工作，破坏生产。

### （二）组织中的投入与产出项目

表 6-2 为组织中投入与产出所包含的项目。

表 6-2 组织中投入与产出所包含的项目

| 投 入 | 产 出 |
| --- | --- |
| 年龄 | 挑战性的工作 |
| 出勤 | 奖金 |
| 人际沟通技巧 | 工作津贴（车位与办公室） |

续表

| 投　入 | 产　出 |
|---|---|
| 工作努力（长期） | 工作保障 |
| 教育水平 | 工作单调乏味 |
| 工作经历 | 升职 |
| 工作业绩 | 认可 |
| 个人表现 | 责任 |
| 业务经验 | 工资 |
| 社会地位 | 资历 |
| 技能 | 地位的标志 |
| 培训 | 工作条件 |

作为投入的项目包括工作努力、工作业绩等，而作为产出的项目也很多，包括工资、升职等。

**（三）不公平的后果及消除方式**

不公平会引起个体及个体之间的紧张、焦虑。由于紧张、焦虑是一种不愉快的情绪体验，因而人们会力图将其减弱至可容忍的水平。为了削弱所感受到的不公平及其相应的紧张和焦虑水平，个体会从下列六种方式中选择部分项目采取行动。具体的焦虑弱化过程如图6-3所示。

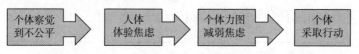

**图6-3　不公平所产生的焦虑弱化过程**

（1）个体可以采用增加或减少投入以达到其所认为的公平水平。例如，个体如果认为报酬过低，则可以通过降低产品产量、减少工作时间以及经常缺勤等方式恢复公平感。图6-4所示关于薪资不足与薪资超额的员工业绩水平的比较形象地揭示了这一关系。

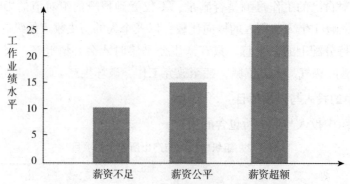

**图6-4　关于薪资不足与薪资超额的员工业绩水平的比较**

从图中可见，与薪资公平的员工相比，薪资超额的员工生产效率高，薪资不足的员工生产效率低。

(2) 个体可以通过改变其产出以恢复公平感。许多管理者尝试通过改善工作条件、减少工作时间、在员工努力程度不变的情况下提高工作报酬等方式以增强企业凝聚力。

(3) 个体可以对其投入与产出进行心理曲解。与实际改变投入和产出不同，个体可以通过在意识上对其进行曲解从而达到心理平衡。例如，感到不公平的个体可以曲解其工作难度（这工作对我而言是"小菜一碟"）或者强调其工作的重要性（这工作实在重要）。

(4) 个体可以离职或者要求调到其他部门工作。个体这样做是希望恢复心理平衡。

(5) 个体可以通过更换参照对象以减弱不公平感。例如，高中的明星运动员由于没能获得名牌大学的录取，便自我安慰地认为进普通学校求学对于自己的发展更有利。

(6) 个体可以对他人的投入与产出进行心理曲解。个体可以认为作为参照对象的他人确实工作比自己努力，因而其理应获得更多的报酬。

## 二、组织公正感

什么是组织公正感？人们对于组织中的公正感（组织公平）是建立在结果是什么（公平理论与公平分配）以及决定结果的程序公平的信念基础之上的（程序公平）。图 6-5 表示存在着两种类型的组织公平。

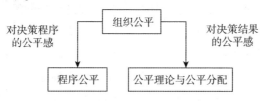

图 6-5　两种类型的组织公平

组织公正感将奖励的分配和奖励配置的程序区分开来，分配公平（Distributive Justice）是人们获得奖励的公平性，而程序公正（Procedural Justice）是奖励分配过程的公平性，而非分配的结果。为了达到程序公平，就要求在决策的过程中使人们拥有一个可以发言的机会，使错误决策有一个可以得到纠正的机会，这样才能无偏见地制定政策，之后还要保持规则与政策的一致性。

程序公平体现了人际互动的公平性，程序公平的社会层面，就是要在决策的过程中，尽量发布信息的详尽细节，随后经各种程序（如召开听证会）详尽地听取公众的意见。这样制定的政策与规则才能达到程序公正。

公正感与绩效、工作满意度、辞职意向及心理幸福感相关。有高度不公正感的人员会感到焦虑和抑郁。

## 三、互动（交往）公正感

互动（交往）公正感是指人们不仅非常重视结果的公平和程序的公正，而且非常重视交往的公正。这一概念是由贝斯（Bies）和莫格（Moag）于 1986 年提出的。他们认为，人们不但重视分配结果与分配过程的公平程度，而且也十分关注他人对待自己的态度与方式。

员工描述的不少不公平事例都与人际交往方式有关。在交往过程中，如果人们觉得他人对自己不友善或不尊重，就会感到十分不公平。这是因为人们会根据他人对待自己的公平程度，评估自己在团队中的价值。人们在团队中受到公平的对待，表明他们与团队领导和其他成员有良好的关系，他们在团队中享有较高的地位与价值。

格林伯格（Greenberg）进一步又将互动（交往）公正感细分为人际交往公平感与信息沟通公平感。

### 1. 人际交往公平感

这主要反映在执行程序或决定结果时当权者或上司对待下属是否有礼貌，是否考虑到对方的尊严，是否尊重对方等。

人们需要两种类型的尊重：一是感情上的尊重，无论人们在组织中的职位高低、权限大小，他们都希望得到他人的充分尊重，不希望上级领导把自己看作是企业的一般劳动力，而是希望享有人的尊严，受到尊重；二是智力上的尊重，人们希望自己的知识和才能得到他人的赏识，希望他人尊重与采纳自己的意见和建议。

### 2. 信息沟通公平感

这主要反映是否给当事人传达了应有的信息，是否给予当事人一定的解释，方案制订者在方案信息传达方面是否诚实、通情达理且体恤他人，并能对方案进行合理的解释说明，如为什么要用某种形式的程序，或为什么会用特定的方式进行分配等。

管理心理学家认为，如果将目标管理同前面讲的期望理论与公平理论有机地结合起来应用，就能帮助领导更有效地满足职工需要，更好地调动他们的积极性。例如，设置具体的目标能提高职工的期望值；同样设置了具体目标，并将奖酬按他们的工作成绩发放，能提高他们对奖酬与成果之间关系的认识。此外，职工参与目标的设置，能提高他们对实现目标本身的效价。

在目标管理与公平理论之间，如能按每个人的贡献付酬，尽量做到公平，就能更好地激励职工努力生产。

## 第四节　中国的激励理论与模式

已在实际应用中被证实行之有效的中国激励理论及模式主要有三种：同步激励论，公平差别阈理论，激励与去激励因素的连续带模式。

### 一、同步激励论

同步激励论（Synchronization Motivation Theory）简称 S 理论，是我国社会主义初级阶段的主要激励理论与模式。鉴于我国社会主义初级阶段的特定历史条件、政治方向、经济基础和文化传统，只有将物质与精神激励，以及根据人的自然需要与社会需要而采取的激励措施有机、综合、同步地实施时，才能取得最大的激励效果。

这一理论用关系式表示为：

$$激励力量 = \sum f(物质激励 \times 精神激励)$$

这一关系式表示，只有物质与精神激励都处于高值时才有最大的激励力量。两个维度中只要有一个维度处于低值时,就不能获得最佳、最大的激励力量。

同步激励论认为,在我国社会主义初级阶段单纯使用一种管理理论或方法,或者交替使用 X 或 Y 理论的做法都是片面的、不切实际的。它强调,物质与精神激励、人的自然与社会需要是统一的,互为前提与条件,不能对立、孤立运用,应该统一、综合、同步运用。

同步激励论与各种微观的激励理论与模式不存在矛盾与冲突,而是相互补充的。除了宏观的同步激励论外,人们还应当探寻各种具体的激励理论与激励模式,诸如如何提高物质与精神激励中单项激励措施的激励效果,以及种种有效激励的模式与理论。

同步激励论也不是一个单纯的时间概念,物质与精神激励在总体上是同步的,但这并不妨碍两者可以分阶段地进行。

该理论的提出还只是一个开端,尚需在今后的实践中进一步充实、完善。

## 二、公平差别阈理论

在分配领域的改革中,有两种倾向曾长期地困扰着人们:一种是平均主义的"大锅饭"分配方式;另一种是差别很大的社会不公平分配方式。

用什么理论模式来指导、解决这一迫切又现实的问题呢?本书借鉴亚当斯有关公平理论的合理部分,进一步提出"公平差别阈"(Equity Difference Threshold)这一概念与理论模式。这一建立在实际论证、调查研究、理论概括基础上的理论模式与概念,有助于理解现实社会中的分配问题,并给出解决问题的具体办法。

### (一)公平差别阈的理论模式

1. 公平理论模式是强调条件相等时的公平感

亚当斯认为,人们总是要将自己所做的贡献和所得的报酬,与一个和自己条件相等的人的贡献与报酬进行比较,如果这两者之间的比值相等,双方就都有公平感。

2. 公平差别阈的理论模式是强调条件不相等时的公平感

现实生活中,既存在条件相等的情况,也存在条件不相等的情况,如工资、工龄、职务、劳动投入量等方面的差异。在这种情况下,无差距分配(按亚当斯的等式)不仅不能产生公平感,反而会产生不公平感。由此,公平概念应定义为,在两个人之间的条件不相等时,适宜的差距分配才能使人产生公平感。

同理,本书将公平理论的模式与概念作出新的理解,即当人们要将自己所作的贡献和所得的报酬,与一个和自己条件不相等的人的贡献与报酬进行比较时,如果两者之间的比值保持适宜的差别,双方才会有公平感。

此处仍沿用亚当斯等式中的符号来阐明这一问题,即 $I_p \neq I_o$(贡献不等),而 $O_p = O_o$(奖酬相等)时,人们会产生不公平感;反之,只有在 $O_p \neq O_o$ 时,人们才会产生公平感。

由此可见,在这种情况下,亚当斯的等式应改为:

$$\left(\frac{O_p}{I_p}\right) a < \left(\frac{O_o}{I_o}\right) b,\ \text{公平};$$

$\left(\dfrac{O_p}{I_p}\right) a = \left(\dfrac{O_o}{I_o}\right) b$，不公平；

$\left(\dfrac{O_p}{I_p}\right) a > \left(\dfrac{O_o}{I_o}\right) b$，公平。

简述为：

$$\dfrac{O_p}{I_p} \neq \dfrac{O_o}{I_o}$$

这说明，在两个条件不相等的人之间进行比较时，其贡献与报酬之间的比值不相等时，人们才会产生公平感。

事实上，按劳分配是一种不等量的分配，其实质是强调在不等量劳动时，人们要有不等量的适宜差距的分配；反之，在不等量劳动时，人们获得了等量分配就会产生不公平感。

### （二）公平差别阈的概念

不能泛泛地说，收入差距会导致社会分配的不公平感，确切地说，应该是收入差距的不合理才会造成不公平感。这个不合理是指差距过大或差距过小，超越了人们心理承受力的范围。应提倡在人们心理承受能力范围内的差距，这种合理差距才能使人们产生公平感。

这说明，当两个人的条件不相等时，无差别分配与悬殊差别分配都会产生不公平感，只有适宜差别分配才能产生公平感。而这个适宜、合理差距的量值，用"公平差别阈"的概念与值来表示，即能使两个条件不相等的人刚能产生公平感时的适宜差别的比值。公平差别阈可命名为 EDT（Equity Difference Threshold），是一个可以测量的值。

### （三）影响公平差别阈的主客观因素

公平差别阈是受客观因素制约的动态量值，随政治、经济、文化条件的变化而变化。

从主观因素看，个人对公平差别阈的容忍力有很大的个体差异。有人能容忍大的差距分配，有人则不能容忍哪怕是很小的差距分配，这与人的觉悟水平、社会经验、文化素养等有关。

总之，公平差别阈不是静止不变的，而是动态变化的，但这种动态发展的平均趋势可以测量。

## 三、激励与去激励因素的连续带模式

激励与去激励因素的连续带模式（Motivator and Demotivator Continuum Pattern）又称三因素（激励、保健、去激励）理论。赫茨伯格提出了双因素（激励与保健）理论，笔者提出了激励与去激励因素的连续带模式。这一模式从理论上阐明了激励、保健、去激励因素三者的相互联系、区别与转化。在实践中这一模式正在指导管理人员学会正确诊断组织中激励、保健、去激励因素的类别，并采取措施实现由去激励向激励因素的转化。

为了持续调动广大职工的积极性与创造性，根据现阶段我国的实际情况，在人力资源的管理中，首先要区分哪些是调动职工积极性的激励因素，哪些只是防止职工出现不满意感的保健因素，哪些是会挫伤群众积极性的去激励因素。在企业诊断的基础上，我们要采取措施,消除去激励因素,促进激励因素,使保健因素向激励因素转化,使职工的积极性能得到持续的提高。

### (一) 激励、保健、去激励因素的含义

关于激励的概念,从心理学的观点看,是指持续激发动机的心理过程。但是,从企业管理的意义上说,激励应该引起人们的满意感,能提高人的积极性。从效果上看,激励能使工作效率提高。

赫茨伯格认为,保健因素是指不使人们产生不满意感,能保护人的积极性,维持原状的因素。显然,保健因素不会使工作效率提高。而去激励因素会引起人的不满意感,使人的积极性降低,会使工作效率降低。

激励因素、保健因素和去激励因素的内涵差异如表6-3所示。

表6-3 激励因素、保健因素和去激励因素的内涵差异

| 激励因素 | 保健因素 | 去激励因素 |
| --- | --- | --- |
| 使人产生满意感 | 使人不产生不满意感 | 使人产生不满意感 |
| 使人提高积极性 | 保护人的积极性 | 使人的积极性降低 |
| 使工作效率提高 | 维持原状,不会使工作效率提高 | 使工作效率降低 |

由表6-3可知,去激励因素是一种负激励因素,起积极的破坏作用。因此,将Demotivation一词不译为非激励因素,因为非激励因素不一定起消极的负面作用,也可能起中性的无关因素的作用。

企业单位中确实存在着这三种因素,而且相互联系、相互影响。当某项激励因素无实现条件,或在实现过程中发生了偏差时,此项激励因素就会立刻转化为去激励因素。例如,职称评审是调动职工积极性的激励因素,如果不能按时评审或不公平评审,这一激励因素立刻会转化为挫伤职工积极性的去激励因素。

### (二) 激励因素与去激励因素的连续带模式

激励因素与去激励因素存在两个端点,是两种极端的情境。在这两种极端的激励与去激励因素之间,还应该存在许多种强弱不等的激励形式,它们构成了一个连续带,如图6-6所示。

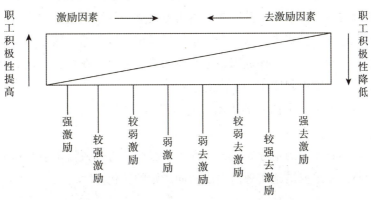

图6-6 激励因素与去激励因素的连续带模式

由图6-6可见，在激励因素与去激励因素两极端点之间还存在着不同强度的激励水平，从左向右为强激励、较强激励、较弱激励、弱激励四个强度水平；而从右向左为强去激励、较强去激励、较弱去激励、弱去激励四个强度水平。

事实上，企业中存在着许多既非强激励又非强去激励的因素，即处于中间过渡地带不同强度的激励或去激励因素。例如，工资调整中的"普加一级"，显然无强激励作用，而只能是强度较弱的激励。

### （三）保健因素在激励因素与去激励因素连续带中的位置

笔者认为，可以在激励与去激励因素连续带模式中找出激励、保健、去激励因素三者的联系。保健因素在连续带中不起强激励或较强激励的作用，同样，也不属于去激励因素。从这一因素的作用看，它只能起到强度水平较低的弱激励的作用。为此，可将保健因素的位置列在较弱激励与弱激励的区域，如图6-7所示。

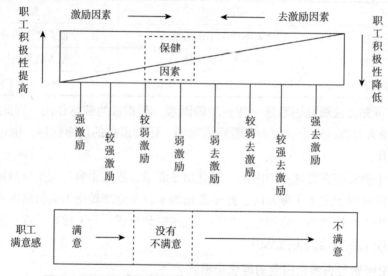

图6-7　保健因素在激励因素与去激励因素连续带中的位置

对于赫茨伯格的双因素理论及研究方法——关键事例分析技术（Critical Incidents Technique）一直存在着争议。赫茨伯格将激励与满意感等同起来，认为满意时的各类因素为激励因素，不满意时的各类因素为保健因素。本书不对这一问题做全面评价，但认为，在激励因素与去激励因素连续带模式中，这三个因素是可以统一区分的。激励因素引起强或较强激励，在职工心理上引起满意感；保健因素引起较弱或弱激励，在职工心理上引起的是没有不满意感；而去激励因素则引起职工的不满意感。

总之，保健因素不是一个孤立的因素，它位于激励因素与去激励连续带模式的中间过渡区。

上述理论模式具有实际的指导意义，可促使各级企业管理人员学会对本单位激励因素与去激励因素的诊断，并采取措施实现由去激励向激励的转化。

## 第五节 其他激励理论

除了前文介绍的内容型与过程型激励理论外,本书还将对自我效能感理论、控制理论、行动理论、工作再设计与工作特征模型等逐一进行阐述。

### 一、自我效能感理论

自我效能感理论(Self-efficacy Theory)是心理学家班杜拉(Albert Bandura)提出的。自我效能感指的是对自己能够按指定水平来执行某个行动的信心,也就是说个体对自己有能力完成一项具体任务的信心。

完成任务的具体指标包括三项内容:程度、强度、广度。程度是指相信自己完成任务的具体水平;强度是指能在此水平上完成任务的信心;广度是指自我效能感能在多大范围的情境或何种任务中得以发展。

自我效能感理论表明,动机和绩效部分取决于人们认为自己有多大的胜任力。自我效能感高的人,认为自己有能力完成任务,从而受到激励时愿付诸努力。自我效能感低的人,认为自己没有能力完成任务,从而没有动力付诸努力。显然,人们对自身能力的信念会引导他们的出色表现,这相当于自我实现的预言。

动机、绩效,甚至幸福感,都能通过增强员工的自我效能感来提高。

自我效能感还与目标设置有关,自我效能感高者则设定的目标也越高。

培训是提升自我效能感的有效方法。通过培训使自我效能感与绩效相关,因而培训有预测效果。总之,通过培训使人们相信自己有能力完成困难任务,从而信心十足。

自我效能感认为对自身能力的信仰是动机的重要成分。高水平的自我效能感是对自身能力的信任,是工作动机、后续工作绩效的必要成分。自我效能感也是目标承诺的一个重要调节因素。

### 二、控制理论

1981年,管理心理学家克莱茵(Klein)基于目标设置理论提出了控制理论。该理论认为人们设置目标,然后对目标达成程度进行反馈与评估,反馈与目标的差异能激励人们修正自己的行为或目标,反馈确实会引起对目标的调整。这种通过反馈影响指向目标的动机,或修正行为或修正目标的理论,被称为控制理论,其模型如图6-8所示。

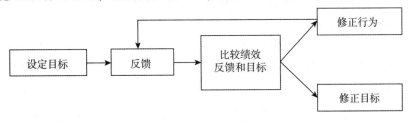

图6-8 控制理论模型

## 三、行为理论

行为理论是由德国心理学家 Frese 和 Zapf 于 1994 年提出的。行为理论模式如图 6-9 所示。

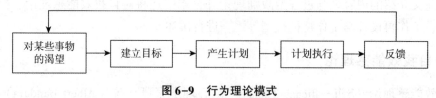

图 6-9 行为理论模式

行为理论描述了一个将目标与意图、行为相联系的过程。其中，关注目标导向、意志倾向（自愿的）的行为统称为行动。这样的行动是完成某一事项的自觉、自愿的产物。

行为理论基于认知的复杂理论，将个体看作是行动的发起者、自身行为的原因。与强调对环境反应的强化理论相反，行为理论是目标设置理论与控制理论的扩展形式，目标设置中是将目标转化为绩效，控制过程中对目标进程的反馈以影响行为。行动理论涵盖了从目标到绩效之间的认知过程。

根据行为理论，员工所面临的任务有内部任务与外部任务两种。外部任务是组织指派的，而内部任务是雇员自己选择的。员工对指派的任务做出改变以使其适应自身，随后将目标转化为计划。计划是为达成目标而选择的具体步骤，是具体化的行动顺序，且计划的执行就包括行动。接受反馈、积极反馈将维持在计划内行动，消极反馈则将引发对目标、计划、行动的修正。

行为理论着重探讨从目标与行为联系中描述行动过程。目标产生计划，计划执行包括行动。反馈是对行动的反应，引发对先前步骤的修改。

总之，要严格根据行动定向，遵循行动过程、设定目标、制订计划、严格遵守，直到达成目标。

## 四、工作再设计与工作特征模型

工作再设计（Job Redesign）是指改变工作结构以使工作变得更有趣。工作再设计的内容包括工作扩大化（Job Enlargement）与工作丰富化（Job Enrichment）。工作扩大化是指在相同水平上增加执行任务的数量的工作再设计（水平工作量）；工作丰富化是指增强员工的责任和控制水平的工作再设计（垂直工作量）。

工作再设计是一种激励员工的技巧，工作扩大化是以相同水平完成更多任务，工作丰富化是使工作具有更大的责任感与控制权。

另一种工作再设计是提出工作特征模型（Job Characteristics Model），该模型是把工作设计成能够帮助人们从中获得快乐并让人们感到他们正在从事有意义、有价值的事。工作特征模型可以用图 6-10 来说明。

# 第六章 激励理论与管理（下）——过程型及其他激励理论

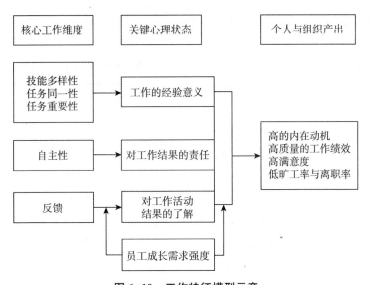

图 6-10 工作特征模型示意

由图可见，如果工作中的核心维度能设计得满足员工的关键心理状态，那么个人与组织的绩效就会提高（高质量的工作绩效与满足度），从而带来低的旷工率与离职率。

工作特征模型是重新设计工作，这有利于提高激励水平。将丰富化的工作维度（技能多样性、任务同一性、任务重要性、自主性、反馈）与关键心理状态联系起来，带动员工个人（工作满意度）与整个组织（减少旷工与离职）有益的产出。

由此，可联合任务、开放反馈渠道、建立与顾客关系、加大垂直工作量（提高一个人的责任感）的理念来设计工作以提高激励水平。

## 本章小结

1. 期望理论尝试解释奖励是如何引发行为的。如果人们相信自己的努力会产生绩效，绩效会获得奖励，奖励是人们想要的，那么人们就会去努力。期望理论认为激励是一个人的期望（为努力引导绩效产生）、工具性（绩效主导报酬的多少）与效价（对报酬的评价）的产物。当激励与技能、能力、角色认知、机会相结合时，它会对工作绩效产生积极的作用。

2. 目标设置理论认为，人们的行为受意识的目标和目的的引导。目标设置能提高工作绩效。一个设定好的目标能够影响一个人完成任务的信心（称为自我效能感），转而影响绩效。设置具体并有难度的目标，提供任务绩效的反馈，绩效将会得到提高。允许员工参与目标设置，员工接受目标任务将更容易。

3. 公平理论重视组织给予成员的公平和公正的待遇。亚当斯认为，人们希望在工作报酬（产出）与工作贡献（投入）的比率和其他人的比率上达到平衡。报酬过高与报酬过低这两种不公平状态都会令人不快。这样就会激励人们采取措施达到公平状态。对不公平的反应既可能是行为上的（如升高或降低一个人的绩效），也可能是心理上的（如工作贡献方面的不同思考）。人们关心建立公平关系与公平程序，也就是在进行决策时既要考虑结构方面（决策过程中有发言权），也要考虑人际关系方面（平等尊敬地对待每一个人）的因素。

4. 中国的激励理论及模式主要有以下三种。

①同步激励论,强调物质与精神激励相结合,它们互为前提与条件,不能对立,应统一、综合、同步运用。

②公平差别阈理论是指能使两个条件不相同的人刚能产生公平感时的适宜差别的比值。正确运用此理论,可克服无差距分配(平均分配),也可纠正差距分配所带来的社会分配上的不公平感。

③激励因素与去激励因素连续带模式,又称为三因素(激励、保健、去激励)理论。这一理论阐明了三因素的相互联系、区别与转化。这一理论指导管理人员采取措施实现由去激励向激励的转化。

5. 控制理论是目标设置理论的延伸,即设置目标、寻求目标活动进展程度的信息。预期进展与实际进展的差异会激励个体重新评价目标,进而修正目标或改变行为以取得更大进展。

6. 行动理论将目标与行为相联系来描述行动过程。这一过程始于获得某物的渴望,进而转化为目标。为了实现目标,计划应运而生,计划的执行包含行动,反馈是对行动的反应,能引发对先前步骤的修改。

### 复习思考题

1. 试举例说明运用期望理论对绩效产生的影响。
2. 试述目标设置的激励作用及其对管理的意义。
3. 分析公平与公正感理论对树立社会公正感有何意义。
4. 试述公平差别阈理论对社会的公平分配有何意义。

# 第七章

# 员工心理健康

**学习目标**

1. 理解压力的概念,并将其与紧张相区分。
2. 理解引起压力的组织原因和个人原因。
3. 理解倦怠及其与员工健康和幸福感的关系。
4. 理解个体与组织的压力管理技巧。

## 第一节 心理健康的一般概念

### 一、员工心理健康与职业健康心理学

由于世界各国(包括我国)对员工心理健康的日益关注,因而在心理学领域诞生了一门新的学科——职业健康心理学(Occupational Health Psychology,OHP),这门学科的重点是关注员工在工作中的健康、安全和幸福感。研究的领域包括影响健康的物理条件、职业压力、职业事故,以及工作和家庭的矛盾与压力的负面影响与表现。

在西方国家,企业积极推广员工职业心理健康管理,提出了员工援助计划(Employee Assistance Program,EAP)以消除心理困扰。员工援助计划是一项免费的专业心理援助服务,在绝对保障员工隐私的情况下,聘请心理咨询师提供心理辅导,为员工减压,帮助他们处理好个人和工作中的问题,挖掘员工潜力,确定职业规划。

### 二、心理健康的内涵与标准

什么是心理健康?1948年世界卫生组织在其成立的宪章中,对人的健康做了这样的描述:健康不仅是没有身体上的缺失和疾病,还要有完整的生理、心理状态和社会适应能力。这就是现代有关健康的"生理—心理—社会"模式。1989年,世界卫生组织又在对健康的

描述中增加了道德健康的内容。由此可见，健康不仅指没有躯体疾病或不正常症状，而且指个体在生物层面、心理层面及社会层面上能保持最佳、最高的状态。

心理健康的综合标准包括五个方面：认知正常，情感协调，意志健全，个性完整，适应良好。

（1）认知正常是指对外界与自我认识正常。如果有认知变态、幻觉、妄想等心理就不健康。

（2）情感协调是指情绪稳定，只有轻度焦虑、有幸福感的人会体验到自身的心理健康。

（3）意志健全是指要有耐压力与耐挫折的能力与毅力。意志健全的人还表现在有较强的目的性、果断性、坚韧性与主动性。

（4）个性完整是心理健康的重要内容，这主要表现为要有责任感、活动性、外向性与独立性。

（5）适应良好是指对社会、人际环境都有很强的适应能力，这是心理健康的重要标志。

具体到一个人，心理健康的标准表现为以下几个方面。

（1）要有正确的自我意识和自知之明。对自己的需要、动机、情感、优缺点有客观的评价。

（2）要自尊、自制。自己要有行为上的独立性和自主能力，能控制自己的心理与行为，有自己的行为标准，能抗拒干扰与诱惑。

（3）善于与人相处。人际交往、人际关系良好，较少人际冲突。

（4）情绪正常。心情愉快乐观，心怀坦荡，心胸开阔。个体活动与社会要求处于良好、和谐状态，能保持心理活动的平衡与稳定。

（5）行为适度。行为具有自觉性、目的性、受意识的支配。行为具有一致性、连贯性，心理与行为和谐统一。

（6）乐于工作。对于工作意义和价值有正确的认识，愿意参加工作，并从工作中取得满足感、成就感。

## 第二节  心理健康的理论基础

1908年，美国人比尔斯（C. W. Beers）出版了著作《一颗自我发现的心》。同年，他成立了世界上第一个心理卫生机构——康涅狄格州心理卫生协会，从事心理健康运动。

心理健康的理论基础包括以下四大理论：心理动力论，认知论，人本论，社会学习论。

1. 心理动力论

心理动力理论认为，人有本能的需求、欲望、冲动，当这种原始驱动力与现行社会规范、社会现实相矛盾时，就会产生心理冲突，影响心理健康，从而产生焦虑与抑郁。根据心理动力理论，人的人格动力中包含有自我、本我、超我三种力量，人们要以坚强的自我来调解本我（原始冲动）与超我（现实社会）之间的矛盾，尽量使心理达到平衡。

2. 认知论

认知理论认为，存在心理困扰的人是因为他们心中有非理性的想法，如认为人应该是十全十美的、无缺点的，逃避比面对人生更为容易。在评估自己和未来时，往往使用自我责备和自我反对的模式，因此容易产生自卑感，即心理困扰与自我挫败的不健康心理。

3. 人本论

人本理论认为，心理健康的人应该是一个自我实现的人，只有通过自我实现才能成为一个心理健康的人。

4. 社会学习论

凡是心理健康的个体都应该具有与环境交互作用的技巧与能力，有学习潜能与认知能力。心理健康的人是通过社会学习、观察学习，学会与环境相融，与人和谐相处。

## 第三节 工作压力与心理健康

工作压力已经成为全球性的人力资源管理的热点问题。据调查，美国约有25%的员工都遇到过各种各样由压力引起的问题。芝加哥国际调查研究组织对40万名员工的调查显示，大约有40%的员工诉说其工作负荷过大，他们在工作中有太多压力。压力过大不仅削弱员工的工作能力，而且危害员工的身心健康，如导致或诱发冠心病、高血压、消化性溃疡、神经衰弱等疾病，导致缺勤率增加和劳动效率降低，甚至导致意外事故的发生。

在我国，员工同样面临来自外界环境和个体需求的压力。工业化社会带来的快节奏、高消耗，要求人们在有限的时间内完成许多事情，很少把时间分配到家庭与娱乐。作为一种外部因素，压力是影响员工心理健康的重要原因之一。

### 一、压力的概念

压力是由英文"Stress"一词翻译而来。压力是指能造成生理、心理功能紊乱的紧张性刺激物。人在长期持续性压力或强度较高的压力下会出现许多不良反应。

工作压力又称职业紧张、职业压力或工作紧张，是指由于工作或与工作有关的因素所引起的压力。紧张（Strain）是指压力的积累效应。长期处于压力事件中的个体会偏离正常状态，导致个体行为异常，甚至导致生理症状、行为变化、绩效降低。

### 二、员工对工作压力源的三种消极反应

工作压力源（Job Stressor）是指一种要求员工进行适应性反应的工作条件或工作情境，如员工被领导训斥或告知被解雇等。在这种情境下，员工会产生消极的生理、心理与行为反应，详见表7-1。

表 7-1 工作压力源产生的消极生理、心理与行为表现

| 反应类型 | 消极表现 |
| --- | --- |
| 生理反应 | 头疼、心跳加速、胃不适、易引发心脏病等疾病 |
| 心理反应 | 愤怒、焦虑、沮丧等情感反应，工作的不满意感 |
| 行为反应 | 反生产工作行为，滥用药物，离职 |

由此可见，压力可定义为人们对外部需求的复杂反应，包括情绪、生理和相关的行为、思维反应。这种外部需求称为压力源。

例如，车辆行驶时产生的力量即压力，它会使桥面变形，这一过程称为压力反应，压力积累使桥面受损出现紧张反应（出现裂缝），但是这些因素是否会形成压力源仍需由主体对压力源的认知评价来决定。例如，发生火灾时主体看到（感知）火并将此种情境评价为威胁，并认为人们无法自己处理与控制此种情境，在这种评价结果下可确定压力源。

由此可见，压力源既有生理的也有心理的，当人们明显感到威胁且不能控制时，压力反应才会出现。压力会导致失去常态，出现生理紧张、情绪异常、工作异常等表现。

### 三、工作压力与生活事件压力

一般员工面临的压力源大致可分为两种：一种是来自组织与工作的压力；另一种是来自个人的应激性生活事件的压力。

#### （一）工作压力

与工作相关的压力主要表现在以下几个方面。

1. 工作超载或欠载

工作超载（Over Load）可分为两种：一种是工作量超载，即个体被要求做的工作量超过了他所能完成的工作量，此时主体就会感到压力；另一种是工作质超载，即主体缺少必需的技能去完成特定的工作，此时，也会感到工作压力。

此外，工作欠载（Under Load）也分为两种：一种是工作量的欠载，如工作量太少而导致无聊；另一种是工作质的欠载，如单调重复、缺少精神刺激等。所有这些表现都会变成工作压力源。总之，对主体来说，觉得工作负荷太多，或工作难度太大；或工作无聊、过于清闲都会产生工作压力，使主体对工作的不满意感增强，离职倾向增加。

2. 某些特定的职业或岗位

某些特定的职业需要持续不停地监视设备或物料；如调度员需要高度集中注意力，并且要不停地根据情况作出新的决定与调度；证券交易所的工作人员则需要与他人保持不停的信息交换；还有的人需要在令人不愉快的物理环境（危险、肮脏、黑暗）中工作……这些都会增大压力，加大主体的工作压力感。

3. 角色模糊和角色冲突

角色模糊（Role Ambiguity）是指不确定因素带来的压力，它是指员工不能确定他们的工作职责及责任，也就是说，员工不清楚自己应该做什么。角色模糊必然会引起内部角色冲突，从而引起员工的低工作满意感、高焦虑、高紧张、高离职倾向。

4. 家庭责任与工作间的矛盾

现代社会工作上的快节奏使员工无法兼顾工作与家庭，因而造成了工作与家庭的矛盾。

## （二）生活事件压力

过度的生活压力会对员工的情绪造成不良影响，进而影响他们的工作积极性与工作效率。美国著名精神病学家赫姆斯（Helmes）根据对500多人的社会调查，列出了43件生活危机事件，并以生活变化单位（Life Change Unit，LCU）为指标对每一生活危机事件予以评分，编制了社会再适应评定量表，如表7-2所示。赫姆斯指出，如果一年内LCU不超过150分，来年一般健康无病；如果LCU为150~300分，来年患病的概率为50%；如果LCU超过300分，未来患病的概率达70%。调查表明，高LCU与猝死、心肌梗死、结核病、白血病、糖尿病等疾病的关系明显。

表7-2 社会再适应评定量表

| 序号 | 生活危机事件 | LCU |
| --- | --- | --- |
| 1 | 配偶死亡 | 100 |
| 2 | 离婚 | 78 |
| 3 | 夫妻分居 | 65 |
| 4 | 拘禁 | 63 |
| 5 | 家庭成员死亡 | 63 |
| 6 | 外伤或生病 | 53 |
| 7 | 结婚 | 50 |
| 8 | 解雇 | 47 |
| 9 | 复婚 | 45 |
| 10 | 退休 | 45 |
| 11 | 家庭成员患病 | 44 |
| 12 | 怀孕 | 40 |
| 13 | 性生活问题 | 39 |
| 14 | 家庭添员 | 39 |
| 15 | 调换工作岗位 | 39 |
| 16 | 经济状况改变 | 38 |
| 17 | 好友死亡 | 37 |
| 18 | 工作性质改变 | 36 |
| 19 | 夫妻不和 | 35 |
| 20 | 中量借贷 | 31 |
| 21 | 归还借贷 | 30 |
| 22 | 职位改变 | 29 |
| 23 | 子女离家 | 29 |

续表

| 序号 | 生活危机事件 | LCU |
|---|---|---|
| 24 | 司法纠纷 | 29 |
| 25 | 个人成就突出 | 28 |
| 26 | 妻子开始工作或离职 | 26 |
| 27 | 上学或转业 | 26 |
| 28 | 生活条件变化 | 25 |
| 29 | 个人习惯改变 | 24 |
| 30 | 与上级矛盾 | 23 |
| 31 | 工作时间或条件改变 | 20 |
| 32 | 搬家 | 20 |
| 33 | 转学 | 20 |
| 34 | 娱乐改变 | 19 |
| 35 | 宗教活动改变 | 18 |
| 36 | 改变社交活动 | 18 |
| 37 | 小量借贷 | 17 |
| 38 | 睡眠习惯改变 | 15 |
| 39 | 家庭成员数量改变 | 13 |
| 40 | 饮食习惯改变 | 1 |
| 41 | 休假 | 12 |
| 42 | 过圣诞节 | 12 |
| 43 | 轻微的违法犯罪 | 11 |

生活压力源指应激来自与员工个人生活有关的因素，具体包括以下四个方面。

(1) 重要人员的影响，包括员工家庭成员、师长、邻里或亲朋好友的期望与态度。

(2) 个人生活事件的影响，包括结婚、离婚，家庭成员的死亡等个人生活经历中的突发事件、重大变化，这些事件足以扰乱人们的生理与心理稳定。

(3) 生活方式的变化，主要体现为现代生活的快节奏使人们产生不适感，以及消费导向的迷惘感、对生活质量的高期望值与实际生活之间的差异造成的失望感和压力等。

(4) 经济收入压力：一方面，收入低会产生生活中入不敷出的压力；另一方面，收入高的人则可能有请客、救助甚至道德等方面的压力。人们在收入上常常习惯于进行横向社会比较，容易产生不公平感，引发压力。

## 四、压力影响的两重性

压力影响是一把双刃剑。如前所述，压力过大会影响员工的身心健康。但是，没有压力生活就无挑战，就没有了困难需要克服，没有新领域需要开拓，这就无法加速运转人的头脑、提升人的能力。

压力本身并不一定有害,认识到这一点是非常重要的。事实上,许多研究人员已经得出结论:适度的压力能够提高绩效、有益健康。如图 7-1 所示,压力达到极端状态(即压力过低或者过高)会使人苦恼,因为它们要么刺激不足,要么过度刺激。而理想水平的压力则具有挑战性,并使人产生向上的动力(即积极的感觉),而不是苦恼。因此,必须对压力问题进行管理,以创造一种能够使个人和组织都发挥其最佳功能的平衡状态。

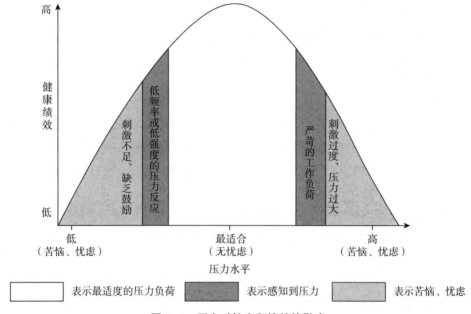

图 7-1 压力对健康和绩效的影响

工作压力并不都是消极的。工作压力的心理反应有其积极的一面,表现为情绪的适度唤起、注意力的调整等,这些反应可以帮助人们有效地应对环境要求。

## 第四节 压力对员工的负面影响

压力的长期影响会损害员工的心理健康,降低员工的工作绩效。压力对员工的负面影响最明显的表现是倦怠(Burnout)。倦怠是员工长时间从事某种工作后可能体验到的一种低落的心理状态。

倦怠主要包括三要素:情感耗竭,人格解体,个人成就感低落。

(1) 情感耗竭是一种生理上的情感耗尽的严重状态。此时的员工会感觉自己毫无生气,疲惫不堪,因而不能满足工作的需要。其后果为员工经常感觉疲劳,时常缺席。

(2) 人格解体表现为玩世不恭地对待自己所从事的职业与工作,甚至表现出愤世嫉俗、麻木不仁和冷漠的态度。更有甚者,对待客户和其他人也表现出冷淡、漠不关心,甚至怀有敌意。

(3) 个人成就感低落表现为评估自己工作成就时持消极的态度,即消极评价自己的成就,表现出低动机、低绩效的倾向。

倦怠最终会导致员工的缺勤、不满，出现不健康症状，工作绩效低，最终导致离职。倦怠中的员工担心会失去工作资源，失去社会支持，以及失去参与决策与提升的机会。所以，对工作压力已产生倦怠的员工，要学会身心的自我调解，降低倦怠水平。

## 第五节　工作压力的个人调适

工作压力的个人调适方法有两种：问题解决法与情绪调节法。

### 一、问题解决法

问题解决法是一种通过直接排除应激物而消除应激影响的方法。从一般意义上讲，它比以改变自己的看法来摆脱应激带来的困扰要有效得多。问题解决法能在采取适宜行动的基础上直接排除应激物，可以使由应激物引起的不良情绪最直接、最快速地得以消解，可以及时弥补人们还未及时发现的损失，可以提高自己的满意感和自尊心，使自己体会到解决问题的胜任感和控制感。

但是，如果直接行动有悖于社会规范，则可能给他人和自己都带来不利的后果。例如，某人造成了你的经济损失，最直接的应对行动就是夺取他的财产，让他受损失。然而，这样的后果有可能使你触犯道德规范或法律。

因此，在使用问题解决法应对应激带来的问题时，必须要考虑拟采取的行动的社会文化可能性（是否符合社会文化、习惯的要求）、道德可能性、法律可能性和现实条件可能性（即能否办得到）等。

### 二、情绪调节法

情绪调节法是在不改变应激物的情况下，个人通过改变自己的观念或行为反应来削弱或消除应激所带来的不利影响，在弱化应激情绪反应的基础上，个人可以继续维持自己的希望和勇气并重新恢复自尊。在应激物无法改变或没有必要改变的情况下，情绪调节法的效果是理想的。

但是，如果应激物发生了改变，而且无法保证能否真正摆脱应激困扰，情绪调节法就显得无力了。在这种情况下，情绪调节法不但不能解决应激带来的消极后果，还可能带来新的应激因素。

情绪调节法也不完全都是情绪的，其中也有大量对情绪起转移作用和抑制作用的行为或行为方式。从紧张时扶扶眼镜、拉拉衣角到抽烟、喝酒、使用药物等，都是情绪调节中常见的表现。美国临床心理学家施瓦茨（Garry Schwartz）把抽烟、喝酒、药物使用等调节方式称做"反调节因素"，长期使用这些反调节因素会不断干扰，甚至最后破坏大脑皮层的调节功能，因此，要有节制地使用。

问题解决法是直接的调适方法，而情绪调节法是间接的调适方法，它们各有其长处和短处，如表7-3所示。

表 7-3　问题解决法与情绪调节法的利弊

| 调适方法 | 有利的方面 | 不利的方面 |
| --- | --- | --- |
| 问题解决法 | 能适宜地消除压力源<br>可以消除情绪<br>可以弥补未发现的损失<br>可以提高自尊心<br>可以提高控制感 | 可能陷入事与愿违的忧虑<br>可能错误地诊断问题<br>可能增加行动不当带来的烦恼 |
| 情绪调节法 | 可能降低自己的情绪反应<br>可以增加希望和勇气<br>可以重新获得自尊 | 防卫机制可能干扰适宜的行为<br>可能变得情感麻木<br>意识到威胁可能干扰后续行动<br>可能维持对症状与原因之间关系的无知 |

## 第六节　对员工的心理健康教育

心理健康教育中应更多地采用心理学的原理、原则和方法，这样的心理健康教育，才会取得更好的效果。

首先，要确立心理健康的标准，如五项综合标准——认知、情感、意志、个性、适应性，并按照标准区分心理健康与不健康的员工。

其次，要用科学的诊断方法，如焦虑自评量表、抑郁自评量表等，确定心理不健康的程度。

最后，对不同的心理健康症状要采用不同的心理治疗方法与行为矫正法。对于因压力、应激而产生的心理健康问题，采取的应对策略是问题解决法与情绪调节法；对于因挫折而产生的心理健康问题，应采取积极的心理疏导法，建立积极的心理防卫机制。此外，还可以通过心理咨询与心理辅导进行个性化的心理健康教育。

心理疏导是指运用一定的心理诱导的策略和方法使受挫者在别人的引导下发挥内在潜力，达到消除心理障碍、明确前进方向、排除不良情绪和行为的目的。心理疏导的原则是优化员工的心理防卫机制。

心理疏导要在三个层面上进行：一为寻找诱发心理健康的诱因（内、外诱因）；二为确定引起心理健康问题的心理反应（表现层面）；三为探寻认知根源（深层的认知，归因层面）。

### 本章小结

1. 心理健康的综合标准有五个方面：认知正常、情感协调、意志健全、个性完整、适应良好。

2. 压力是指能造成生理、心理功能紊乱的紧张性刺激物。员工对工作压力源会产生消极性的生理、心理与行为反应。员工面临的压力源可分为两种：一种是来自组织与工作的压力，如工作超载与欠载都会变成压力源；另一种是来自个人的应激性生活事件。

3. 压力的影响具有两重性：压力过大会影响员工身心健康；没有压力生活就无挑战。只有适度的压力才能提高绩效和有益健康。

4. 倦怠是员工长期从事某种工作后可能体验到的一种低落的心理状态。倦怠的主要要素为情感耗竭、人格解体、个人成就感低落。面对工作压力已产生倦怠的员工，要学会身心的自我调节，降低倦怠水平。

5. 对员工的工作压力要进行个人调适（问题解决法、情绪调节法），要定时地对员工进行心理健康教育，并对员工进行心理疏导。

### 复习思考题

1. 解释心理健康的内涵与标准。
2. 说明压力的概念，并将其与紧张相区分。
3. 分析引起压力的组织原因与个人原因。
4. 阐述倦怠及其与员工健康和幸福感的关系。
5. 论述如何对员工进行心理健康教育。

# 第八章

# 群体与团队

> **学习目标**
> 1. 了解群体的定义,并能解释它与人的组合有什么不同。
> 2. 认识群体的不同类型及群体发生、发展的生命周期。
> 3. 掌握群体结构动力学的四个概念:角色、地位、规范与凝聚力。
> 4. 能够正确区分群体中的不同个人绩效:社会助长作用与社会惰化作用。
> 5. 了解工作团队的定义并能解释其与群体的区别。
> 6. 了解如何才能创立成功的工作团队。

## 第一节 群体概述

### 一、群体的定义

群体可定义为两个或两个以上相互交流的个体的组合,他们之间有一种固定的关系模式,分享共同的目标,并且把他们自己看作是一个群体。

由此可见,作为一个群体的基本特性是社会交互性、稳定性,有共同的兴趣或目标,以及对群体的认可性。

推而广之,工作群体(Work Group)是指两个或两个以上相互影响并拥有相关联任务目标的一群个体。其中相互关联与相互影响是区分工作群体与单纯一群人的标志。

### 二、群体的组成要素

心理学家霍曼斯(G. C. Homans)认为,任何一个群体中,都存在着相互联系的三个要素:活动、相互作用和感情。存在于群体中的活动(人们所从事的工作)、相互作用(从事这些工作时发生的人与人之间的行为）和感情（人与群体间的态度）这三者是相互关联的，如图 8-1 所示。

图 8-1　群体的组成要素

### 三、群体的类型

群体的类型分为正式群体和非正式群体，如图 8-2 所示。

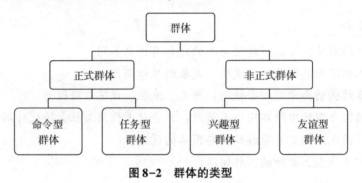

图 8-2　群体的类型

1. 正式群体

正式群体（Formal Group）是指由组织产生并且特意用来引导成员完成一些重要组织目标的群体，包括任务型群体与命令型群体。任务型群体（Task Group）是指由特殊的任务目标所构成的群体；命令型群体（Command Group）则是由正式组织的成员之间的关系所决定的一个群体，一般是由几个主管及其下属所组成。

2. 非正式群体

非正式群体（Informal Group）是指人们在活动中自发形成的、没有任何权力机构承认或批准而形成的群体。如兴趣型群体（Interest Group）是由人们共同的兴趣而产生的，而友谊型群体（Friendship Group）是基于成员的共同特点而形成的。

### 四、群体的形成与发展

毛萧德（K. Mossholder）与格列芬（K. Griffin）于 1995 年提出了一个群体发展生命周期模型，如图 8-3 所示，由此图可见，群体有形成、发展、成熟、衰老和死亡五个阶段。

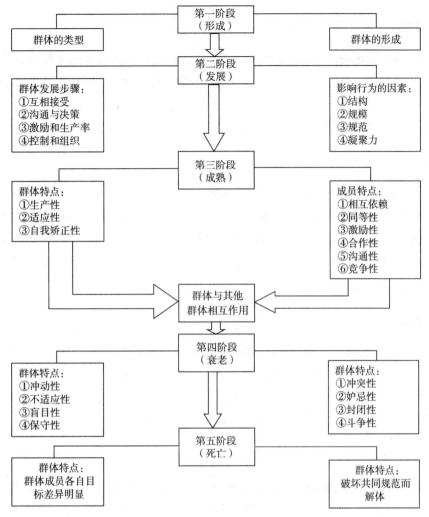

图 8-3 群体发展生命周期模型

第一阶段为区分群体类型和群体形成的阶段。

第二阶段为群体按步骤发展（四个步骤）的阶段，此时群体的发展受到了结构、规模、规范和凝聚力程度的影响。

第三阶段为群体成熟阶段，这一阶段的群体与其成员有其明显的特点，能形成群体决策，并与其他群体相互作用。

第四阶段为群体衰老阶段，并有明显的消极特征。

第五阶段为群体死亡阶段，由于群体成员的目标差异破坏了群体共同的规范，从而使群体解体。

## 第二节 工作群体的结构动力学

在工作群体或团队中，不同的成员肩负着不同的任务和责任。群体结构动力学的内涵包括角色、规范、地位与凝聚力等。

## 一、角色

在群体中每个人都扮演着不同的角色（Role），我们对扮演角色的人期待其有特定的行为，这就是角色期望（Role Expectation）。在社会结构中，不同的人扮演着不同的角色，称为角色分工（Role Differentiation），有的扮演任务导向角色（Task-oriented Role），有的扮演社会情感角色（Social Emotions Role），有的扮演自我导向角色（Self-orientation Role）。

## 二、规范

规范（Norms）是指对群体不言自明的规则。这种不言自明的规则虽然指的是大家共同接受的引导群体成员行为的非正式规则，但它代表了群体成员看待世界的共同方式。规范包括规定性规范（Prescriptive Norms）与禁止性规范（Prohibitive Norm）两种，是为群体成员广为接受的不成文规定。规范的内容包括着装、言谈举止、工作方式等。违反规范者会受到提醒、指责、惩罚、除名等惩治。

## 三、地位

地位（Status）是指群体以外的人对群体或群体成员的位置或层次的一种社会性的界定。地位也分为两种：正式地位与非正式地位。正式地位是组织给予员工的再现职权差异的地位标志，如办公室与停车位的差异。非正式地位是通过教育、年龄、性别、技能、经验等特征而非正式地获得的一种地位，是其他组织成员给予某个体的地位。

## 四、凝聚力

凝聚力（Group Cohesiveness）首先表现为团队精神，体现为群体的归属感。凝聚力是一种使成员想留在群体中的力量。高凝聚力的群体，其成员间相互吸引、相互帮助，接受同一目标。而低凝聚力的群体，其成员互相排斥，各自接受的目标不同。

凝聚力也是一把"双刃剑"，其影响力可能有益，也可能有害，因为凝聚力是群体对其成员吸引力以及保持群体完整的各种力量的总和。只有在群体目标正确的前提下提高凝聚力才是有益的，而在群体目标不正确的情况下，提高凝聚力反而无益，甚至是消极的。

# 第三节 群体中的两种个人绩效

在群体面前，个人绩效可能会提高，也可能会降低，这是社会助长作用和社会惰化作用的体现。

## 一、社会助长作用

社会助长作用是指他人在场时会提高个体唤醒水平，因而提高了个体绩效，这种现象称为社会助长作用（Social Facilitation）。可以用图 8-4 来表示社会助长作用的过程。

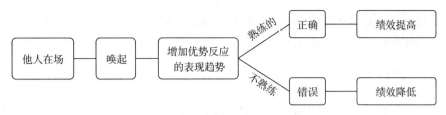

图 8-4 社会助长作用过程示意

显然，如果遇到不熟练的复杂任务，为解决问题，则需要提高唤起水平；否则，绩效就会降低，从而产生社会抵制作用。

## 二、社会惰化作用

社会惰化作用（Social Loafing）是指对累加性任务贡献的人越多，每个人的付出就越少。在美国，因为崇尚个人主义，人们单独工作时的绩效要比集体工作时的绩效高，这就是社会惰化作用在起作用。在崇尚集体主义的群体中，人们作为群体成员工作时，其绩效要比单独工作时高，社会惰化作用在其中同样发挥着重要作用。

总之，社会惰化作用表明，人们在群体中工作，不会发挥出与单独工作时等量的努力，而且群体越大，每个人付出的努力越少。

# 第四节  团队的性质及建设

## 一、团队的含义

团队是一种特殊的群体，它的成员之间有互补的技能，并承诺于一个共同的目标或一系列绩效目标，他们认为自己应该为这些目标共同负责。

群体与团队在性质与特点上还存在不少差别，如表 8-1 所示。

表 8-1  群体与团队性质与特点的对比

| 对比项目 | 群体表现 | 团队表现 |
| --- | --- | --- |
| 绩效依赖 | 个人的贡献 | 个人贡献和集体的工作产物 |
| 对成果的责任性依赖 | 个人的成果 | 共同的成果 |
| 群体成员的兴趣 | 共同的目标 | 共同目标及对目标的承诺 |
| 管理的特点 | 对管理人员的命令绝对服从 | 某种程度上的自我管理 |

## 二、工作团队的特性

工作团队（Work Team）是工作群体的一种，具有以下三个特性：①每个成员的行动必须相互依赖和相互协调；②每个成员必须拥有一个特定的角色；③每个成员必须拥有相同的任务目标。

显然，所有工作团队都是工作群体，但并不是所有的工作群体都是工作团队。区别群体与团队的重要标志为是否相互依赖性,团体在完成任务时,要求成员相互之间共享资源或共同协作,而群体成员之间就不必相互依赖。

### 三、团队类型

根据团队的目标、使命、时间、自主化程度、职权结构等的不同,可以将团队划分为不同的类型。

(1) 按目标或使命的不同,团队可划分为工作团队与改善型团队。工作团队主要关心产品与服务;而改善型团队主要关心方案有效性。

(2) 按时间的不同,团队可划分为临时性团队与永久性团队。临时性团队只在一个有限的时期内存在;而永久性团队只要组织存在它就保持运转。

(3) 按自主化程度的不同,团队可划分为工作团队与自我管理型团队。工作团队中仍由领导为群体成员进行决策;而自我管理型团队中,团队成员可以自由、独立地进行关键决策,如负责生产产品,减少投入资源,减少管理资源以实现自我管理。

(4) 按职权结构的不同,团队可划分为完整型团队与跨职能型团队。前者可在自己特殊的领域内工作;后者指团队由来自不同领域的成员组成。

### 四、团队的发展阶段

有效团队的形成并不是自发的。在团队的发展过程中将出现各种导致成功或失败的情况。为了展示这些情况,本书提供了一个团队经历的基本发展序列,在这里,团队的发展经过了形成阶段、震荡阶段、稳定阶段、运行阶段和整休阶段,如图8-5所示。

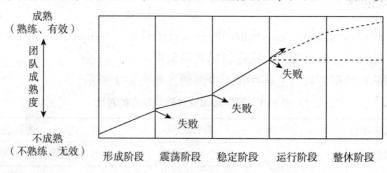

图8-5 团队的发展阶段

1. 形成阶段

在形成阶段,团队的成员首次相聚到一起,这时大家对任务不甚明了,成员间也相互不很了解,更不知彼此的兴趣、爱好是什么。一般情况下,团队内部成员之间都比较礼貌,也比较疏远,每个成员的交往有限。因此,在这一阶段,成员对领导者表现出较高的依赖性。

2. 震荡阶段

进入震荡阶段,团队中个人成员开始有自己的发现。人们之间开始不断产生冲突,人们对彼此角色地位和责任有了不同的看法。团队的成员会经常争夺在团队内的地位与权力。

这个时候，人们不易接受彼此的差异，团队的领导者容易受到各方的攻击。成员的反依赖性出现，但依赖性依然存在。领导者在本阶段的中心任务是领导或引导成员之间进行对话和相互理解。

3. 稳定阶段

成员之间经过前两个阶段的磨合，开始进入稳定阶段，这一阶段，成员能够理解对立和差异，也可以容忍不同的观点或看法。信息在团队内部得到分享，同时开始形成一种共同的责任感。合作成了团队的核心，协作比较顺利，决策容易在一致的情况下形成。团队的内聚力增强，同时团队从以前的紧张状态中解脱出来。需要注意的是，在这一阶段的最后时期，作为对轻松的状态以及对权威的反应，一种不安定的情绪有可能出现。这时，领导者要能够接受各方对自己的挑战，并且要想办法激励团队在理性的范围内确定标准，使团队进入到下一个阶段。

4. 运行阶段

运行阶段是可以取得上佳业绩的阶段。在这个时期，团队成员已经确定了各自的角色定位，包括领导者的角色。他们相互讨论团队的成就，寻找改进工作的措施与方法。每个人都对自己的表现负责。这一阶段是一个团队的黄金阶段。

5. 整休阶段

整休阶段是最后一个阶段。随着时间的推移，一些成员被新的成员替代而离开团队。团队结构的改变通常暗含着退回到前面的某一个阶段。这种转换的比率依赖于改变的范围与程度。这一阶段的团队一般会出现两种人：一种倾向于向前看；另一种人则倾向于回顾往日时光。前者趋向开拓，后者较为保守。

组织理论研究表明，组织结构的改变可以使一个团队保持开放的精神，因为新的成员在思想意识上可能十分新颖，使团队有机会重新考虑那些无人置疑的旧的做法，实际上也给予了团队一个继续学习的机会。

在团队发展的各个阶段中都有成熟与不成熟两个方向。总体来看，团队在形成阶段都是朝成熟方向渐进的。但进入震荡阶段、稳定阶段时，因为各种内外因素对团队的影响加大，有失败的可能，这时，团队就进入不了下一个发展阶段。如果团队顺利发展到运行阶段时，团队的发展则进一步出现三个可能的方向：一是朝更成熟的方向上升；二是团队发展出现停滞不前的现象；三是团队发展受到挫折，面临失败。

### 五、加强团队建设——团队承诺与团队胜任

有计划地进行团队建设需要强调以下两个方面的内容。

一是团队承诺，团队承诺是指要加深团队成员在团队中的"卷入"程度，这是个体对团队目标的认同、为团队努力工作的意志、留在团队中的意愿的总和。只有团队承诺高，团队绩效才会高，离职倾向才会低，也才会产生高的满意感。

二是要加强团队成员的胜任力，即提高团队成员的胜任素质和可预测的团队工作绩效。

其核心内容包括：①团队成员要掌握团队合作的知识，如个体如何在团队中有效工作，个体如何保持与成员之间的良好工作关系；②团队成员要关心他人，与人交流以及影响他人；③团队成员应该具备集体主义的人格特征。

## 六、创建成功团队的条件与潜在障碍

### （一）创建成功团队的条件

创造成功团队首先要有合适的规模。一般认为，保持小的团队规模是明智之举，10~20个成员的团队最为理想。其次，要选择合适的团队成员。由于团队经常会面临新的情况，为此要不断地进行培训、培训、再培训。通过培训，向团队成员阐明目标，阐明团队行为的规则。对于受训的团队成员的培训效果要进行合适的绩效评估，对于优秀的成员要给予奖励。在培训中，要重点培养团队精神，促进相互信任，鼓励参与。

### （二）创建成功团队的潜在障碍

创建团队的最大的障碍是团队成员不愿意合作，成员得不到管理人员的支持，领导者也不愿意放弃控制权，也不能与其他团队合作。

创建团队的另一障碍被称为过程损失（Process Loss），即团队成员在与工作绩效没有直接联系的活动中所花费的时间和精力。这些精力和时间主要用来解决群体维系问题。由于群体内部个体相互干扰，产生过程损失，因而群体绩效未必优于个体与个体之和。

## 本章小结

1. 群体可定义为两个或两个以上相互交流的个体的组合，他们之间有一种固定的关系模式，分享共同的目标，并且把自己看作是一个群体。

2. 组织内有两种主要的群体：正式群体，它包括命令型群体与任务型群体；非正式群体，它包括兴趣型群体和友谊型群体。群体五阶段的生命周期理论认为团队的发展经过了形成阶段、震荡阶段、稳定阶段、运行阶段和整休阶段。

3. 群体结构动力学的内涵包括角色、规范、地位和凝聚力。其中角色对个体在群体中特定位置做了细分，群体结构中不同的内部角色具有各不相同的典型的行为模式。规范是指普遍赞同的非正式规则，是群体成员的行为标准、准则、群体威望。地位是指群体以外的人对群体或群体成员的位置或层次的一种社会的界定。凝聚力是群体成员聚拢在一起的各种力量的总和。

4. 工作绩效受其他群体在场的影响，一个人在他人面前的绩效有时会提高，有时会降低，这称为社会助长作用。在累加任务方面发生了社会惰化作用，从事一项任务的人越多，每个人付出的越少。

5. 工作团队是工作群体的一种，团队中成员的任务相互协调、相互联系，在团队中扮演不同的角色，有一个共同的目标。

**复习思考题**

1. 区分正式群体与非正式群体的不同特征。
2. 解释群体动力学中的角色、规范、地位、凝聚力的内涵。
3. 举例说明群体中的两种个人绩效：社会助长作用与社会惰化作用。
4. 试述创建成功团队的条件与障碍。

# 第九章

# 领导心理

> **学习目标**
>
> 1. 了解领导的概念。
> 2. 认识领导者与管理者的联系与区别。
> 3. 认识领导者的权力与影响力。
> 4. 了解领导者有效性的品质理论。
> 5. 掌握领导者有效性的行为理论。
> 6. 掌握领导者有效性的权变理论。
> 7. 了解魅力型领导的特征。
> 8. 认识变革型领导的特征。
> 9. 认识交易型领导的特征。
> 10. 认识道德型领导的特征。

## 第一节 领导的一般概念

### 一、领导的概念

在过去的50年中,对"领导"这一概念的定义数量与对其加以研究的数量相当,可以说有多少种研究,就有多少种对"领导"的定义。其实,不同的研究者是从不同的角度定义"领导"的概念的,其内涵与外延都不同,可以归纳为多达65种不同的分类体系。这些研究角度包括目标、权力影响、个性与组织角度,以及品质、行为影响、互动模式、角色关系、行政职位等。

目标角度是指领导者是实现目标的手段。大到一个国家,小到一个基层组织,都要由领导人带领才能达到既定目标;权力影响角度是指领导者是权力影响者,可对别人产生影响。

组织角度是指领导是组织变化和活动的中心，领导体现着组织的愿望；个性角度是指领导应拥有能带领组织与群体、个人完成任务的特质。

尽管对"领导"的概念存在着许多不同的观点与提法，但以下一些观点是共同的：领导产生于一定的组织中，又服务于一定的组织；领导是一种统御和指引他人的行为过程；领导是从管理中分化出来的高层次的管理组织活动；领导是两个人或更多人之间的一种关系，在这种关系中影响力和权力不是均等分配的。

领导概念的核心要素有以下四个方面的内容：领导是一个过程；领导具有影响力与控制力；领导发生在群体中；领导的愿景是关注和实现目标。

## 二、领导是一个行动过程

领导是一个过程，是指引导与影响个体、群体、组织并使之在一定条件下实现固定目标的行动过程。领导过程的范围包括：选择所追求的目标和战略；鼓励组织成员去实现；进行组织工作；促进成员之间的相互信任和合作；发展成员的技能和自信；在成员中学习和分享新知识；在外围人员中谋求支持和合作。

领导这个概念实质上是一个动态的过程，在一个组织中要实现某种目标，完成整个的领导过程，不仅需要有领导者，还要有被领导者以及包括目标在内不变的方针和原则。领导着力追求整个组织乃至全社会的效益。领导是指领导者为实现一定的目标，统御和指引被领导者的社会管理活动。

领导的目标和功能是产生变化和运动，寻求对环境变化的适应性，并能及早实现建设性的变化。

领导者是指致力于实现领导过程的引导者与影响者。致力于实现这个过程的领导班子，称为领导者群体。领导者是实现领导过程的特定人物。领导者是一个被委派到某一职位上，具有职权、责任和义务完成组织目标与目的的人。

在英语中，Leadership（领导）与 Leader（领导者）是两个词。而在汉语里，"领导"这个词既可作名词又可作动词。通常人们把领导人与领导过程都称为领导。

区别领导与领导者概念的意义在于，任何领导者只是在无限领导过程的有限时段发挥了一定的作用。要完成一定的目标任务就需要领导者前赴后继地完成任务，才能最终实现目标。

将领导活动直接指向的个体被称为追随者（Followers）。追随者描述的是这样一群人：他们承认工作的主要指导来源是上级领导者，而不论这个领导者实际上有多少正式权威。领导者力图使追随者相信，他们的最佳利益是在实现共同任务目标时进行合作的过程中实现的。领导过程实际上是帮助一群个体（追随者）实现目标的一种影响过程。

## 三、领导者与管理者的联系与区别

### （一）领导者与管理者在概念、内涵上的区别

从领导者与管理者两个概念的内涵来分析，领导者和管理者应该有不同的价值观和工作方法及操作程序。

作为管理者（如经理）的价值观是要使组织稳定、有序和有效率。但是作为领导者（如厂长）的价值观是创新、灵活性和适应社会与市场。

显然，经理关心的是如何把事情搞定，如何使人们做得更好；而厂长关心的是什么事情对人们是最重要的、有意义的，领导者要使下属相信他们所做的正是最重要的事。

由此可见，管理者是正确做事的人，而领导者是做正确事的人。

### （二）领导者与管理者在性质与职能上的区别

对领导的研究早在古希腊亚里士多德时期就已开始。而对管理的研究是在19世纪末20世纪初，工业化社会到来时才开始的。

管理是指在权力的范围内对事物的管束和处理过程。管，在我国古代是指锁匙，引申为管辖、管制之意。理，本意是治玉，引申为整理或处理。管理是为了实现一个确定目标，对人力、物力和其他资源进行整理和处理的过程。管理偏重于执行政策、组织力量、完成组织目标。管理的目标和功能是产生秩序和一致性。

### （三）领导者与管理者在工作方法与操作程序上的区别

管理者采用以下方法产生预见性和秩序：正确确定所选择的目标，制订带有时间表的行动计划及合理地分配资源；合理地组织和配置人员，建立合理的组织结构，分配相应的工作；有效地监控结果和解决实际问题。

领导者采用以下方法产生组织性变化：确定未来愿景和促使战略的必要变化；注意与下属沟通并解释愿景；鼓励与激励人们去实现这个愿景。

管理者与领导者的共同点都涉及要决定去做什么，并进一步创造"去做"的关系网络，并能预测将要发生的事情。

当然，过分强有力的管理者可能会妨碍创新与冒险；同样，过分强有力的领导者可能会破坏秩序与效率。仅有强有力的管理可能建立一个没有目的的官僚体系；同样，仅有强有力的领导可能导致变革不能付诸实践。

总之，管理与领导两个过程对一个组织的成功都是必需的。两个过程的相对重要性以及整合它们的最佳方式取决于现实情境。

## 第二节 权力与影响力

### 一、权力的内涵

权力是一种影响力、控制力，存在于人与人的相互关系中。权力作为一种影响力、控制力只表现在"命令—服从"的人际关系中，协商、合作、冲突的关系都不是权力关系。

权力作为影响力可以影响他人的态度、信仰和行为。为此，可以将权力称为一些人对另一些人造成他所希望和预定的影响的能力。

### 二、权力的来源与基础

权力的来源分为权力的制度来源说与受影响者的接受来源说。

制度来源说强调权力不是来源于财产私有制，而是来源于法律、制度与组织；受影响者的接受来源说强调，权力来源于群体成员自愿或不自愿的服从，只有当接受命令或指示的人把这种命令或指示作为具有权威性命令或指示予以接受时，权力才会存在。

在我国，领导干部要树立正确的权力观，即"权为民所赋，权为民所用"。

### 三、权力的形式与类型

最早，弗伦奇（John French）和雷文（Bertram Raver）将组织中的权力分为两大类：一类为职位权力（Position Power），另一类为个人权力（Personal Power），又称为人格权力。

职位权力是指从正规组织系统的特定职位或头衔中衍生出来的权力，这种权力又称为合法性权力，因为它是通过正式授予而获得的，由国家的法律、法令和主管部门的决议、命令直接任命与决定。任何合法性权力都是通过领导者的职权来体现的，如企业中的厂长、经理等。要使领导者履行所在岗位的职责，必须赋予其一定的权力，这种权力是他们推行决策、指导下属行动的依据。个人权力是因具有独特品质或特征而获得的权力，理性说服就是用有逻辑性的论述和事实论据让他人信服某一观点可以接受。

弗伦奇和雷文根据职位和个人权力的综合特点提出了五种权力类型：奖励权力、威胁权力、合法性权力、专业权力和参考权力。

#### （一）奖励权力（Reward Power）

奖励权力是指领导者控制着下属所需求的重要资源和奖励，下属要顺从才能获得领导所控制的资源和奖励。

领导者在实施奖励权力时，要注意以下几点：提供公正和道德的奖励；不要做出超过领导者能给予的允诺；解释给予奖励的标准，并使之简单化；如果目标实现，立即提供许诺的奖励。

#### （二）威胁权力（Coercive Power）

威胁权力是指组织成员要以顺从来避免领导者所控制的惩罚。威胁权力是一种强制力，是领导者可以行使的一种特殊权力。强制力包括威胁、惩罚、纪律处分、罚款、解雇或降薪等手段。

领导者在使用威胁权力时，要注意以下几点：解释规则和要求，确定人们理解违反纪律的严重后果；在运用指责或惩罚之前，通过调查获得事实，从而避免仓促得出结论和草率指责；出现严重错误时，在惩罚之前，要提供充分的口头或书面警告；威胁警告后依然不服从的，要给予行政处罚，维护纪律的严肃性；要运用合法、公正的惩罚，否则会有负面效应。

#### （三）合法性权力（Legitimate Power）

合法性权力是指来自正式权威工作活动的权力。认同、顺从组织的成员会顺从合法性规则和请求。一个经理的权威范围通常由文件规定，如组织章程，书面的工作描述或一个雇用合同。

领导者在行使合法性权力时应注意以下几点：做出礼貌的、清晰的请求，并解释请求的原因；不要超出自己权威的范围；沿着合适的渠道证实权威的必要；如果合适，要证实并坚持让成员顺从。

### （四）专业权力（Expert Power）

并非只是有行政职务的领导者才拥有权力，具有一定专业知识和经验的专业人士也可以获得权力与影响力。专家、学者，如大学教授以及专业的工程技术人员，获得一定专业资质的医生等，这些人士的专家地位与专业知识可以增强一个人被感知的专家权力，因为人们相信这些专业人士的指导是正确的。

具有专业知识的人士在运用专业权力时要注意以下几点：要让人们感到自己有可靠的信息和建议的来源；能够提供令人信服的证明或建议的证据；不要给出轻率的、粗心的、不一致的声明；在危机时以自信和果断的方式行动；不要夸张或误导事实。

### （五）参考权力（Referent Power）

参考权力是领导者能对下属、同级、上级产生影响的一个重要来源。行使参考权力的一种方式是运用角色榜样。榜样的力量是无穷的，领导者要力争使自己成为下属的榜样。一位友好、有吸引力、有魅力、忠诚的领导者对下属有重大的榜样与参考作用，下属对这样的领导者会显示出强烈的羡慕和忠诚。

领导者要获得和保持参考权力，需要注意以下几点：对下属要采取支持性和帮助性行动；要有忠诚、正直的品格，甚至以自我牺牲的形式保护支持他的下属；主动帮忙；遵守诺言。

除以上五种权力类型外，在现代社会中还有两种权力类型，即信息权力（Information Power）与生态权力（Ecological Power）。信息权力是指在现代社会中，领导者要学会接受信息，有控制信息传播的能力，信息权力也是当今社会中一个不容忽视的权力来源；生态权力是指领导者要根据环境中机会与约束的变化，微妙地重组与改变情境，故又称之为情境工程或生态控制。

上述不同类型的权力会产生不同的领导效能。理性奖励和理性惩罚会给领导者带来正面的绩效以提高领导效能。合法性、专业与参考权力会使下属产生支持态度，会使下属满意，从而产生正面的绩效，领导效能也随之提高。

## 四、领导者要有正确的权力观

### （一）正确认识追求权力是手段，不是目的

众所周知，有权者比无权者更能实现自己的愿望，权力还能使领导者赢得他人的尊敬。因而有些领导者将权力作为目的，当作获取私利与个人荣誉的阶梯。有这种权力欲的领导者必然会导致各种消极与负面的结果，如以权谋私、贪污腐化等劣迹，以致身败名裂。

权力欲若要成为有益的动机，必须与权力以外的某种目的（事业与工作目标）相联系，那就是"权力为民所用"，权力欲所追求的只能是更好地为民服务。对于领导者的权力欲不必采取绝对否定的态度，而是要引导人们追求权力时抱有正确的动机，即追求权力不是目的，避免成为"有权就有一切"的权力至上主义者，而是要将权力看成是工具、手段，最终目的是"为民"掌权。总之，权力是达到交往与成就的手段，而不是追求的目的本身。

## (二) 正确使用权力，防止权力的滥用

### 1. 正确使用权力

正确使用权力会产生高绩效的组织与团队，会得到下属的支持与服从，从而使领导者个人获得更大的信任、尊严、尊敬，其领导地位会更加巩固，在群众中的威信也更高。如果滥用权力，不正确地使用权力，就会导致下属的怨恨，甚至反抗、憎恨，从而导致谴责、尊严与地位的丧失。

权力不是领导者用来凌驾于他人之上以达到自身目的的工具，而是应该有助于领导者与下属实现他们的共同目标。

### 2. 防止权力的滥用

有效领导者需要一定数量的权力，并且需要有不同类型权力的组合。但是，过多的职位权力与过少的职位权力一样是有害的。如果权力过分集中在少数领导者手中，一旦决策失误就会造成很大的损失。权力过多、过大也会导致权力滥用，权力缺乏监督更是权力腐败的原因。当然，领导者手中的权力太少，也会使决策很难实现。

当前，权力腐败现象很普遍。无数领导者的腐败案例表明，权力腐败与职位权力相关。在拥有相应职位权力后，人极容易利用职位进行权钱交易，这说明，职位权力会轻易地腐化领导者。对于领导者而言，这是一个权力的道德应用问题。

## (三) 正确进行权力教育

目前，在对儿童与青少年进行权力教育的过程中存在着一些误区。例如，灌输服从命令就是"懂事"，不服从命令就是"任性"；在两个合作者之间唯一可能的关系，只能是一个人指挥另一个人的关系，并向他们展示拥有权力者会获得愉快的情绪与极大的利益，使他们产生"为官就有一切"的观念。这种教育理念会错误地诱导青少年总想"我怎样才能居于一切人之上"的专横型人格。另一种教育理念就是要求孩子们顺从，有些父母和学校从一开始就企图教育儿童和青少年要绝对服从，这种教育必然会产生奴隶思想或相反的叛逆心理。这两种人都不是民主政治所需要的。权力教育，不应当灌输主人与仆人的意识，而应该让孩子们建立起平等合作的理念。

## 五、领导者影响力的构成

领导者的影响力是由权力性影响力与非权力性影响力两部分组成的。

### (一) 权力性影响力

权力性影响力属于强制性影响力的一种，强制性表现为对他人的影响带有强迫性、不可抗拒性，以外部压力的形式发生作用；被影响者表现为被动、服从。正因如此，权力性影响力的影响作用是有限的。权力性影响力的因素主要包括传统因素、职位因素和资历因素。

#### 1. 传统因素

数千年中国传统文化的影响，一般会对领导者有服从感。事实上，对领导者的服从感可能是钦佩领导者的权威，也可能因害怕权威而产生。领导者本身追求权威与下级对领导服从

有着积极与消极两种意义。积极意义表现为，如果下属不听话，没有服从感，则领导者的工作难以顺利开展；另一方面，如果领导一味追求权威，最终有可能发展至要求下级对自己产生个人迷信与个人崇拜，这就走向了反面。

在服从感的问题上，要反对盲目的服从。在强调下级对上级的服从是符合组织纪律性的同时，反对领导者一味追求个人权威与个人崇拜。

2. 职位因素

领导者的职位会使被领导者产生敬畏感。领导者的职位越高、权力越大，人们对他的敬畏感也越深，其影响力也越大。领导者的职位越高，其影响范围与强度也越大、越强。

职位因素造成的影响力与领导者本人的素质没有直接关系，纯粹是社会组织赋予领导者的力量。

3. 资历因素

领导者的经历与资格也是产生影响力的原因，反映一个人的生活阅历与经验的资历是一种历史产物。人们对一位资历较深的领导者往往会产生一种敬重感。

实际工作中，不能把资历因素看得过分绝对化。一个资历深但实际工作中表现很差的领导者，仍会使群众失望，仍会失去群众的敬重；反之，一个资历虽浅，但在工作中表现出很强领导能力的领导者，仍会受到信赖与敬重。

（二）非权力性影响力

非权力性影响力属于自然性的影响力，这种影响力表面上并没有合法性权力那种明显的约束力，但能发挥权力性影响力所不能发挥的作用。

非权力性影响力没有正式的规范，也没有上级授予的形式。权力性影响力强调的是命令与服从，而非权力性影响力强调的是顺服与信赖。

构成非权力性影响力的要素有品格因素、能力因素、知识因素和感情因素。

1. 品格因素

品格因素是领导者的道德、品行、人格作风等的总称，它反映在领导者的一切言行之中。优秀的品格会给领导者带来巨大的影响力，使人产生敬爱感。无论职位多高的领导者，倘若在品格上出了问题，那他的影响力就会荡然无存。现在的许多领导者因为不能守住道德底线，以权谋私，变成了贪污腐化分子，也就丧失了对群众的影响力。群众最反对的就是言行不一、表里不一、品格低劣的领导者。群众对缺乏非品格因素的领导者，如能力、知识、经验等是可以原谅的，但对于品格上出了问题的领导者，那是绝对不能原谅的。

2. 能力因素

一个有才能的领导者会给组织带来成功的希望，使人们产生敬佩感。敬佩感是一种心理磁石，它会吸引人们自觉地去接受影响。

在现实生活中会出现位高才低的无能领导者，这就是"人"与"岗位"的错位。为此，在进行人事安排时，要使领导者名实相符。如果让一个领导者去担任他完全力不从心的职务，那么，在这样的岗位上一定显示不出他的才能，也不会得到群众的敬佩，最终只会失去群众的信任。

### 3. 知识因素

一个领导者具有了某种专长知识，他便拥有了专业权力，因而会对别人产生更大的影响力。领导者在合法权力之外，充分发挥专业权力的作用可以大大提高领导效能。一个没有专业权力的领导者由于缺乏业务知识，可能在许多问题上一筹莫展。

在高科技时代，要树立领导者在行政管理与生产指挥中的真正权威，就必须提高领导者的业务知识能力，这是一项重大的历史任务。

### 4. 感情因素

感情是人对客观事物（包括人）好恶倾向的内在反映。人际间建立了良好的感情关系，便能产生亲密感。人际间的关系疏远，双方就会产生心理排斥力、对抗力，对领导就会产生负面影响力，其结果是使领导效能大大降低。领导者仅依靠职位权力、专业权力、行政命令而没有感情的影响力，仍然不能最大限度地发挥领导者的作用。

当前，我国正在建设和谐社会，就需要不断正视矛盾、化解社会矛盾，最大限度地增加和谐因素，减少不和谐因素。为此，领导者要发挥感情因素的作用，真正做到从感情入手，动之以情、晓之以理，在感情上与群众建立真诚的沟通；要使群众心悦诚服，使他们听从领导者的指挥，使他们在感情上与领导者忧乐与共、心心相印，真正发挥领导者感情的影响力。

在上述四项非权力性因素的使用中要注意主次关系，即要以品格、能力因素为主，知识、感情因素为次。一个领导者的品格因素如果发生问题，成了负值，那么，其他因素必然会受到严重影响，其影响力的总和可能变为零甚至成为负值。例如，一位领导者的道德素质差，以权谋私、贪污受贿、违法犯罪，那么他的非权力性影响力就等于零，甚至是负数。

综上所述，领导影响力由权力性影响力与非权力性影响力组成，如图9-1所示。

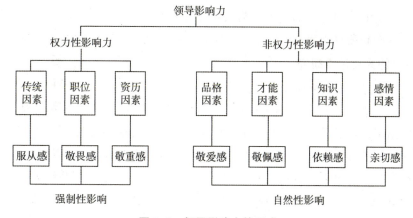

图9-1　领导影响力的组成

## 第三节　领导者的品质理论

### 一、领导者的品质理论

领导者的品质理论又称特质理论，品质与特质的内涵在此处是相同的。领导者的有效性品质理论主要是指领导者要有一定数量的品质与特质，这样才能将有效领导者与无效领导者区别开来。品质理论的发展经历了近百年的历史，品质的因素构成也有了很大的变化。

**(一) 早期的品质因素研究**

心理学家斯托格迪尔（R. M. Stogdill）于1948年在其所写论文——《与领导有关的个人因素：文献调查》中全面地总结了品质因素的内容，他将与领导有关的品质因素归纳为八要素：智力水平，应变能力，洞察力，责任感，创新精神，坚韧性，自信心和社会交往能力。

1974年，斯托格迪尔再度研究领导者的品质，在其所著《领导手册》一书中进一步提出了领导者品质特征十要素：才智，强烈的责任心和完成任务的内驱力，坚持追求目标的性格，大胆主动的独创精神，自信心，合作性，乐意承担决策和行动的结果，能忍受挫折，社交和影响别人的能力，以及处理事务的能力。

与此同时，心理学家曼恩（Leon Mann）提出了六要素的领导者品质特征：智力水平，男子气，适应能力，支配能力，外向特质和自控能力。另一名美国心理学家吉伯（C. A. Gibb）在1969年的研究报告中则提出天才的领导者应具备的七项天生的品质特征：善言辞，外表英俊潇洒，智力过人，具有自信心，心理健康，有支配他人的倾向，外向而敏感。

早期的品质理论，从调查研究与心理测验两方面概括地描述了领导者的许多品质特征，让人们看到有效领导者与某些品质特征相联系，这无疑是一大进步。但传统品质理论在理论观点上存在着一定的片面性，如过于强调领导者的天生品质特征，忽视了教育、环境因素在形成、培养、发展和造就领导者品质中的决定性作用，这就有可能滑入遗传决定论的泥坑。

**(二) 后期的品质因素研究**

1971年，美国心理学家爱德温·吉色利（Edwin E. Chiselli）密切联系管理实践，改进了研究方法，从动态的角度深入研究领导者的品质特征，出版了《管理才能探索》一书。在书中，他提出了领导品质可以分为三大类的十三个因素的研究成果。

领导品质的三大类十三个因素分别是：能力类，包括管理能力、智力和创造力；个性品质类，包括自我督导、决策、成熟性、工作班子的亲和力、男性的刚强和女性的温柔；激励类，包括职业成就需要、自我实现需要、行使权力需要、高度金钱奖励需要和工作安全需要。

进一步分析吉色列提出的这十三个品质因素，其重要性并不是等价的，图9-2的排列显示了这13个品质因素的相对重要程度。保证领导有效性的最强有力的六个品质因素的等级顺序为：管理能力、职业成就需要、智力、自我实现需要、自我督导与决策。其他七个品质因素不是很重要,其等级顺序为:安全需要、工作班子亲和力、创造性、高金钱奖励、权力需要、成熟性和男女性别差异。

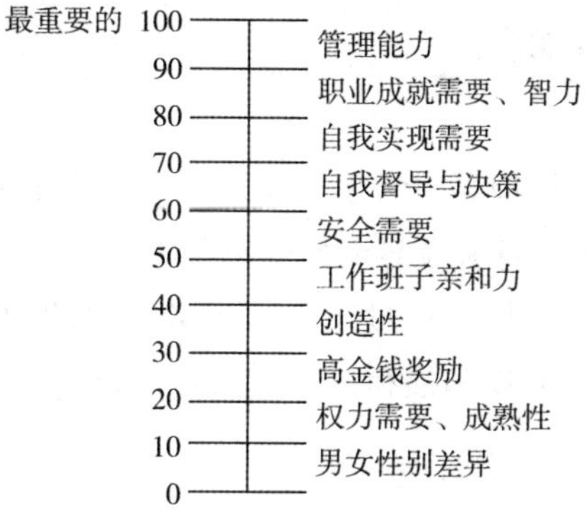

```
最重要的 100 ─
         90  ─── 管理能力
         80  ─── 职业成就需要、智力
         70  ─── 自我实现需要
         60  ─── 自我督导与决策
         50  ─── 安全需要
         40  ─── 工作班子亲和力
         30  ─── 创造性
         20  ─── 高金钱奖励
         10  ─── 权力需要、成熟性
          0  ─── 男女性别差异
```

图 9-2 十三个品质因素的相对重要性

### (三)现代品质因素研究

随着时代的发展,对领导者的品质需要增加了许多新的因素,如道德层面的因素。由于一般的领导者个人品质与领导效能不一定直接有关,为此,需要探索与领导效能直接相关的领导者品质因素。

自 1991 年起,柯克帕特切克(Kirkpatrick)和洛克(Locke)提出了现代领导者的五项品质因素,分别为智力水平、自信心、决心、正直及社会交往能力。

(1)智力水平。普遍认为领导者的智力水平应高于被领导者。但是也有一种看法,认为领导者与追随者之间的智力水平相差太大会有负面作用。因为领导者的思想太超前,与追随者的交往会产生障碍,为此,两者要加强沟通与交流。

(2)自信心。自信心包括自尊感、自信感,领导者应该有超越一般人的信念。

(3)决心。决心是领导者完成某项工作的愿望,并使工作具有创新性。决心还表现为对工作有内驱力、支配欲、能坚持到底等特点。

(4)正直。正直是领导者道德层面的特质,其内涵包括诚实、值得下属信赖、有原则性和责任感等。正直的领导者会使下属相信领导具有忠实、可靠、不欺骗人的道德品质。

(5)社会交往能力。社会交往能力是指领导者待人友好、礼貌、得体和老练。

## 二、与领导效能相关的领导者品质

现代研究的结果表明,与领导效能相关的领导者品质有以下八项。

1. 高的能量等级和忍耐力

高的能量等级和忍耐力品质与管理效能直接相关联。因为领导者也时刻面临着紧张的人际环境,如严厉的老板、麻烦的下级、不合作的同级、不友好的客户等。在这种环境下,面对压力与角色冲突,领导者应保持镇定而不慌乱。

2. 自信

自信与领导效能也呈正相关。因为自尊与自信能提高自我效能。但是,自信又不能超过合适的限度,否则就成了自负甚至刚愎自用,就不能成为参与式领导。

#### 3. 内在聚焦的控制导向

内在聚焦的控制导向并非由机会或命运所决定，而是由自己的行动所决定。为此，控制导向内在聚焦者可提高管理效能。

#### 4. 感情稳定和成熟

感情稳定和成熟者以自我管理导向为主，注重关心他人而不以自我为中心，很少冲动，有稳定的情感，不会突然发火。这种领导者能保持与上下级、同级的合作关系，因而会取得好的管理效能。但是，也要避免任用有过于自恋主义倾向的领导者，他们极需权力和自尊（特权、地位），漠视其他人的需要和福利，自我控制力弱。

#### 5. 正直

正直是指一个人的行为和其所主张的价值取向一致，他是诚实的、道德的和可信的。领导者的行为与其价值观应该是一致的，即做到言行一致。正直的主要指标是诚实和忠实，而不是欺骗。正直的另一指标是信守诺言，实现服务的责任，对下属表现出诚信。

#### 6. 扩大社会权力导向

领导者不应该无限制地扩大个人权力导向、夸大自己，也不应该将权力看成是个人权力的象征。领导者应该以社会权力导向为指导，一切为了他人利益，要有长远眼光，在实践中采用参与、指导的管理方式，而不是专断、威胁的手段。领导者只有具备扩大社会权力导向的品质，才能带来有效领导，提高领导效能。

#### 7. 适度的成就动机

成就动机与管理效能之间的关系并非是直线关系。一般来说，低成就动机的领导者没有寻求带有挑战性和风险性的目标，很少主动确认问题和承担解决问题的责任。同样，高成就动机的领导者，由于只在乎个人努力方向，而不注重团队、组织的方向，而且通常靠个人单独完成任务，而不能发展下属的责任意识，不能使领导责任分散在管理队伍中，因而也很难有效工作。这样的领导者只注重努力促使自己成为一个快速上升的新星。当一个领导者过于具有雄心和过度竞争时，就会制造过多的"敌人"，这种追求短期利益行为只会使组织的长期利益与绩效受到损失，其结果可能是最初效益有所提升，但最终会失败。

由此可见，领导者的成就动机应该是适度的，中等程度的成就动机的领导者更为有效。

#### 8. 适度的亲和需求

亲和关系度低的领导者不利于发展有效的人际技能。但是，高度重视亲和关系也是不行的，因为他们关心的是关系，而不是任务。他们尽量避免冲突，而不是勇敢地面对真正的分歧。由此可见，高亲和与管理效能之间也呈负相关。适度的亲和动机应是中低程度的，而不是极高或极低的。

### 三、要善于识别不称职领导者的品质因素

#### （一）不称职领导者的表现

领导者不仅要善于将具有优秀品质的下属提拔到领导岗位，而且要识别那些并不具备领

导者品质的领导者,并将其及时调离领导岗位。不称职领导者往往具有以下一些品质特征及表现。

1. 身在其位而名不副实

在现实生活中,存在着职位与实际才能的错位,即职位高才能低。这些领导者名不副实,经常作出错误的决策,不能按时完成任务,也不能与其他部门保持有效的协调。有些领导者终日忙于事务性工作,发挥不了作为领导者应有的职能作用。这些人只能算一个事务员而担当不了领导者的重任。

2. 身居要职却不谋其政,安于现状、事业心不强

有些人将职位看成是一种既得利益,为了谋取职位而努力工作,一旦取得了某个较高的职位,便安于现状、不求上进,绞尽脑汁地维护既得利益。这种领导者是阻碍事业发展的绊脚石。

3. 对本职工作兴趣不大,在工作中不能知难而进

有些领导者对本职工作兴趣不大,而乐于从事迎来送往等礼节性的社交活动,目的是使自己能在社会上有些名气。他们没有通过工作实践来发展自己才能的欲望,也缺乏面对困难接受挑战的热情。

4. 缺乏组织管理和协调人际关系的能力

有的领导者主观上工作热情很高,但缺乏组织管理与人际关系协调的能力。有的领导者工作抓不住重点,样样都想抓都想管,却都抓不住。有的领导者在领导方式上偏重专制型,自以为是、专制武断,有事不和群众商量。有的领导者处理人际关系简单化,因而效果也不好。

不称职的领导者存在的原因有三:其一,不能适应新形势的要求,表现为能力退化;其二,领导者本身并非无能之辈,而是将精力用在了消极方面;其三,缺乏领导与管理的知识与经验。

对能力退化者,应将其从现有岗位上撤下来,或者调到适宜的岗位上去;对将精力用在消极方面者,应加强教育,教育后仍不改者,应该将其调离岗位;对缺少管理办法的领导者,让他们有学习与提高的机会,以改进领导方式、方法,提高领导的有效性。

**(二) 领导者品质的培养**

领导者品质因素能否真正发挥作用,同个人的主观努力与自我修养程度是分不开的,但环境因素也是一个重要条件。例如,上级领导是否关心、是否放手、是否信任,都是直接影响下属积极性与能力能否发挥的重要因素。

领导者对有十分能力的下属,要给予十二分的权限。只有通过扩大职权范围,给予超过本人能力的职务、权限和课题,才能使下属迅速地成长起来,因为一个人身上有了担子,就会充分运用自己的能力,并抱有强烈的责任感。

就品质中的能力因素而言,人的能力是可以通过实际工作锻炼而得到发展的。必要的岗位经历对于新领导者取得直接的领导经验是有益的。例如,有些领导者专业知识甚佳,但在行政领导能力、人际关系协调能力等方面较差,为此建议这些领导者可以先在政工部门工作

一段时间，以便使他们的各种领导品质因素得到补充。凡是在政工部门工作过的技术干部，当他们走上党政领导岗位后，一般都能很快适应，工作也能较为顺利地展开。

现代领导者应具有多方面的知识，因为知识面越广，眼界越开阔，就越有利于实现从"专才到通才，微观到宏观，局部到全局"的转变。对于各级领导者，都要进行系统化、条理化的能力训练，以培养他们的各种品质因素，以便他们在领导岗位上能够更好地处理各种问题。

总之，培养、开发领导者的品质因素要采取综合性的措施，这样才能真正见到实效。

## 第四节 领导者的行为理论

### 一、领导者行为研究概况

二十世纪四五十年代，以美国密歇根大学和俄亥俄州立大学为首的机构与学者，对领导者的行为及其测定进行了系统的研究，并提出了领导行为四分图模式、管理方格理论等经典理论与研究方法。沿着这一方向，日本九州大学教授、大阪大学名誉教授三隅二不二又提出了领导行为 PM 理论。下面就介绍这些有代表性的领导者行为理论。

（一）领导行为四分图模式

1945 年，俄亥俄州立大学的学者们经过不断提炼、概括，把领导者的行为特征最后归纳为"关心工作"和"关心人"两个维度。他们认为，这两种行为在不同领导者身上表现的高低强弱并不一致，可归纳为四种组合，即高"抓工作"与高"关心人"，高"抓工作"但低"关心人"，低"抓工作"但高"关心人"，以及低"抓工作"与低"关心人"，并设计出了著名的领导行为四分图模式，如图 9-3 所示。这一模式规范了领导行为的内容即抓两件事——关心工作与关心人，这是两个并不互相排斥的维度。

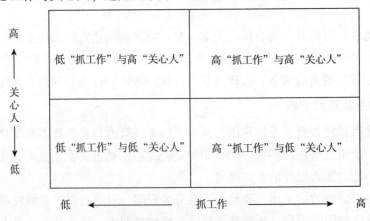

图 9-3 领导行为四分图模式

（二）管理方格理论

管理方格理论是由美国得克萨斯大学的两位学者——罗伯特·布莱克（Robert R. Blake）和简·莫顿（Jane S. Mouton）于 1964 年提出来的。管理方格理论是一种采用图示和量表方式来衡量一个企业领导人的管理是否采用了高效率的方法与手段。管理方格理论的依据是最有效的领导者应该是一位既关心工作又关心人的管理者。如果把这两种维度用坐标图表示出来,就可以画出一种方格图,它不仅可以清晰地显示出领导者每天行为的类型组合,而且还可以揭示出他每天关心的愿望组合。

管理方格理论模型如图9-4所示,图中的横坐标为"对生产的关心"这一维度,纵坐标为"对人的关心"这一要素,管理方格图将两个坐标轴都划成9个刻度,这样便组成了能表示81种领导方式的图像,其适用性更强,准确度也更高了。

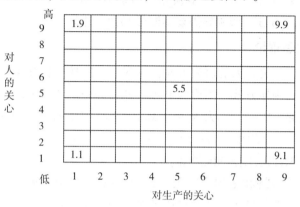

图9-4 管理方格理论模型

布莱克和莫顿在管理方格理论的基础上提出了五种领导行为的类型。

1. "9.1"型领导行为

拥有"9.1"型领导行为的人又称为任务型管理者。这种领导行为在短期内可能取得较高的生产效率,但由于不关心人,不讲究提高员工的士气,因而长期内会使生产效率下降。

2. "1.9"型领导行为

拥有"1.9"型领导行为的人又称为俱乐部型管理者。这一类型的管理者只强调关心人,而不激励人去生产,单纯地讨好员工,想以此来获得员工的支持与拥戴。无论从短期还是长期来看,这种类型的领导者也不可能获得较高的绩效与领导效能。

3. "1.1"型领导行为

拥有"1.1"型领导行为的人又称为贫乏型管理者。这种类型的管理者既不关心生产,也不关心人。这类管理者胸无大志,逃避责任和义务。他们虽然与人、与世无争,所求不多,但因得过且过,因而贡献也甚微。其结果是无论其组织绩效还是领导效能,预期都是最低的。

4. "5.5"型领导行为

拥有"5.5"型领导行为的人又称为中间型管理者。这种类型的管理者,推崇对问题的折中处理,寻求一种平衡的解决方式。在追求目标上,他们不是去寻找对生产和人都应有的高度,而是去寻求两者可以妥协的方向,如将生产目标降低到人们乐于接受的水平等。这种类型的领导者不是力争上游,而是甘居中庸,因而也只能取得平平的领导效能与组织绩效。

## 5. "9.9"型领导行为

拥有"9.9"型领导行为的人又称为战斗式团队型管理者。这种类型的管理者既十分关心生产，又十分关心人的因素，把关心生产与关心人协调起来，使之一体化。

很明显，持"9.9"型管理方式的领导者既能形成和谐的组织内的人际环境，又能实现最高的工作目标，最终使组织绩效与效能最大化。

显然，"9.9"型领导行为类型是最好的，也是值得提倡的；"9.1"与"1.9"型领导具有极大的片面性，应该纠正；"1.1"型领导行为是最差的，对于这样的领导者不但要予以批评，还要杜绝任用；"5.5"型领导需要不断鼓励他们进取。

### （三）PM 领导类型理论

沿着上述关心生产与关心人的研究方向，三隅二不二教授将领导行为分为两种类型：一类是以执行任务为主的领导方式，简称为 P 型（Performance Directed）领导；另一类是以维持群体关系为主的领导方式，简称为 M 型（Maintenance Directed）领导。

P 型的行为特征是将组织中的每一个成员的注意力引向目标，使问题明确化，拟定工作程序，运用专门的知识评定工作的成果等。

M 型的行为特征是维持和谐的人际关系，调解成员之间的纠纷，为少数派提供发言的机会，促进成员的自觉性与自主性，增进成员之间的相互了解与交流。

PM 领导类型可细分为 PM 型、Pm 型、pM 型和 pm 型领导行为，如图 9-5 所示。

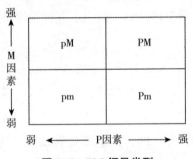

图 9-5　PM 领导类型

1. PM 型领导行为

这种类型领导可导致最高的生产效率，下属对领导者的信赖度最高，领导对下属的亲和力也最高。

2. Pm 型领导行为

这种类型领导可导致中等的生产效率，下属对领导者的信赖度占第二位，领导对下属的亲和力占第三位。

3. pM 型领导行为

这种类型领导可导致中等的生产效率，下属对领导者的信赖度占第三位，领导对下属的亲和力占第二位。

4. pm 型领导行为

这种类型领导可导致最低的生产效率，下属对领导者的信赖度最低，领导对下属的亲和力同样也最低。

四种领导行为的 PM 类型的管理效果如表 9-1 所示。

表 9-1　四种领导行为的 PM 类型的管理效果

| 领导行为的 PM 类型 | 生产效率 | 对组织的信赖度 | 亲和力 |
|---|---|---|---|
| PM | 最高 | 最高 | 最高 |
| Pm | 中间 | 第二位 | 第三位 |
| pM | 中间 | 第三位 | 第二位 |
| pm | 最低 | 最低 | 最低 |

## 二、领导行为模式

20 世纪 50 年代至 80 年代中期，领导行为模式分为任务导向型与关系导向型两种。

### （一）任务导向型领导的关键行为

任务导向型领导行为的主要目标涉及任务的实现、人力资源的有效运用、有秩序的管理、可信赖的操作。

任务导向型领导的关键行为是计划、阐明、监督。

1. 计划

计划是一个有宽泛性定义的行为，计划的目的是促使工作单位有效组织、协调活动以及有效运用资源。计划工作活动时要确定计划做什么、如何去做、谁去做、什么时候去做。计划是一个涉及信息处理、分析决策的理性活动，可以分为初级计划和次级计划。初级计划首先包括目标的决策，具有优先性与战略性；然后是工作组织、分配责任、安排活动、分配资源。次级计划包括操作计划、行动计划，其中操作计划包括对随后几天甚至一周日常工作和任务的安排；行动计划包括制订详细的行动步骤，安排新政策，实现一个项目。此外，针对潜在问题、灾难还需要有应急计划。

总之，计划是指决定目标，明确战略和资源分配，委派责任，安排活动并分配时间的行为。

2. 阐明

阐明是计划、政策和角色期望的沟通。首先要阐明工作责任和需求，包括解释重要的工作责任，阐明个人的权威范围，解释工作与单位的使命关系，解释重要的政策、规则和需求。对指派的工作要明确地解释和分配任务，解释每一个任务的原因，阐明工作的优先性和期限，检查对工作的理解情况。确立绩效目标时要有清晰的目标，确立具有挑战性但又具有现实性的目标，确立达到每个目标的预估时间。

总之，阐明是指通过沟通说明委派的任务，解释工作责任，解释角色，确立特别的绩效目标和期限，指示如何工作的行为。

3. 监督

监督是指通过获取所需信息去评价工作单位的操作和下属的个人绩效。监督的操作过程包括收集组织单位的动作信息，如工作过程、下属绩效、生产与服务质量、工程项目的成功率等。监督操作中要注意：监督关键的过程变量及产量；测定与计划和预算相对的进展；开发有关绩效的独立的信息来源；在可能的情况下直接观察操作；询问关于工作的特殊问题；鼓励报告问题和错误；引入定期的进展评价会议。

### （二）关系导向型领导的关键行为

关系导向型领导行为的主要目的是改进关系和帮助他人，增进团队合作，增加下属的工作满意度，建立对组织的认同。

关系导向型领导的关键行为是支持、发展、认同。

#### 1. 支持

支持是指领导要深思熟虑，接受、关心他人的需要和感情，以取得友谊和忠诚、合作与支持。支持型领导有助于建立和保持有效的个人之间的关系。支持行为还应包括：表现接受和主动问候；亲切、关心地对待他人，不粗鲁、不傲慢；分别对待每个下属；记住个人的重要细节；在解释或指示时要有耐心；当人们焦虑或沮丧时，提供同情和支持；在遇到困难任务时，表达对个人的信任，必要时提供工作协助；愿意帮助解决个人问题。

#### 2. 发展

发展是指增加工作相关技能的行为，以利于个人工作的调整和职业的提升。发展主要通过指导、培训、监督、职业咨询等途径实现。在进行培训时要用提问题或建议的方法仔细考察，并分析绩效；对个人展示的有效和无效行为，提供建设性的反馈；提出能帮助改进个人绩效的特殊事项；展示更好的方式，去完成一个复杂的任务或程序；对人们能够完成一个更复杂的任务或程序表示信任；提示个人如何解决一个问题，而不仅仅是提供答案；在工作之前，为人们提供操作这一程序的机会。监督主要显示对每个人发展的关心，帮助个人确认技能的缺陷，帮助人们发现获得必要技能的方式，鼓励员工参加相关的训练课程，为他们提供在工作中能展示和提高技能的机会，提供有益的职业建议，帮助员工提升个人声誉。

#### 3. 认同

认同是指对他人对组织的贡献给予赞扬和表示欣赏的行为。要强化合乎需要的员工行为，改进个人关系，增加员工对工作的满意感，就要及时认同。认同就是对他人的绩效、成就、贡献等进行表扬、奖励。领导者应该认同各种贡献和成就，要认同特别的贡献和成就，要认同绩效的改进；对虽失败但已付出的努力也要表示认同，给予表扬。总之，领导者要善于运用适合个人情境的认同形式。

### （三）关心人与关心工作领导行为的效果

关心人与关心工作领导行为的效果是很复杂的。总的说来，关心人的领导行为可以提高下属心理上的满意度，因而两者是正相关。此外，增加关心人的程度可以使下属的不满程度（牢骚度）降低，但两者非线性相关。

关心人的领导行为可以取得较高的工作绩效，但是其前提条件是，领导者不仅要关心人，而且要设置目标，保证完成工作任务。对不同类型的下属采用同一种领导行为，或者在不同情境条件下对同类型的下属使用同一种领导行为，都不一定能取得好的工作效果。

关心工作的领导者对下属的满意度与工作效果之间的关系也是复杂的，带有不确定性。

在各种不同的情境下，分别表现为正相关、负相关或不相关。面向生产的领导者注重生产与技术，把下属作为简单的"劳动工具"，这样可能使工作很有成效，但会使下属心理上的满意感降低，更不会产生亲切感与融洽感。

### 三、领导者的领导风格与工作作风

关心人与关心工作的领导行为决定了领导者的领导风格。与这两种领导行为维度相联系，可以产生一系列典型的领导风格。有的领导者较多地关心人，是一种亲密型的风格；有的领导者偏重于关心工作，可称为创造结构型风格。一般地，关心人的领导风格容易使下属满意，而关心工作的领导风格会促成工作目标的实现。为此，优秀的领导者应该兼具关心人与关心工作的两种领导风格。

将领导者在领导活动中比较固定和经常使用的行为方式与方法的总和称为领导者的工作作风。领导者的工作作风表现了领导者的个性特点。有的领导者在工作中大胆、泼辣，但又主观武断、粗暴专行；而有的领导者胆小怕事、没有主见。领导者的工作作风影响着他所领导的工作群体的作风，从而影响着工作群体的工作效率。

领导者的领导方式可分为专制式的集权领导方式、开明式的集权领导方式、协商式的民主领导方式、参与式的民主领导方式。

1. 专制式的集权领导方式

在专制式的集权领导方式下，领导者会自行决策后下达任务给下属，必要时强制下属执行。领导者与下属之间存在着一种互不信任的气氛，组织目标难以实现。

2. 开明式的集权领导方式

在开明式的集权领导方式下，领导者对下属比较和气，领导者决策时也听取下属的意见反馈，执行过程中能够奖惩并用。但上下级之间的沟通是表面的、肤浅的，领导者对下属并不十分信任，下属对领导者也心存畏惧，工作的主动性有限。

3. 协商式的民主领导方式

在协商式的民主领导方式下，领导者对下属有一定的信任，并充分听取下属的意见，且在决策时也能取得下属的同意。上下级之间沟通的程度比较深入，双方彼此信任，执行决策时能够相互支持。

4. 参与式的民主领导方式

在参与式的民主领导方式下，领导者对下属充分信任，在规定范围内，授予下属自行决策权。领导者根据工作群体目标，向下级提出具体要求，不过多地干涉下属的工作。上下级之间不仅能充分地沟通与相互信任，而且能够建立起一定的友谊。

显然，采用参与式的民主领导方式效果最好，采用专制式的集权领导方式效果最差。

### 四、我国领导者的行为特征

我国领导者的基本行为特征是一种三维领导模式，即"抓工作""关心人"和"率先垂范"。"抓工作"和"关心人"两个维度具有世界性的共同特征。在中国传统文化里，注重修身与个人人格的完善，即正心而后修身，身修而后齐家，家齐而后治国，国治而后平天下。修身为本，把个人道德水准与治国相联系。由此，产生了"领导者吃苦在前、享受在后，身教重于言教，领导者的行为就是无声的命令，榜样的力量是无穷的"等一系列强调领导者自身行为的理念。领导与被领导者之间的指挥与服从模范表率作用，在很大程度上取决于领导者自身的示范效应。

率先垂范起着一种模范表率作用，关心人、关心工作是领导职能中的直接影响力，而率先垂范则是领导者的间接影响力。由于模范表率行为，一方面可使被领导者在工作中的不满得到解除，从而获得心理上的平衡和公正感；另一方面，领导者的模范表率行为，通过角色的认同和内化作用，可激发被领导者的内在工作动机，使其努力实现目标。领导者的率先垂范行为是一种无声的命令，其影响力胜于命令、指挥、控制和监督。

就我国目前的情况而言，领导者关心人的领导行为应该集中体现在关心群众生活、关心百姓民主权益上。"关心人"不是一句空话，要从分析群众心理入手，切实解决人民群众的实际困难。

## 第五节 领导者的权变理论

实际上，并不存在一成不变的领导方式与领导风格。领导者应该根据情况的变化采取随机应变的领导方式与领导风格。更确切地说，领导者的有效性是领导者、被领导者与情境三者的最佳配合关系。可以用公式表示如下：

领导有效性=f（领导者·被领导者·情境）

为此，领导者的有效行为应该随着领导者、被领导者、情境的变化而有所不同。领导者要不断观察情境，并评价如何使他们的行为适应这种情境。领导者要灵活并不断创新以适应变化的情境。

有关领导者权变的理论多种多样，下面介绍几种关键的理论模式。

### 一、领导方式与下属成熟度匹配理论

领导方式与下属成熟度匹配理论是美国俄亥俄州立大学的卡门（Karman）首先提出来的，又名生命周期论。它的要点是领导者的行为要与下属的成熟度相适应，随着被领导者成熟度的逐步提高，领导的方式也要进行相应的调整。

这里所指的成熟度是指心理的成熟度，而非生理的成熟度。在此，成熟度被指为有成就感、有负责任的意愿和能力、有工作经验和受过一定的教育和培训等。下属的成熟度也有一个发展的过程和要经历的阶段，一般来说有四个阶段：不成熟阶段，初步成熟阶段，比较成熟阶段和成熟阶段。领导者在下属不同的心理成熟阶段要采取不同的领导方式与之匹配，这样才能取得最佳的领导效能，图9-6显示了这种生命周期理论的模式。

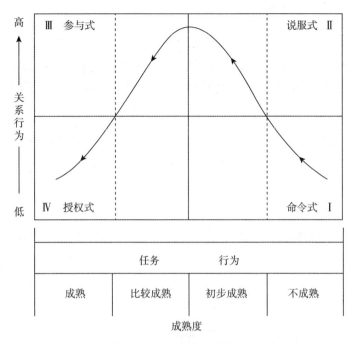

图 9-6 生命周期理论模式

1. 不成熟阶段

当下属处于不成熟阶段时，领导方式应该采取高任务、低关系的领导形态，即命令式最有效。此时，领导者以单向沟通方式向下级规定任务，明确干什么、怎么干，这就是图中第一象限所表示出的命令式领导方式。

2. 初步成熟阶段

当下属的成熟度进入初步成熟阶段时，领导者宜采取任务行为、关系行为均略高的方式，即采用说服式的领导方式最有效。此时，领导与下属通过双向沟通方式，相互交流信息、相互支持，这就是图中第二象限所表示出的高工作与高关系的说服式领导方式。

3. 比较成熟阶段

当下属发展到比较成熟阶段时，领导者应该采取低任务但关系行为强的方式，即采取参与式领导行为最有效。此时，领导与下属之间仍要通过双向沟通方式，相互交流信息、相互支持，但领导的任务行为有弱化。这就是图中第三象限所表示出的高关系与低工作的参与式领导方式。

4. 成熟阶段

当下属发展到成熟阶段时，领导者就应采取低任务、低关系的领导方式，即授权式的领导方式最有效。此时，领导者给下属权力，领导只起监督作用，让下属自行安排执行，这就是图中第四象限所表示出的低工作与低关系的授权式领导方式。

综上所述，对不同成熟度的下属，应该采取不同的领导方式，才能获得最大的领导绩效。在领导工作中要创造条件，让下属在工作过程中更快地趋向成熟，把使用与培养结合起来，注重人力资源的开发。

## 二、领导权变模式

弗雷德·菲德勒（Fred E. Fiedler）提出了有效领导的权变模式。该模式认为有效领导的行为抉择是由三个特征所决定的，即领导与成员的关系、职位权力、任务结构。

1. 领导与成员的关系

领导与成员的关系是指领导与下属是否相处融洽以及下属支持领导者的程度。当领导者与成员之间关系融洽时，就很少发生摩擦，工作任务就能顺利完成。当领导者与员工关系不融洽，甚至经常发生冲突时，工作任务就很难完成。

2. 职位权力

职位权力是指领导者拥有的权力与影响力，包括给予奖励和处罚的权力。一般来说，领导者都具有强制性的合法权力。

3. 任务结构

任务结构是指下属的工作任务被清晰而明确界定的程度。有的工作任务很单调，因而具有明确的目标，只由几步或几个程序组成，这样的任务相对是结构良好的，按日常的基本方法就能完成，这是常规、例行的任务。而有的任务可能没有明确的目标或其目标是动态变化的，因而完成任务也有多种途径，这类任务就是非常规、非结构性的工作任务。

根据上述三种情境特征，并根据这三种特征导致的截然不同的情况——领导与被领导者关系的好与差、工作任务的明确与不明确、工作任务的结构化与非结构化、职位权力的强与弱，领导者应该采取不同的领导方式，如表9-2所示。根据三种情境特征的不同情况，可以有六种领导方式，归纳为两种领导类型：任务导向型和人际关系型。

表9-2　情境特征与领导方式之间的权变关系

| 领导者与被领导者之间的关系 | 任务结构 | 职位权力 | 领导方式 |
| --- | --- | --- | --- |
| 良好 | 结构化 | 强 | 任务导向型 |
| 良好 | 结构化 | 弱 | 任务导向型 |
| 良好 | 非结构化 | 强 | 任务导向型 |
| 良好 | 非结构化 | 弱 | 人际关系型 |
| 差 | 结构化 | 强 | 人际关系型 |
| 差 | 非结构化 | 弱 | 任务导向型 |

从表中可见，在情境特征（上下级关系、任务结构及职位权力）极有利或极不利的情况下，领导者采用任务导向型（偏向于任务行为的领导风格）、指挥型（领导者的特征是指挥的、控制的、对事不对人）的领导行为最为有效。

在情境特征（上下级关系、任务结构及职位权力）较差的情况下，领导者采用人际关系型（偏重关系行为的领导风格）、允许型（领导者的特征是宽恕的、容忍的）的领导行为最为有效。

总之，领导与成员关系良好，下属任务高度结构化，并且拥有高职位权力的领导者，会有高度的情境控制；而领导与成员关系恶劣，下属任务结构化程度低，并且职位权力较低的领导者对情境的控制程度也会较弱。

## 第六节 通路—目标的权变理论

加拿大多伦多大学的心理学家豪斯（R. J. House）认为，领导者要向下属说明工作的意义、方向、内容，即向下属说明达到工作目标的"通路"，并以体贴精神使下属在"通路"上顺利通过。具体来说，如果下属在思想上对工作认识不清，领导者应该说明走向工作的"通路"，即通过工作任务引导下属走向程序化的工作目标。如果下属对"通路"已经清楚，那么领导者应该有更多的体贴精神，通过人际关系，使下属得到更多的满足，使之更快地通过"通路"。

通路—目标的权变理论的基本概念如图 9-7 所示。

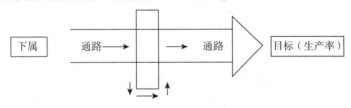

图 9-7　通路—目标的权变理论模式

通路—目标理论下的领导行为的主要内涵为：确定目标，指明路径，消除障碍，提供支持。

领导者选择哪种领导行为要根据下属的工作是否程序化而定。在工作任务模糊不清、非程序化的情况下，下属无所适从时，他们希望有高工作关系的领导者帮助他们对工作进行明确的规划和安排；在工作任务已经明确、程序化了或都是例行性工作的时候，下属希望有高人际关系的领导者，这样才能使他们得到精神上的满足。

同样，领导者选择怎样的领导风格也要根据被领导者的工作是否明确、程序化或不清楚、非程序化而定。

领导的领导风格可以分为四种：支持型、指导型、参与型以及成就导向型风格。

支持型风格是对下属的要求和福利表示关注；指导型风格会为下属将工作任务结构化，并让他们知道工作要求是什么；参与型风格是指征询下属的意见，并让他们参与决策；成就型风格是强调成就和工作绩效，包括设定挑战性的任务目标以及强调高水平的绩效标准。

显然，选择支持型风格对担负重复性任务的下属最为有效；选择指导型风格对不明确工作任务的下属最为有效；选择参与型风格对任务不明确、自我控制能力较强的下属最为有效；选择成就导向型风格对承担具有挑战性任务的下属最为有效。

通路—目标理论强调工作环境和下属特征与领导风格的相应关系。

领导者要选择适当的领导风格以提高下属对成功的期望和满意度，让下属感到能胜任工作，能得到奖赏，因而工作中的付出是值得的。这一理论强调，只有用最恰当的领导风格才能满足下属的需要，激励下属的创造性。

由此可见，领导有效性取决于领导者行为与下属特征和任务特征的吻合程度。

这一理论运用在实践中，可以指导、辅导和培训下属，帮助下属实现目标。当任务结构性不强、下属缺乏经验时，指导型风格是最适合的，因为下属不能确定该做什么。一个指导型领导者会告诉下属工作要求是什么以及他们该做什么，在明确任务后让下属负责用自己觉得最合适的方式完成工作，减少指示，将控制权授予下属，避免不必要的支持影响与干扰下属的工作进程。领导者要在任务情境中精确地判断下属的发展水平，选择相应的领导行为类型，才能实现有效领导。

总之，情境领导理论说明，没有最好的领导类型，关键是领导者要有灵活性，领导方式要与情境相适应。情境领导模式是训练领导者的实用方法和行动方案，也是培训领导方法的标准之一。

## 第七节  魅力型领导

### 一、魅力

魅力（Charisma）是一个希腊词汇，意指"神灵的礼物"，如能够实现奇迹或预见未来的事件。韦伯用这个词汇描述一种形式的影响，它不是基于传统或正式权威而是追随者认为的领导者所具有的超凡品质。当存在社会危机时，领导者吸引追随者相信愿景，经历一些成功使得愿景更有吸引力，以及追随着者认为领导者超能时，领导者就有了魅力。

魅力型领导者强调感情过程与理性过程一样重要，符号行动与制度行为一样重要。领导的某些品质与技能，如自信、强烈的说服力、镇静、演说能力、戏剧性的资质都有被归因于魅力。当有一个吸引人的愿景时，会增加追随者实现它的信心，在追随者之间引起热情和支持。当达到的愿景和战略是创新的，而领导者采取了个人的冒险行动去推动和促成它们的实现并明显是成功的，这时，更可能出现对领导者的魅力归因。

### 二、领导者的魅力归因

追随者将魅力品质归因于领导者的品质、行为、技能等因素。魅力型领导者会提出一个不同于现状的愿景，但这个愿景仍然在追随者接受的范围之内，因为追随者不接受过于激进的愿景。魅力型领导者常以非常规的方式实现愿景。为实现愿景，魅力型领导者还会做出自我牺牲，不考虑自己利益，甚至冒个人在地位、金钱、领导职位或组织成员上的巨大损失等风险。

魅力型领导对目标有着明显的自信，自信与热情也增加了对追随者的感染力。出现危机时，魅力型领导者会提出对现状的不满，但同时会提供更美好的愿景。魅力型领导善于应用愿景和劝导诉求。

魅力型领导的个性特征包括：支配性，影响他人的强烈欲望，自信与坚定的价值观。

魅力型领导的行为表现有以下特征：能为追随者树立鲜明的角色榜样；显示出卓越的能力；清晰表达目标，寄予高期望，表露信心，唤起动机。

但有的企业家具有个人权力导向，其行动专断、自私，这些企业家强调追随者对自己的忠诚，而不是对组织、价值观和意识形态的忠诚。这样的领导即便有些魅力，但对组织的作用仍是负面的。

### 三、正面及负面魅力型领导的特征

正面魅力型领导的特征主要是实行社会化的权力导向，强调对意识形态的忠诚而不是对个人的忠诚；实施价值内在化，而不是个人认同；在内部，决策参与受鼓励；善于委托，信息公开分享；奖励用于加强与组织使命相一致的行为；关心追随者及其福利。

负面魅力型领导的主要特征是实行具有个人权力的导向。负面魅力型领导强调的是个人的认同，而不是价值内在化。此外，强调别人对自己忠诚，而不是对理想忠诚，并寻求统治和支配追随者的权力，强调对领导的依赖。在这些领导者看来，奖励、惩罚是用于操纵、控制追随者的工具。这些领导者还自我荣耀，维持对权力的关心，不关心追随者的福利，并试图保持领导者不会失败的形象。

负面魅力型领导必然导致以下的负面结果。
（1）由于对领导者的敬畏，降低了追随者提出好建议的愿望。
（2）追随者只寻求得到领导者的认可，因而妨碍了批评建议的提出。
（3）追随者只会奉承领导者，制造了领导者不会出错的幻觉。
（4）过于自信和乐观，使领导者无视真正的危险。
（5）否认问题的存在，往往错失改进与发展的机会。
（6）对领导者的过分依赖，抑制了继承者能力的发展。
（7）培养继承者的失败，将导致最终的领导危机。

归纳起来，正面魅力型领导与负面魅力型领导的差别如表9-3所示。

表9-3　正面魅力型领导与负面魅力型领导的差别

| 正面魅力型领导 | 负面魅力型领导 |
| --- | --- |
| 社会化权力导向 | 个人权力导向 |
| 价值内在化 | 个人认同 |
| 对意识形态、理想的忠诚 | 对领导个人的忠诚 |
| 决策参与受鼓励 | 决策权集中于领导者 |
| 委托、信息公开分享 | 寻求统治和支配追随者 |
| 奖励用于加强与组织使命相一致的行为 | 奖励、惩罚用于操纵、控制追随者 |
| 关心追随者及其福利 | 自我吹嘘，关心维持权力，不关心追随者福利 |

作为魅力型领导者，首先，当他们希望追随者具有什么信念和价值观时，他们本身就是这些信念和价值观的坚定持守者，这就是领导者的率先垂范作用。榜样的力量是无穷的，要让下属做到的，领导者首先要自己做到。然后，在追随者看来，魅力型领导者是很有能力的。魅力型领导者会明确表达带有道德色彩的理想目标，美国的马丁·路德·金的著名演讲《我有一个梦》正是这种魅力行为的典范。再次，魅力型领导者对追随者提出了很高的期望，并且表示相信追随者有能力达到这些期望。这种行为的影响结果是增强了追随者对自身能力和自我效能的认识，从而进一步提高了他们的绩效。最后，魅力型领导者能唤起追随者

完成工作任务时所需要的各种动机，包括权力动机、亲和动机和尊敬动机。例如，美国总统肯尼迪为了唤起当时美国人民的价值观，曾说道："不要问你的国家能为你做什么，而要问你能为你的国家做什么。"

魅力型领导者对追随者的影响表现在：追随者信任魅力型领导者的理念；追随者与领导者的信仰相近；追随者无怀疑地接受领导者并喜欢领导者；追随者表现出服从和认同领导者；对领导者所指目标的情感增强了追随者实现目标的信心。当追随者处于困境中时，领导者的魅力影响力更有可能产生效果，因为在困境中追随者会指望领导者帮助他们摆脱困境。

此外，魅力型领导改变了追随者的自我概念，试图在追随者的认同和组织的集体认同之间建立联系。魅力型领导建立联系的方式是：重视工作的内在奖赏，减少外在奖励，希望追随者将工作看成是表现自己的方式。同时，领导者对追随者表示出很高的期望，帮助他们获得自信感和自我效能感。

### 四、魅力型领导的正面与负面影响

魅力是一种领导者的个人特质，具有魅力的领导者的领导行为必须与人类进步与社会发展相一致，这时，领导者的魅力就会发挥正面作用，起到推动人类进步与社会发展的作用。反之，领导者的行为与人类进步、社会发展背道而驰，那么，这些领导者的魅力就会起到负面作用。

世界上有很多正面魅力型和负面魅力型的领导者。美国第32任总统富兰克林·罗斯福就是正面魅力型领导的代表之一。他领导美国摆脱了经济大萧条，推行了20世纪30年代的社会改革项目，参与了第二次世界大战，并带领盟国获得胜利。而德国的阿道夫·希特勒则是负面魅力型领导的代表。他挑起了欧洲战争，点燃了第二次世界大战的战火，导致了千百万的生灵涂炭。

## 第八节 变革型领导

### 一、变革型领导概述

变革型领导的研究者有伯恩斯（Burns）、巴斯（Bass）、本尼斯（Bennis）、纳努斯（Nanus）、蒂奇（Tichy）和德万纳（Devanna）。

一个变革型领导者要通过激励他人，使其设定较高的目标并努力实现。变革型领导者通过为团队明确地描绘愿景，鼓励并支持追随者或以身作则来激励他人的。变革型领导者的实质是提出、展开、实施重大变革。领导者能提出和清晰地表达组织愿景，激励和授权追随者完成和实现更高目标，最终使追随者产生认同感，使他们对领导者有坚强的信念，确信领导者有创造性、变革性，强大而值得信赖，坚信只有跟着这样的领导者才能实现愿景。在西方国家，人们推崇林肯、丘吉尔、肯尼迪等人均为变革型领导的典范。

变革型领导可以促使组织有较高水平的工作绩效，并使员工有较高水平的工作满意感、组织承诺和组织公平感。与此同时，员工的离职倾向会降低。

变革型领导变革的内容包括改变价值观，发挥追随者的潜能，提高领导者的热情与道德意识。

变革型领导的特点可以概括为：关注并激励追随者达成目标；理解并迎合追随者的需要和动机；变革型领导是变革的代表和良好行为的榜样；能提出和清晰表达组织的愿景；授权追随者实现更高目标；变革型领导的处事方式使人对他更加信任。

## 二、变革型领导的领导因素

构成变革型领导的领导因素有魅力或理想化影响、鼓舞干劲、个别化关怀、智力激发四大项目。

1. 魅力或理想化影响（Idealized Influence）

这是指领导者通过言辞和高标准的示范行为对追随者产生较高程度的激励作用。变革型领导者向追随者描绘目标愿景、使命感，领导者自身也是一位高道德标准的领导者，因而等于为追随者树立了榜样，使追随者认同并仿效他们，从而使追随者也具有了较高的道德标准和道德行为，这样的领导者会受到追随者的尊重。

2. 鼓舞干劲（Inspirational Motivation）

鼓舞干劲是指变革型领导者会阐述一个吸引人的愿景，通过愿景使追随者有一个高的期望，以此实现动机激励。与此同时，这类的领导者会加强信念与情绪感染力，增强凝聚力、团队精神以实现组织愿景。

变革型领导要使追随者为了团队或组织利益超越个人兴趣或个人利益，从而提高追随者对理想目标重要性和价值的意识水平。总之，要鼓励追随者提出更高需求，有效激励追随者实现更大利益，而不仅是个人利益。

3. 个别化关怀（Individualized Consideration）

变革型领导者为追随者提供支持、鼓励和教导，同时对追随者的发展和幸福给予关注。在实践中，变革型领导者要充当教练和建议者的角色，同时要聆听个别追随者的要求，创造支持性的氛围。总之，他们要发挥追随者的最大潜能，使其具有强烈的内在价值与观念体系。

4. 智力激发（Intellectual Stimulation）

变革型领导会激发追随者的创造与革新，激励追随者反思现状并思考更佳的做事方法。即这类领导者支持追随者积极革新、独立思考、解决问题，对过时的领导方式、组织信念与价值观提出质疑。

## 三、变革型领导的行为特征

变革型领导者提供清晰的组织愿景，愿景应简洁、易懂、有益、富有生机活力，且是出自整个组织的需要并得到了组织全体成员的肯定。

变革型领导者的行为表现为组织的设计师，他们指明了组织的价值观和规范的变革方向。变革型领导者认同新理念，以这种新的成员共享的理念去创造某种新的形态或结构。我国改革开放的总设计师邓小平就是一位变革型领导者,他为中国设计了一条改革开放的道路,使中国社会走向变革。

变革型领导者总是明确地坚持自己的观点,在组织中建立信任感。追随者对变革型领导者的信任是完全可预期的和可依赖的,从而使整个组织形成整体感和同一性的意识。

变革型领导者提倡在积极的自我关注过程中创造性地发展自我,由此,追随者对变革型领导者会产生高度的信任感和期望值。

### 四、变革型领导与魅力型领导的区别与联系

魅力是变革型领导的必要因素,但一个领导者可以是有魅力的但不一定是变革型的。魅力型领导者更多的是塑造超常能力的形象,而变革型领导者的本质是激励和授权。变革型领导者会促进授权,发展下属的技能和自信。

变革型领导者使追随者对工作的重要性和价值更为敏感,促使追随者为了组织利益转变自己的利益诉求。变革型领导者关心发展追随者的技能和信心,让他们在一个授权组织中承担更多责任。变革型领导者将提供支持与鼓励,使下属面对障碍、困难、失败时保持热情与努力,下属会更加信任和尊敬变革型领导,愿意做比原先多得多的工作。

## 第九节 交易型领导

交易型领导者是通过与下属交换有价值的东西来满足他们自己的和下属的需求。领导者与追随者之间是一个交换的过程,在这个交换过程中,员工的努力可以换得特定的奖励。交易型领导者具有影响力是因为员工为了自身的利益而去完成领导者希望的事情。在此,领导者可以就追随者需要做什么,完成工作之后有什么报酬,与追随者达成一致。

### 一、交易型领导与魅力型领导的比较

交易型领导与魅力型领导特征的差别如表9-4所示。

表9-4 交易型领导与魅力型领导特征的差别

| 维度 | 交易型领导 | 魅力型领导 |
| --- | --- | --- |
| 权力的主要来源 | 报酬、回报 | 超常的能力与表现 |
| 激励下属的基础 | 外部的、经济的 | 内部的、情感上的 |
| 下属的绩效目标 | 狭隘的、定量的、特定职位的 | 宽广的、定性的,特定的领导者与愿景 |
| 情感上对目标的依附度 | 低 | 高 |
| 预期的下属行为 | 遵守规章制度 | 通过社会准则与团队压力形成 |
| 下属对领导者与愿景的承诺 | 低或中等程度 | 高等程度 |
| 管理者策略印象 | 低度运用 | 高度运用 |

由表可见,交易型领导的权力主要来源于报酬、回报,而魅力型领导的权力主要来源于

超常的能力与表现。交易型领导激励下属的基础是外部的、经济的，而魅力型领导激励下属的基础是内部的、情感的。交易型领导对下属的绩效目标锁定在狭隘的、定量的、特定的职位上，而魅力型领导对下属的绩效目标则具有宽广性，包括在特定的领导者提出的愿景范围内。交易型领导者预期的下属行为是遵守规章制度，魅力型领导预期的下属行为是要通过社会准则与团队压力来形成。交易型领导者要求下属对领导者与愿景的承诺是低或中等程度的，而魅力型领导要求下属的承诺是高等程度的。交易型领导者只是低度地运用了管理者的策略印象，而魅力型领导者是高度运用了管理者的策略印象。

## 二、变革型领导与交易型领导的区别

### 1. 精神价值和自我利益

变革型领导是唤起追随者的精神价值，而交易型领导是唤起追随者的自我利益。

变革型领导者唤起追随者的精神价值，力求提升他们的道德意识，激发他们的能量、潜力与资源，并实现革新与变革；交易型领导鼓动追随者诉诸他们的自我利益。领导以职位、津贴、利润合同交换选票，用工资和地位交换工作者的努力。

### 2. 价值和感情过程

变革型领导关注追随者的价值和感情过程，而交易型领导则是关注追随者顺从领导者需要的交换过程。

领导关注追随者价值和感情的过程是现代组织中变革和愿景领导的核心特征。领导要促使追随者为了组织或团体利益改变自我得益的想法，激活他们对更高秩序的需要，鼓励追随者使他们对任务结果的重要性更为重视和努力，要使追随者对变革型领导感到更信任、羡慕、忠诚和尊敬；交易型领导仅关心追随者顺从领导者的交换过程，因而不可能使他们产生对任务目标的热情和支持。

### 3. 可以转化

变革型领导与交易型领导是处于一个领导连续体的不同点上，而不是彼此独立的，如图9-8所示。

图 9-8 领导连续体上的变革型与交易型领导

由图可见，变革型领导与交易型领导以及放任型领导之间是可以转化的。加强交易型领导的各项品质特征可以使其向变革型领导转化。反之，弱化变革型领导的各项品质特征也可以使其转化为交易型领导。

## 三、交易型领导的特点

变革型领导与交易型领导之间既存在区别，也存在着联系，从二者的差别中更可看出交易型领导的特点：交易型领导关注的是领导与追随者之间的"交易"，而变革型领导则时刻关注激励追随者达成目标的过程。

交易型领导一旦"交易"成功，就会提拔达成目标的职员。其交易范围广泛，所有类型组织在不同水平上都有交易。交易型领导既不区别对待下属的个别需求，也不重视下属的个人发展。交易型领导者具有影响力是因为员工为了自身的利益去完成领导者希望他去完成的事情。

## 第十节  道德型领导

经过长期的研究，领导科学与领导心理学提出了多种领导类型，如任务导向型领导、关系导向型领导、权变型领导等，直到20世纪的最后10年才提出道德型领导（Ethical Leadership）的研究方向。

### 一、领导者的"德商"

要成为高效能的领导，必须具备三个商数：智商（Intelligent Quotient，IQ）、情商（Emotional Quotient，EQ）和德商（Moral Quotient，MQ）。智商反映一个人的智力发展水平，情商反映一个人的情绪管理能力，而德商则反映一个人的道德水平。在这三商当中，德商最为重要。

美国学者道格·莱尼克（Doug Lennick）和弗雷德·基尔（Fred Kiel）在2005年出版的《德商：提高业绩，加强领导》一书中，将德商定义为"一种精神、智力上的能力，它决定我们如何将人类普遍适用的一些原则（正直、责任感、同情心和宽恕等）运用到我们个人的价值观、目标和行动中去"。莱尼克在20世纪90年代帮助美国运通集团等大公司的经理人和员工发展情商的过程中发现：虽然情商可以使人具有高度的自制力和人际交往能力，但它在大多数情况下是价值中立的，不能帮助人区分"吃饭"与"错"，不能让人避免做错事。而领导者首先要保证的就是"做正确的事"，然后才是"正确做事"，并"帮助别人正确做事"。

德商的内容包括体贴、同情、尊重、容忍、宽容、诚实、正直、负责、平和、忠心、礼貌等各种美德。作为领导者，应加强这些美德的培养。

### 二、领导者要树立道德权威

领导者权威来自各个方面，其中有科层权威、心理权威、技术—理性权威、专业权威以及道德权威。

#### 1. 科层权威

科层权威是指在等级制的结构中必须强调强制与服从，下级服从上级。个体表现在等级制度、规章与规则、指令以及角色期望中。领导者树立科层权威的结果是使组织处于一定的监控之下，作为下属只能执行既定的决策，并对此做出相应的反应，因而其活动空间受到一定限制。

2. 心理权威

心理权威是指领导者与追随者之间尽管目标、利益不同，但可能通过交易使双方各取所需。领导者可使用各种激励技术、人际技能、人际关系使员工更易相处，善于合作。但是，领导者使用心理权威的结果只能使下级的投入是斤斤计较的，是等价交换的。只有获得奖赏，追随者才会对领导者的要求做出回应。

3. 技术—理性权威

技术—理性权威是指领导者要求员工服从标准化的工作方法与程序，在工作过程中要遵章守则。这样，领导者发挥技术—理性权威的结果使员工始终处于被监控之下，并按照既定的程序和步骤进行操作。

4. 专业权威

专业权威是指领导者本身要有精妙的技艺、知识和个人专长。这些技艺、知识和专长不是外来的，而是来自领导者自身、来自培训和经验。领导者发挥专业权威的结果是使员工做出对专业规范的响应，领导者能给员工提供支持与帮助以及专业发展的机会。

5. 道德权威

道德权威是领导者与员工共同价值观、信念和组织承诺的核心界定，因为员工与领导者的责任感和义务感来自共同的价值观、理想和信念。在组织内要明确什么是对、什么是错，什么是好、什么是不好。领导者的道德权威就是要确认组织的核心定义为共同体的价值观和信念，把价值观和信念转化为指导行为的不成文规范。此外，道德权威还强调团队精神，将团队精神作为内化了的感受和受道德驱动的美德，并依靠相互依赖关系来推进。领导者树立道德权威的结果使员工会因道德原因而对组织的价值观给出反应。员工的工作将变成集体性的活动，他们的表现舞台得以延展，且稳固而持久。

作为领导者，要提升自己的德商，首先要有自己的道德观、信仰和理想，将自己置身于较高的道德层面上。领导者的行动和决定既受价值观和信念的影响，也会受到自利思想的影响，当两者发生冲突时，价值观和信念通常应该胜过自利思想。此外，领导者与员工之间要有共同的价值观和信念，这样也就建立了组织的共同规范。规范是一种强有力的工具，组织的共同规范可以充当直接的"领导者"，甚至成为领导的替身。

可见，领导者既要依赖科层权威、心理权威、技术—理性权威、专业权威来领导组织与员工，更要特别强调树立道德权威来提升自己的德商，以利于领导者职责的发挥和组织目标的实现。

## 三、领导者的道德观

关于领导者的道德观，现主要有三种代表性的观点：服务式领导，帮助追随者的领导，增进人们道德意识的领导。

1. 服务式领导

格林里夫（Greenleaf）认为，服务追随者是领导者的主要责任和道德型领导的本质，伟大的领导者首先是一个服务者。服务式领导需要倾听追随者，了解他们的渴求，分享他们的痛苦与挫折。

服务式领导也是一种公仆式领导，同时也是一个利他主义者。要做一个领导者，首先要做一个公仆，同时做一个真正的利他主义者。

公仆式领导要关注弱势群体，要平等地看待他们。领导者少用权力控制别人，把权力还给被领导者。领导者要注重倾听、移情和接纳下属。

服务式领导是通过服务他人来实施的，最终目的是把自己和其他负有责任的人置于理念服务的位置。

2. 帮助追随者的领导

海费茨（Heifetz）认为，领导者的主要角色是帮助追随者面对冲突和提出有建设性的处理方法。领导者要通过信任、培养和移情来营造让追随者感到得到支持的环境，并在这种环境中获得安全感。领导者要运用权力发动下属面对棘手的问题。领导者的职责在于帮助追随者努力奋斗，以适应环境变化，并促进个人成长。

3. 增进人们道德意识的领导

伯恩斯（Burns）认为，领导者的一个主要角色或职责是增强道德意识，帮助人们解决价值冲突。领导者应呼吁理想和道德价值，给予人们自由、平等、正义、和平、人道主义等积极向上的道德意识，而不是给予惧怕、贪婪、嫉妒、憎恨等消极意识。总之，领导者要努力把追随者的道德责任推向一个更高的水平。

## 四、领导者的道德标准

领导者要始终坚守行为的道德标准。

### （一）道德的内涵及其标准

道德是一种行为规范。"道"为外在规范，"德"为内在规范，即已转化为个体心理的社会规范。

人们对于对社会具有有利或有害效用的行为需要进行规范，如诚实与欺骗、公正与不公正等。此外，对社会、他人以及自己有利或有害的行为也要进行规范，如应正确对待自己的幸福、智慧、自尊等行为。

总之，道德规范是具有社会效用的行为。这些行为会造成对社会、他人、自己、自然界的正面积极效应或负面消极效应。良好、高尚的行为规范是促进社会进步、人际和谐、个人幸福、人与自然界顺应的动力；反之，不道德的行为会使社会倒退、人际冲突等悲剧性后果产生。

### （二）道德的性质

道德通过社会舆论对人们进行评价，具有强制性。行为的善恶标准，在人们心理的天平上是很明确的。尽管如此，道德仍是一种非权力规范。道德是社会制定或认可的关于人们具有社会效用的行为应该而非必须的非权力规范。

道德是一种不创造财富的权力管理，或称舆论管理，也称为德治。德治的规范就是道德。

道德的本性是一种必要的"恶",即道德要求通过依靠舆论、教育,规范人的一切具有社会效用的行为,使不正当的愿望和不道德的行为受阻,这样才能使社会的正义与公平得以长存,和谐社会才能存在,个人的合法权利才能得到必要充分的满足。道德对人的影响还会触及到人的灵魂。当前,对经济生活中的不道德现象的揭发与批判,使人们能正确区别"假、丑、恶"与"真、善、美"的行为。

### (三) 道德的标准

什么是道德的,什么是不道德的,这就是一个道德的标准问题。

1. 绝对的道德标准

绝对的道德标准是指道德的终极目的。道德的最终目的是保障社会的存续和发展,增进每个人的利益,实现每个人的幸福。为此,道德的终极标准就是增加或减少社会和每个人的利益问题,也即绝对的道德原则。当人的行为不损害而能增加全社会和每个人的利益时,这一行为也是道德的。

2. 最大多数人的最大幸福原则

行为是否道德还应该以是否符合"最大多数人的最大幸福"的原则来衡量,这是约翰·斯图加特·密尔提出的。他认为,自我牺牲能给他人增加幸福感的行为才是有价值的。当然,这种自我牺牲只有在特定社会条件下才是必要或不可缺少的。"自我牺牲"和"无私奉献"的高尚行为往往是在个人利益与社会利益不一致或产生冲突时发生的。个人利益与社会利益一致时的奉献行为被称为"为己利人"行为,因为这种行为既增加了个人利益也增加了社会利益,符合"不损害一人地增加每个人利益的原则"。

领导者的行为从道德层面可划分为六大伦理行为类型,即无私利他、为己利他、单纯利己、纯粹害他、纯粹害己、损人利己。

其中,无私利他、为己利他、单纯利己都符合道德的终极标准,因而都是善的,只不过无私奉献为最高的善,为己利他为基本的善,单纯利己为最低的善。

至于纯粹害他、损人利己、纯粹害己的行为是不符合道德的终极标准的,因而是恶的。纯粹害他为最高的恶,损人利己为基本的恶,纯粹害己为最低的恶。

领导者的行为应尽量做到无私利他,至少做到为己利他,决不能做纯粹害他、损人利己的事。

## 本章小结

1. 领导是指一个人影响其他组织成员达到既定群体或组织目标的过程。领导通常使用非强制性影响力的形式。领导者要确定群体或组织任务,并提出完成任务的策略,直至任务的完成。

2. 权力这一概念是指以期望的方式改变其他人行为或者态度的能力。职位权力是一种随某人在组织中拥有的正式职位而来的权力,它包括奖励性权力和强制性权力,也就是分别掌控奖励和惩罚的权力。个人权力是因具有独特品质或特征而获得的权力,理性说服就是用有逻辑性的论述和事实论据让他人信服某一观点可以接受。合法性权力也就是组织中个人因其组织职位而获得认可的权力。信息性权力是因握有特殊数据和掌握知识而获得的权力。专业性权力就是知识、技能、经验为他人认可所获得的权力。参考权力是指自己受他人仰慕而拥有影响力,领袖魅力也属于这一类。

3. 存在两种基本的领导行为模式——员工导向型和生产导向型。前者关心员工与维持良好的人际关系,后者关心工作绩效。通过培训管理者的沟通技能和决策技能可以提高他们对员工和生产的关心程度的方法。

4. 领导者的权变理论认为,并不存在一种最好的领导风格,最有效的领导风格通常被认为决定领导者所面临的特殊情境。领导方式与下属成熟度匹配理论表明,领导者的行为要与下属的成熟度相适应。领导者的权变模式表明,有效领导的行为抉择是由以下三个特征决定的:领导与成员的关系、职位权力与任务结构。

5. 领导者品质理论又称特质理论。成功领导者拥有与普通人不同的特质,这些人在动机驱动力、诚实、自信力方面都高于常人,也表现更强的灵活性。领导者的风格需不断调整以适应被领导者与特殊情境的需要。

6. 通路—目标的权变理论认为,领导者的行为如果在一定程度上能帮助员工达成他们自己的有价值的目标,就能被员工接受,大大增加他们的积极动机。同样,在工作环境情况不明的情况下,领导者若能引导,则其行为易被接受。

7. 魅力型领导与变革型领导相比较,魅力型领导者会对被领导者的信仰、认知及行动产生深远的影响。这类领导者能激励下属取得高绩效,保持忠诚度、高热情。变革型领导领导有高度自信心,会提出明确、清晰的愿景,行为不循规蹈矩,通常他们被认为是变革的代言人,对环境的限制非常敏感。变革型领导者除了具有领袖的魅力外,还能变革与革新组织。这类领导者通常能向下属提供智力激发、个人关怀,具备强大的感召力,他们的领导更有效。

8. 道德型领导要树立道德权威,要做一个服务式的领导,还要做帮助追随者和增进人们道德意识的领导。领导者要始终坚守行为的道德标准。

## 复习思考题

1. 试述领导概念的核心内涵。
2. 举例说明职位权力与个人权力的五种类型。使用这些权力时应注意哪些要点?
3. 与领导者效能相关的领导者品质因素有哪些?
4. 阐述任务导向型与关系导向型领导各自关键行为的内涵。
5. 阐述通路—目标的权变理论的实质及其意义。
6. 举例说明什么是正面魅力型领导,什么是负面魅力型领导。
7. 说明变革型领导、交易型领导、魅力型领导的区别与联系。
8. 阐述道德的性质以及领导者应遵守的道德标准。

# 第十章

# 领导者的领导艺术与技巧

### 学习目标

1. 理解授权的含义、内容与方式。
2. 了解授权过程中的心理倾向与心理障碍。
3. 掌握领导者—下属交换理论及其意义。
4. 能够区分程序性决策与非程序性决策,确定性决策与不确定性决策。
5. 认识决策风格的个体差异。

## 第一节 领导者授权

### 一、授权概述

#### (一) 授权的含义

授权是指上级主管或权力拥有者授予下属一定的责任与权力,使其能相当自主地处理问题与行动。简而言之,授权就是将权力与责任授予下级,使下级在一定的监督下有相当的行动自主权。但是,授权者对被授权者保持指挥和监督权,而被授权者对授权者负有报告完成工作情况的责任。领导者的主要职责是达成目标,但并非都靠自己去做才能完成。所以,领导者的功能在于成事,而不在于做事,而授权就是成事的分身术。

综上所述,授权的性质可用图10-1表示。

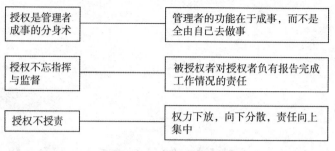

图 10-1 授权的性质

**（二）授权含义的界定**

授权的含义应该严格界定，有些关系，如分工、代理、助理就不属于授权的范围。

首先，授权与分工不同。分工是在领导班子内部进行的，是在同一个领导层的同级之间进行的，各个成员之间没有隶属关系，只是按分工各负其责。而授权者与被授权者是正式的上下级的隶属关系。

其次，授权与代理职务不同。代理职务是在某一特定时期依法或受命代替某人执行公务，如代总经理在总经理出差期间依法行使总经理的职权，而不是总经理授一部分权力和责任给代总经理。

最后，授权与助理职务不同。助理是帮助领导者工作，协助领导者处理有关事务，但不承担责任。授权则不然，授权者有责任，被授权者更应承担相应责任。

明确授权与其他几个概念的区别有助于理解授权的准确含义，也有助于懂得授权的作用，掌握授权的艺术。

领导者在授权时要明确现代领导体制的特点是权力向下分散，而责任要向上集中。这种趋势说明权力可以分散给下属，但上级领导的责任并未减轻，这就是"士卒犯过，罪及主帅"的原因，也是人们常说的"要负领导责任"的含义。领导者要牢记"授权不授责"才是正确的。

## 二、授权的意义

**（一）授权对领导者的意义**

授权体现出领导者是严格按照分组管理的原则行事的。领导者授予下属职权，让各级管理者拥有一定范围的决策权与指挥权，使他们各执其事、各司其职、各尽其才、各得其所，从而提高管理的驾驭能力。

授权体现出领导者能够摆脱具体事务。领导者通过授权将具体工作交给下级管理人员和普通员工去做，就可以从琐碎的事务中分身出来，从而集中精力专心致志地搞调查研究，去发现大问题、寻找大目标、制订大蓝图、谋划大思路、决策重要工作，即做长远规划与战略决策上的研究。领导者只要站在高处，气势自然雄浑，便不易被一些日常琐碎的事务缠身。

授权还体现领导者关心下属的才干、智能和素质的培养。通过授权要下属独当一面，出点子、想办法去完成任务，这样可大大提高下属的才干、智能和素质，有利于下属的成长与人才培养。

通过授权还会使领导者得到下属的尊敬。领导者相信下属而且让他们处理属于其工作范围内的问题，将得到他们的尊敬和信任。在这种情况下，并不需要过多监督，下属就能尽其所能地办好事情。

### （二）授权对下属的意义

授权有利于发挥下属的创造力和聪明才能。让下属有机会去做属于他们职责范围内的工作而不加干涉这将有助于发挥下属的聪明才智，充分运用其想象力和创造力把事情办好。下属的成长和发展在很大程度上取决于他们是否有机会去承担需要更高技巧和能力的工作任务。授予的职权越大，越能培养下属的领导能力。

授权有利于充分发挥员工的专长，弥补领导者自身才干、智能的不足。对技术性很强的工作，领导者也不一定熟悉，这时就可以授权技术内行的员工去完成。凡是下级有积极性做的事，尽量给他们一个发挥自己才干、显示自己能力的机会，从而达到培养干部、储备人才的目的。

授权有利于发挥员工的积极性，增强员工的责任感与工作热情，激励员工奋发向上的动机，进而促使他们努力工作。

授权有利于提高人事效率，领导者授权可以有效地减少领导机关的人数，精简不必要的机构，提高办事效率。

综上所述，有效授权的双重意义，一方面，使领导者摆脱日常事务而从事有助于他自己的成长和发展的更为重要的工作；另一方面，它是促进下级成长的一种必要措施。

## 四、授权的内容与方式

### （一）授权的内容

领导者的工作千头万绪，究竟哪些应由其亲自去做，哪些可以授权下属去做呢？

#### 1. 领导者职责范围内的大事是不能授权的

首先，领导者应该明确，领导者职责范围内的大事，只能由领导者亲自去做，而不能授权下属去做。下面这些事务就是不便授权的：确定组织目标政策；制订组织的计划；核定工作成果；干部的培养与激励；工作人员的考核与奖励；与下属做有计划的接触等。如果这些重大事情授权让下属去做，就会造成领导者的"大权旁落"。此外，也不能将自己职责范围以外或界限不明的工作授权给下属去做，这也会造成相互扯皮、责任推诿、越权争权、闹不团结等问题。

#### 2. 从时间维度上看，领导者可以授权的内容

领导活动的过程，从时间维度上可以分为四个阶段：一是认知，包括调查现状，预测未来；二是决策；三是组织实施；四是检查评价。在这四个阶段中，决策是关键，应由领导者亲自去做。但决策是一个漫长的过程，涉及问题诊断、拟订方案、认证研究等过程，这些都可以授权下属和参谋人员去做；但确定目标、选择方案则必须由领导亲自去做。另外，认知、组织实施、检查评价三个阶段中的许多工作都可以授权下属去做，但是领导者也要抓其中的关键环节。

在认知阶段，领导者要抓调查研究的组织工作，包括确定调查研究的内容、时间、地点及调查研究人员。调查之前不要授意调查人员先定调子，一切结果应产生于调查之后。

在决策的组织实施阶段，许多工作也都可授权普通员工去做。领导者的责任主要是组织员工去实施。重点在"组织"二字上，如建立机构、选用干部、指挥协调等。

检查评价阶段是整个领导过程中承上启下的一个阶段，领导者要用较多的精力去抓好。其中具体的检查督促、定量考核等工作可让下级去做。

3. 从空间维度上看，领导者可以授权的内容

一般说来，事关全局的工作、中心工作应由领导者亲自抓，而部门工作、局部工作应授权下级管理人员和普通员工去做。众多的日常工作，包括迎来送往、日常的管理可以授权下级去做，有章可循的问题一律授权下级处理，领导者应集中精力处理重大问题和突发问题，处理那些无章可循、下级不知如何处理的例外问题、困难问题。

领导者应该把下级管理人员和普通员工感兴趣、乐意去做而又有能力去做的工作授权他们去做。授权者应考虑被授权者的能力、体力界限，低于他们能力和体力下的工作授权起不到激励作用，大大超过他们能力和体力外的工作授权则使他们无法完成任务，最好是把稍稍高于他们能力和体力的工作授权他们去做。

**（二）授权的种类**

1. 事业部制授权

西方国家推行的事业部制也是一种授权方式。事业部制的实质是强调"集中决策，分散管理"，将经营决策与具体管理区别开来，使经理阶层摆脱日常的管理事务，从而致力于研究和制定各种经营政策；而各个事业部担任日常的生产、销售等具体管理工作。

2. 以利润计算为中心的授权

以利润计算为中心的授权，即授权下属拥有对收入与成本项目的决策权。因为，利润等于收入减去成本。为此，控制了收入与成本，也就是控制了利润，此种授权行为是最高程度的授权。

此外，在教育、事业单位可以推行"以责任为中心"的授权。此时，被授权者拥有完成该项工作的责任及权力。

总之，要按照组织的性质确定授权的种类与内容。

**（三）授权的方式**

授权的目的在于使组织内部的人力资源能够在其所担负的组织层级上发挥其最有效率的能力，以达到组织的远大目标。

授权的方式方法应视任务的重要程度及被授权者的工作能力和管理水平而定，具体有以下几种方式。

1. 充分授权

充分授权是在任务下达后，允许下属自己决定行动方案，并创造所需要的一切条件。

2. 不完全授权

不完全授权是指有些行动方案与需要的条件是事先规定好的。

3. 弹性授权

弹性授权是将某项重要职权分解后,授予两个或多个子系统,使子统之间互相制约、互相补充,共同作用,避免出错,协同完成授予的职权。

4. 任务式命令

授权命令是要明确做什么,如何做则由被授权人自己去考虑。授权的前提是被告知要达成的任务、解决的问题、必要的限制、可利用的资源等。

## 五、授权过程的四个阶段

1. 第一阶段,授权者得到反馈信息

授权者得到下属已理解所授权责的反馈信息,领导者有责任肯定接受授权的人已经正确地理解和解释了被授予的任务,确切地知道了期望他的成果是什么、在什么时候完成。在任何情况下,都要让接受授权、指示或信息的人把他对授予任务的解释,以及他所承担的领导所期望结果的责任,以恰当的形式复述一下。

2. 第二阶段,形成目标定势

领导者在授权时,往往是向下级讲解了许多完成任务的细节,但却忽略了阐明与提出最终目标、最终成果。由于被授权者只知细节、具体措施而不知终极目标,所以这项授权的效果可能是很小的。反之,在详细讨论授予任务的细节之前,以明确的语言阐明所要达到的最终结果,那么,这项授权的效果往往大得多。从心理学的角度来看,这就是有无目标定势的作用。有了心理上对一定目标的准备,其行为的目的性与效果就好,反之则差。

3. 第三阶段,放手让下属去做

放手让下属自己动手做,下属会觉得对自己的工作也有了若干控制权,从中可获得更大的独立感。当已经授权给下级,下级已经承担了取得成果的责任,知道了时间进度要求、进展报告的要点、所期望绩效的标准等,领导就应该尽可能地放手让下级自己去工作。在此,授责不授权的做法是错误的。"放手"的意思就是要授责又授权,否则就谈不上"放手"。授予下属的权力要同肩负的责任相称,绝不能要人家履行职责又不给人家必要的权力,这就是权力和职责的不对等。

当然,放手并不等于放任不管、不加监督。放手以后仍要授权留责,如果出了什么大事,仍保留领导者的责任。

4. 第四阶段,不断跟踪考评

当下级理解并承担了取得成果的责任,接下去取得绩效的代价便是持续不断地跟踪检查。领导者始终有必要进行定期的跟踪检查,以便确定工作的进展是否同已定的时间进度和标准相符合,有无必要对工作做出某些调整,要采取怎样的创新措施或怎样的纠正措施。

如果有些领导对自己所做的授权疏于检查,那么其结果就会是下级的松弛、懈怠,工作就会被拖延。

## 六、领导者在授权中的两种心理倾向

领导者在授权中易产生两种不正确的心理倾向:授权不足与授权过度。

### 1. 授权不足的心理倾向

授权不足，或者根本不授权的领导者是常见的。他们自己事必躬亲，不懂得怎样有条不紊地分层次管理人与事，这是衡量领导者组织能力强弱的标志之一。他们往往自己负责过重，使下属处在无所事事和事事请求的状态中。这种心理既不利于人才培养和储备，更危及事业。

### 2. 授权过度的心理倾向

授权过度等于放弃权力，领导者必须仔细考虑事权轻重，某些权责必须自己保留。

领导者要懂得责任的绝对性。虽然职责可以被分派给下级，但自己对上级的责任却既不能分派也不能委派，领导者要保留自己的权责才不至于产生授权过度的倾向。

针对授权过程中领导者的授权不足与授权过度两种心理倾向，领导者要做到"大事不糊涂，小事别找我"。前者是指重大事件下属要及时向领导请示汇报；后者是指下属在职权范围内要自行处理问题。这样做既防止了授权过度，也避免了授权不足的缺陷。

## 七、领导者在授权中的心理障碍

对授权进行的心理分析表明，能否处理好授权的关键是领导者能否清除自身主观上的心理障碍。

### （一）事无巨细型领导者的心理障碍

这些领导者忘了自己的身份，总是喜欢插手下属的工作。他们经常到基层视察工作，甚至亲自动手去做那些有人负责的工作。这些领导者好包揽一切，不喜欢下属在自己职权范围内主动地做一些工作。

事无巨细型领导者一方面是不相信下属的能力与表现，死抱权力不放，认为权力一下放，就要失去一切。另一方面，这样的领导者没有勇气进行人才投资，使下属更好地发挥作用；他们担心把下属培养成了能干的人才，威胁到自己的"宝座"。这是"有权就有一切，无权丧失一切"的观念在作怪。

总之，身居负责地位的领导者，如果不相信下属，就很难培养出人才来，也无法做好工作。

### （二）疑人型领导者的心理障碍

授权本身是领导者与下属之间相互信任的表现。有的领导虽然授了权，但又不愿意相信下属，因而称之为疑人型领导者。

用人多疑，从形式上看表现虽然多种多样，但从原因上看，却不外乎三种：第一种认为，人有缺点，不堪重任；第二种认为，人有过失，不能信任；第三种则是领导者从权术的角度考虑且认为，人有野心，自己会大权旁落。

疑人型领导者经常信不过所用的人，派自己信得过的人当"监军"，或不断地派"调查组""蹲点组"下去贯彻"精神"；时常否定下属报告上来的成绩，这就会让下属有被掣肘的感觉。长此以往，就会使上下级间产生隔阂，矛盾尖锐。由于上下级之间全靠相互信任、相互支持这根支柱维系着，倘若上级对下级产生忌疑，势必使下属感到缺乏安全感，进而产生强烈的不安，于是双方戒心甚严，矛盾日趋恶化。

消除以上心理障碍的关键是要让领导者做到"疑人不用，用人不疑"。

当然，除领导者本身的心理障碍之外，也存在着来自下级对授权的心理障碍，其主要表现为：想走捷径，不愿承担责任，凡事找领导决策；害怕批评；缺乏训练，有畏难情绪等。

## 第二节 领导者的人际关系

人际关系是指在共同的活动过程中可以直接观察到的人与人之间的关系。两个人之间的关系可以是亲密的、疏远的、敌对的。显然，不同的人际关系会引起不同的情感体验，影响领导者与下属的心理距离。

领导者通过管理、指挥、劝告、教育等行为会使下属产生尊重和服从的反应，通过帮助、支持、同情等行为会使下属产生信任和接受的反应，从而缩短领导者与下属的心理距离；反之，若领导者对下属采取攻击、惩罚等不友好的行为，就会引起下属的敌对、反抗、拒绝、不信任、自卑等反应，从而使领导者与下属之间的心理距离拉大。总之，在领导者的人际关系中，应以正确的行为来引发下属的积极行为反应，力求避免错误行为导致的消极行为反应。

### 一、领导者的人际吸引

领导者应该具有很强的人际吸引力，能使周围的人们感受到来自领导者的关怀，从而缩短领导者与被领导者之间的心理距离，融洽上下级关系。

领导者是否具有较强的人际吸引力，同领导者的个性特征有关。领导者在实际工作中，在处理人际关系上，应该具有人缘型的个性特征。这些特征表现为：尊重他人，关心他人，对人一视同仁，富于同情心；热心事业，对工作认真负责；持重，耐心，忠厚老实；热情开朗，喜欢交往，待人真诚；重视自己的独立性，有谦逊的品质；有多方面的兴趣与爱好；有审美的眼光和幽默感；温文尔雅，端庄。

领导者要用自己的才能去吸引下属，只有当下属对领导者的才能非常欣赏，并发自内心的钦佩时，才愿意与之接近，这时的领导者才具有真正的吸引力。

领导者要想使自己具备更强、更广泛的吸引力，就应该多与群众接触与交流。但是，领导者往往容易同空间距离较近的人成为知己。而作为一个领导者，如果人际关系的接触面太狭窄，仅局限于空间距离较近的人，是很不恰当的。领导者同不同层次的下属的心理距离是不相等的，因而远离领导者的下属会有"领导者高高在上，缺乏吸引力"的感觉。改进的办法是领导者应尽一切可能增加人际接触与交流面。

### 二、领导者与下属的人际关系

#### （一）下属的支持是巩固领导地位的重要因素

领导地位能否巩固取决于下属是否支持，其重要性几乎占到了70%。有时，虽然领导者本人的能力极为平凡，但由于他能非凡地发挥部下的能力，终会为企业创造巨大的价值。

一个理想的领导者，他应该是能让各方面的专门人才成为自己所在组织的优秀带头人，并使能力比自己强的人都能很好地团结在自己的周围，让他们心情舒畅地工作，以集体的力量和他们的支持来成就自己的事业。

由此，可以认识到，只要得到部下的支持，即使普通的人也能当上出色的领导。而没有部下的支持，即使多么了不起的人物，也将从英雄的宝座上坠落下来。

卡耐基的墓志铭是这样一段话："这里长眠着一位善于同才干高于自己的人一道工作的强人。"

### （二）领导者与下属间的依存性与行使权威的关系

在现代社会的工作群体中，领导者与下属的依存程度极高。下属要依靠他们的上级主管才能满足自己的需要，达到自己的目标；领导者也要依靠下属才能达到自己个人的目标与组织的目标。个人对他人的依存会使个人心理上得到一种满足，个人能够受到充分的照顾，从而产生安全感。但是，在上下级之间，既要有依存的一面，又要有独立的一面。下级对上级要有依存，要服从权威、服从组织命令，这样才能贯彻上级意图，执行上级的方针、政策。但是，下级也要有独立的一面，即遇事要问一个"为什么"。因为上级的指示也有错的时候，这就需要下属进行独立思考；即使上级的指示是正确的，下级在具体贯彻时，也要根据具体情况，独立思考加以贯彻。

上级有时喜欢下级对自己有较多的依存性，也就是说能听话、言听计从；更有的领导者，要求下级对自己唯唯诺诺，不喜欢下级有独立性。正确的选择是，上级应该要求下属既有依存性又有独立性。在领导者的自我训练中，缺乏独立性的人要加强自立和独立思考的能力；反之，缺乏依存性的领导者要加强组织纪律性的严格训练。

## 三、领导者与上级的人际关系

### （一）作为下级的领导者，怎样才能自用其才

首先，要善于将自己的见地用一种能为上级所接受的方式提出来。

其次，要做到使上级不疑。一般的领导者最忌学识、能力强的下级蔑视自己，对于清高孤傲、目中无人、锋芒毕露的下级往往存有戒心，甚至会萌生走马换将的想法。炫耀于外表的才干固然令人赞美，而深藏未露的才干则能带来幸运。

最后，要经受得起一次乃至多次不恰当的批评或暂时的冷遇。但倘若被这些东西牵着鼻子走，结果不是大吵一场后消极怠工，便是在不断叹息中蹉跎时光，使情绪波动、精力消耗。

### （二）领导者怎样协调与上级的人际关系

首先，要尽可能地了解上级。作为下属应该准确地知道上级的长处和短处，以及上级的工作方式和生活习惯，尽量展其所长、避其所短，使上级不仅愿意，而且能够有效地支持自己的工作。为此，下级对上级要做到以下几点：根据上级的不同特长，主动寻求有效的支持；区分上级的长处和短处，灵活掌握汇报的方式和分寸，从而寻求尽可能多的支持和帮助；尽量适应上级的工作方式和生活习惯，这是提高工作效率、充分调动上级积极性的有效方法。

其次，要尽可能地尊重上级。作为下属，最重要的一条就是要尊重上级，努力获取上级的信赖和理解，这是避免上级产生心理屏障的重要因素，也是有效地协调上下级关系，使上级愿意积极帮助和支持自己工作的重要前提。尊重上级不仅仅是一种态度上的表示，更要体现在下属的思维方式、行为方式和心理活动上。

再次，尽可能地消除认识与行为上的误差。作为下属应该准确理解上级在宏观和整体上的指导思想和战略意图与自己在微观和局部上的指导思想和战略意图，存在多大的认识误差和行为误差。在此基础上，尽力拿出使两者趋于一致或基本接近的可行性方案，这是使上级能够帮助下属的又一重要环节。

最后，尽可能地使上级理解自己。作为下属，应该运用有效的方式方法，使上级了解自己工作的重要性和可行性，理解自己的战略意图，这是使上级愿意帮助下级的重要心理基础。此外，下级可采取反复强调法、侧面疏通法、实绩启迪法、时势催逼法等帮助上级理解自己。

## 四、提高与改进领导者人际关系的途径

### （一）领导者要善于自以为非

领导者要善于自以为非，才能处理好人际关系；反之，总是自以为是的领导者是处理不好人际关系的。人总是怕别人揭自己的短处，领导者也一样。当有人揭出领导者的短处时，领导者就应该进行反思，这叫作自我启发。缺点被公开是一件难堪的事情，但若能冷静地接受，并使其成为反思的机会，这就证明已经从容地迈出了克服缺点的第一步。

### （二）领导者要通过主动接触改善人际关系

人际关系只有通过人与人的实际接触才能得到改善、培养与发展。各级领导者所处的领导地位不同，所接触的人的范围也不同。任何一级的领导者由于工作性质的局限，接触到的人都是有限的，因而要实现人际关系的融洽就要发挥自己的主动性。从领导者与下属接触量的大小，能看出和评定领导者人际关系的疏密程度。

### （三）领导者要学会角色转换和换位思考

作为领导者，要学会把自己当作下属进行角色转换和换位思考。这是因为，站在上级的立场考虑的方针、政策有时并不符合下级的需要。如果一位领导者经常能把自己当作一位普通的员工，设身处地地想员工所想、做员工所需要的事，那么，他的所作所为定能取得很好的效果。

### （四）领导者要勇于坦露自己的不是

领导者与他人相处，由于各人所站角度不同，所以会发生如图10-2所示的情况，即双方都存在着别人看得见与看不见的地方。图中 A 区为双方都能看得见的区域，也即人际交往中的暴露面；B 区为他人看得见而领导者隐藏看不见的一面；D 区为双方都看不见的隐藏面；C 区是领导者看得见而他人看不见的方面。

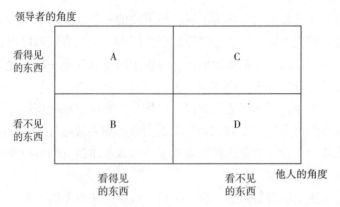

图 10-2　领导者人际交往中的暴露面与隐藏面

领导者在与他人交往中要尽量做到缩小 D 的部分，即作为领导者要有勇气向别人坦露只有自己知道而他人不知道的事情。领导者做了错事，不要存在"别人能知道吗？大概不会知道吧！"的侥幸心理，试图掩盖和逃避都是不对的。B 区则提示领导者，自己不懂而别人懂的，要尽量请教于人。而 C 区则告诉领导者要把自己看得见的内容与下属分享，特别是关于战略、愿景、决策等一些高层面和宏观的内容要经常跟下属沟通，让他们理解、认同自己的思想和行为。想要处理好人际关系，领导者与下级之间要互相学习。

## 五、领导—成员交换理论

### （一）领导—成员交换理论的内涵

领导—成员交换（Leader-Member Exchange）理论简称为 LMX 理论，这一理论又称为二元角色塑造理论，或垂直二元联结理论。这一理论最早是由葛伦（George Graeo）于 1975 年提出的。这一理论描述了领导者如何与各种下属发展不同的交换关系。其目的是建立有效的领导者与下属间的二元关系，认识领导者与下属之间的相互影响过程以及领导者与单个下属之间的角色塑造过程。

领导者与下属之间可以存在高质量与高水平的交换关系，也可能只存在低质量与低水平的交换关系。只有当领导者与下属的交换关系达到一个顶点，即存在高程度的相互依赖、信任和支持时，领导者与下属间的交换质量与水平才会达到一个新的高度。

### （二）领导—成员交换理论的关系类型

领导者与下属的关系可以分为两大类型：内集团关系与外集团关系。以扩展的职责和协商达成的职责（额外职责）为基础的关系，称为内集团关系；以正式雇用合同（规定的职责）为基础的关系，称为外集团关系。属于内集团关系中的下属为圈内人（In Group），属于外集团关系中的下属为圈外人（Out of Group）。

实际上，领导者的时间与所掌控的公共资源都是有限的，所以，领导者仅同一小部分忠诚于自己的下属建立特殊的交换关系。内集团关系是以相互信任、尊重、喜欢和相互影响为特征，交换关系的基础是个性的相容以及下属的能力和对领导的依赖程度。作为内集团的圈内人可以得到更多的信息、自信、关注及领导给予的利益。当然，为了获得更高的地位、影响和利益，高交换关系的下属负有额外的义务和成本。与上级建立了高质量交换关系的下属，是上级最可靠的助手，承担着超越工作岗位上规定的工作职责。与此相应的，他们会得到更多的资讯与回报，获得领导者的高度信任和尊重，以及晋升机会。显然，圈内人获得的利益明显多于他们的付出，这样会造成偏护、偏私及不公正感的影响。

与上司仅有低质量交换关系的圈外人，他们仅仅是雇来的人手，外集团关系是以工作描述的正式交流为特征，上级只要求其完成基本的工作任务，保持正式例行的交换关系。

### （三）领导—成员关系发展的三阶段模式

领导者与所有下属建立关系都要经过三个阶段，故这种模式称为领导—成员关系发展的三阶段模式，又称为领导制作（Leader Making）理论。这一理论表明，领导者在努力与组织内所有成员都建立有效的双向交流时需要经历三个阶段，即陌生人（初始尝试）阶段、相识阶段、成熟的合作阶段。

第一阶段是陌生人或初始尝试阶段。在这一阶段中，领导者与下属之间相互评价动机、态度，以及双方交换潜在资源。在此阶段内，领导者、下属双方只有契约关系，是低质量的交换关系，下属指向的都是个人利益。

第二阶段是相识阶段。这一阶段主要是建立相互的角色期望。在这一阶段中，领导与下属之间相互给予，分享资源，增强彼此间的信任与尊重。如果此阶段的交换安排妥当，双方之间会取得信任，忠诚和尊重将会得到发展，交换就算完成了。

第三阶段是成熟的合作阶段。在这一阶段中，领导与下属之间有高质量的交换活动，除了双方相互信任、尊重和负有责任外，这一阶段主要是实现群体与组织的利益，自我利益交换的动力转换为支持实现工作单位目标的使命。

经过上述的三个阶段，领导者完成了由交易型领导向变革型领导的转化。

由此可见，LMX 理论具有两大核心特征：一是强调有差别的垂直对偶关系。传统理论认为，领导是以同样的交换方式对待他的下属；LMX 理论则认为领导与下属之间会有远近亲疏的不同关系。二是从交换的视角来描述领导者与下属的关系。上下级关系是以社会交换为基础的，一方必须提供另一方认为有价值的东西，这样双方都认为交换是公平合理的。

### （四）LMX 理论的积极与消极意义

LMX 理论的积极意义在于，它是一个强有力的描述性理论。此理论将领导者与下属的双向关系作为领导过程的中心概念加以阐述，强调有效的领导取决于有效的领导-成员之间的交换。这一理论强调领导过程中交流的重要性，只有当领导者与下属间的交流呈现出相互信任、尊重和承诺的特征时，才会产生有效领导。

LMX 理论的消极意义在于，它过分强调将关系作为一种能持续交换利益的友谊。在这种关系中，双方要承诺会给对方带来好处，因而关系帮助组织或个人降低了交易成本，提高了效率，并作为竞争资源的成本。但这种关系也折射并助长了社会中的腐败现象。

## 第三节　领导者的决策

"决策"一词是根据英语 Decision Making 翻译过来的，通俗地定义决策，就是"做出决定"的意思。心理学中定义决策是强调对于一个缺乏确定性情境的事情的抉择反应。决策的中心问题是解决事情（或事件、对象）本身的先验的不确定性。因为，如果对于某项事件只能有一个抉择，那么在这种情况下根本没有任何其他选择，从而也就没有决策的问题。在这种意义上，决策是对不确定性事件的选择反应。选择的结果可以是获得了最佳的方案，也可以是选择了失败的方案。

在任何一个企事业单位中，决策都是行为的选择，而行为是决策的执行。实际上，如果决策合理，执行起来就顺利得多，效率也会提高。反之，决策不合理，甚至是错误的，那么执行起来就困难，效率也会大大降低。

从心理学的角度来看，人是决策中的主要成分，而计算机仅仅起辅助作用。决策是需要人进行的创造性活动，决策过程还带有情绪色彩，这些都是计算机所不具备的。在现实生活中，机器只能起提供信息、提出参考意见的作用，而任何决策的最后"拍板"都是由人做出的。在实际工作中，任何决策也都是由领导或领导班子集体确定的。

## 一、决策的种类

从不同的角度看，决策有不同的分类。

### （一）程序化决策与非程序化决策

程序化决策（Programmed Decisions），是指按照事先确定的指导原则进行常规性决策。

非程序化决策（Non-Programmed Decisions），是指没有现成的方案可以利用，面临的问题情境极其混乱，结构性差，为此需要采用新颖、创造性的方案进行决策。这种形势下进行的决策就是非程序化决策。

程序化决策与非程序化决策的差别见表10-1。

表10-1 程序化决策与非程序化决策的差别

| 变量 | 程序化决策 | 非程序化决策 |
| --- | --- | --- |
| 任务类型 | 简单、常规性的 | 复杂，有创造性，独特，全新 |
| 对现场方案的依赖程度 | 相当程度上接受过去决策的指导 | 不能从过去的决策方案中获得指导 |
| 决策主体 | 低层员工（单独决策） | 高层主管（通常集体决策） |

### （二）确定性决策与不确定性决策

区别确定性决策与不确定性决策的变量有四项：决策的风险性、决策结果的认知、决策结果的概率以及信息来源。表10-2反映了确定性决策与不确定性决策的变量差别。

表10-2 确定性决策与不确定性决策的变量差别

| 变量 | 不确定性决策 | 确定性决策 |
| --- | --- | --- |
| 决策风险 | 高风险 | 低风险 |
| 决策结果的认知 | 完全不确定（结果未知） | 完全确定（结果已知） |
| 决策结果的概率 | 低 | 高 |
| 信息来源 | 客观信息 | 主观信息 |

由表可见，不确定性决策具有高风险、认知的不确定性、决策结果的低概率等特征。确定性决策则具有低风险、认知的确定性及决策结果的高概率等特征。

## （三）理性决策与印象理论决策

根据决策的特征与方法又可分为理性决策与印象理论决策。

理性决策的特征是寻求完美的决策方案，是一种理想的最佳决策，精确而不带偏见。但事实上，人们只能达到有限的理性，达到完全理性的决策是不现实的。有限理性决策的过程如图10-3所示。

图10-3 有限理性决策的过程

西方现代决策理论学派代表人物是诺贝尔经济学奖获得者——卡内基·梅隆大学的赫伯特·西蒙（Herbert A. Simon）教授。同时代的还有伯纳德（Bernard）、马奇（March）等学者。1977年，西蒙的《管理决策新科学》问世，这部著作以及此间其他人的研究成果，都是研究组织决策的先驱之作。

西蒙教授认为，决策贯穿管理的全过程，因而管理即决策。西蒙是现代决策理论学派的代表人物。西蒙同时又提出了有限理性决策理论。他认为，在选择决策方案时，应以满意原则代替最优原则。古典经济学派把经营决策看成是脱离实际环境的"经济人"，是理想化了的人，而传统的最优原则只是纯粹逻辑推理的产物，其实用意义不大。决策者应当是"管理人"，选择决策方案只要求达到满意目标即可，故称为有限合理性原则，或称为甚优原则。人们在实际生活中，就是要遵循这个原则。例如，在购买商品时，希望所购商品是最好的，但总不能走遍所有商店，挑选全部商品后再决策。事实上只是挑一个认为满意的商品就可以了。总之，最优是一个理想化的标准，满意才是有实际意义的决策原则。有限理性决策强调的不是最优，而是满意解决。满意解决是指一个可以接受的但不是最优的目标或备选方案。这一方案更容易确定和达成，更少争论。

有限理性决策理论告诉人们：决策能满意即可，最佳、最优是困难的。

印象理论决策，即利用直觉的方式进行决策。这种决策是以无意识的、直觉的方式进行的。这种决策的依据是过去决策的成功经验与失败教训。这种决策要经历两次检验：一致检验与利益性检验。前者主要考察是否与主观印象相一致，称为一致性检验；后者主要考察是否与自己的原则相匹配以及匹配的程度，称为利益性检验。

## 二、决策过程

### （一）决策过程

①明确问题；
②确定目标；
③进行预决策（确定决策程序）；
④确定备选方案；
⑤评价备选方案；
⑥进行决策；

⑦决策执行；
⑧跟踪反馈。

**（二）决策过程的三个阶段**

决策过程包括人的心理过程与个性心理的各个方面。就决策的全过程来说可分为问题识别、问题诊断与动作选择三个阶段。

1. 问题识别阶段

问题识别过程如图 10-4 所示。

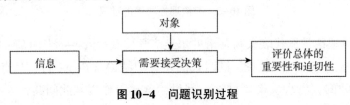

图 10-4　问题识别过程

这一阶段的主要内容为信息输入和情境监视。通过问题识别阶段，可以判断需要决策的问题到底是否存在，也就是说，有些问题根本是不必由领导者来决策的。如果确实存在需要决策的问题，那也应该明确这些问题的性质、重要性与迫切性。

那么，哪些问题需要由领导与技术专家来决策，哪些问题由下级自己讨论协调解决即可，哪些问题根本不需要决策而是属于技术性的枝节问题呢？

决策问题四分图可以帮助判断上面所提出的问题，如图 10-5 所示。其中的认可维度有九等，并且有两个参数，一个是问题质量维度（Quality，简称 Q 因素）；另一个是认可维度（Acceptance，简称 A 因素）。下面来分析领导者应该如何根据这两个维度的水平来进行决策的选择。

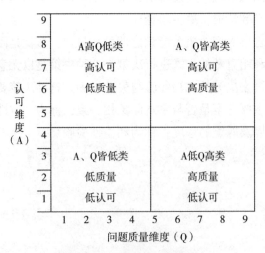

图 10-5　决策问题四分图

如果遇到 A、Q 皆低类问题，也就是说这类问题与个人、企业利益关系都不大，即问题的质量维度很低，下级对此类事件的认可维度也很低，那么这种性质的问题领导者根本不必去讨论，也不要去参与，而是随机决定就可以了。例如，单位里面要排值班名单，电话线的架设是 A→B→C 还是 C→B→A？此类问题，领导与技术专家都不必参加，而交给行政人员安排就可以了。

如果遇到 Q 低 A 高类问题，也就是说这类问题与单位利益、前途、发展方向都没有太直接的关系，但是与个人利益是密切相关的。例如，单位里来了一辆新卡车，谁去驾驶较合适，这类问题领导者可以放弃决策。因为这件事同驾驶员们的利益密切相关，为此，由司机们协商解决最好。

如果遇到 Q 高 A 低类问题，也就是说这类问题与单位利益、发展前途有紧密联系，但是同工人的利益没有直接的关系。例如，工厂里原料的来源、产品销售的情况、技术专利权等问题，这些都要靠领导与技术专家来决策，在这种情况下领导者就要进行企业的经营决策、行销决策等。

如果遇到 A、Q 皆高类问题，也就是说这类问题与单位发展、利益紧密联系，又与工人的利益直接有关。例如，要决定企业的生产指标、质量指标、操作方法、改革等重大问题，此时，不仅要由领导与技术专家一起讨论决策，同时还要发动群众一起讨论，吸收他们意见中的合理部分作为决策的参考。

2. 问题诊断阶段

问题诊断过程如图 10-6 所示。

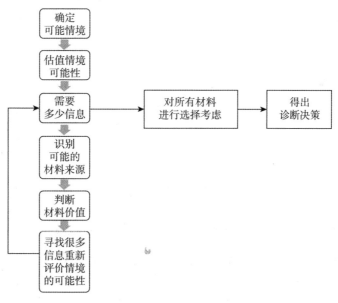

图 10-6 问题诊断过程

问题诊断阶段在某种意义上说是决策过程的关键阶段，在这一阶段中要求领导者能从众多的问题情境中寻找出最优的决策方案，这在很大程度上取决于领导者对所决策问题性质的正确判断，以及决策时如何采取正确的方法与技巧。在这方面有以下几点值得考虑。

（1）首先要确定问题的性质。领导者必须清楚地意识到所面临的问题是例常性问题还是偶然的特殊事件，因为对于例常性问题是不需要决策的，处理这类事件有规律可循。例如，对于给逝者家属该发多少抚恤金等问题，不需要领导作为特例来决策。但是，对于真正的偶然的特殊事件就需要领导决策，采取政策、原则、规定上可能并没有的办法来特殊处理。例如，发生了天灾、人祸，急症病人要动手术而又付不出住院费等。总之，领导者要学会确定问题的属性，如果类别搞错了，那么决策也可能出错。

这说明，真正需要决策的问题是重大的、带有方向性的问题，而例常事件按规则与政策就足以解决了。

（2）领导者在决策判断时，要始终明确自己的决策是否正当，而不必过多考虑是否能为人接受。因为每一项决策不可能达到让每一个人都满意的状态。如果一个领导者一开始就有"这样做恐怕别人不肯接受吧"的顾虑，那决策就永远不会有结果。

3. 动作选择阶段

这一阶段实质上是决策的执行阶段，其过程如图 10-7 所示。

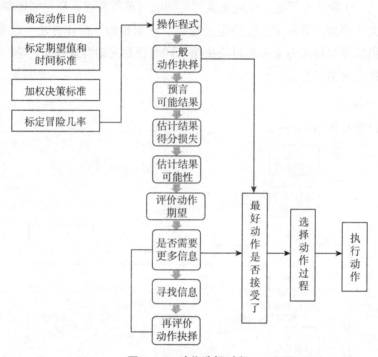

图 10-7  动作选择过程

如果说考虑边界条件是决策过程中最难的一步，那么化决策为行动则是最费时的一步。决策不能付之于行动，那便是纸上谈兵。

化决策为行动是要由人来实现的，为此，领导者要明确：谁应该了解此项决策？应该采取什么行动？谁来采取行动？这些行动应该如何进行才能使实施的人确实能实施？

可见，能将决策的执行整合于决策本身是不容易的。领导者在决策时，同时应该考虑到某一项决策需要怎样的行动承诺，需要怎样的工作划分，以及使用什么样的人才去实施决策。

最后，信息反馈也应包括在这一阶段内，也就是说，应在决策中建立一项信息反馈制度，以便对决策所预期的成果做实际的验证。

## 三、决策风格

### (一) 决策风格类型

决策风格（Decisions Style）是指决策存在着显著的个体差异。

一般存在着以下四种明显个体差异的决策风格：命令型、分析型、概念型、行为型。

命令型决策风格表现为喜欢简单、清晰的解决方法，并迅速决策。此类风格的决策者不会选出很多的备选方案，主要是依靠现成的规则进行决策。

分析型决策风格表现为愿意寻求复杂的解决方案，仔细对备选方案进行分析，从解决问题中得到乐趣，用创新的方法达到目的。

概念型决策风格表现为采取人文的、社会化的、艺术化的解决方法，创造性地解决问题，能从新思想、新理念的形成过程中获得乐趣。

行为型决策风格表现为关注所在组织，乐于帮助他人，乐于听取下属意见，期望通过会议讨论进行决策。

### (二) 风险决策的个体差异

任何决策都是要冒一定风险的，根据领导是否敢冒风险的程度，可以区别出三种不同的领导者决策类型。为了说明这个问题，可用一组效用曲线来表示三种决策类型，如图10-8所示。

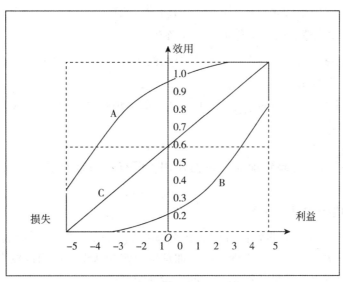

图 10-8 三种决策类型的效用曲线

"效用"在此处就是表示领导者对于风险的态度，而风险就是指失败与成功的期望值，反映在企业中就是对效益（损益）的期望值。不同的领导者对此会有不同的反应。

例如，在某企业中有一个机会，以 0.5 的概率可获得利润 200 元，但同时也可能损失 100 元。在这种情况下，有的领导者为了追求 200 元的利润，乐意承担 100 元的风险损失，而另外的领导者为了不损失 100 元，甘心错过获得 200 元利润的机会。

上述第一种类型的领导者为敢冒风险型，在图 10-8 中表示为 B 曲线。这种人追求大利、不怕风险、大胆进取，他们对利益非常敏感，对损失反应迟钝。

上述第二种类型的领导者为怕担风险型，在图10-8中用A曲线来表示。这种人不求大利、怕损失、回避风险、谨慎小心，他们对利益反应迟钝，而对损失非常敏感。

在图10-8中的C曲线代表中间类型的决策人，他们完全以损益的期望值的高低作为选择方案的标准。

### （三）决策中的框架效应与决策偏见

随着问题呈现的方式不同，人们有做出不同决策的偏向。问题呈现的方式是冒险，抑或规避风险，称之为风险选择的框架效应（Risky Choice Framing Effect）。以消极的方式或以积极的方式呈现信息，都会造成两种信息有本质上的认知偏差，从而造成决策偏见。

框架效应有三种，除上述提到的风险选择的框架效应外，还有特性的框架效应与目标的框架效应。

（1）风险选择的框架效应，是指呈现信息中强调否定框架，即避免损失，使遭遇风险的可能性最小；而肯定框架，即获得利益的可能性最大。在医院中医生希望病人死亡的可能性达到最小，而病人获救的可能性最大。

（2）特性的框架效应，是指对事物的特性是从积极或消极两个方面进行评价的，即有的从负面特性进行评价，有的则从正面特性进行评价。

（3）目标的框架效应，是指考虑问题的出发点不同，有的强调可能的损失，因而着眼于降低发现问题的可能性；有的则强调获得的利益，因而着眼于提高发现问题的可能性。

上述三种框架效应都会导致认识偏差，因而造成决策偏见。

### （四）依赖启发式造成的决策偏见与决策障碍

依赖启发式是指用简单的经验法则指导复杂的决策，这样也会成为决策的障碍。依赖启发式又可分为以下两种情况。

（1）可得性启发式（Availability Heuristic），这是指根据现成信息做出决策的倾向，也会增加决策的失误性。

（2）代表性启发式（Representativeness Heuristic），这是指团体的刻板印象推断。用经验法则简化复杂问题虽可起到辅助决策的作用，但有时却影响了决策质量，会形成决策偏见。

### （五）内隐偏爱所造成的决策偏见

决策者在决策过程的早期就已选定了内隐偏爱（Implicit Favorite）的方案作为备选方案，其他为证实方案。决策者从心理上以歪曲证实方案的认识来证明选择内隐偏爱方案是明智的，这样就会造成决策偏见，影响方案的决策质量。

### （六）承诺升级造成的决策偏见

承诺升级（Escalation of Commitment）是指进行错误决策的人为了证明先前决策的正当性而继续投入人力、物力来支持和执行这一错误决策的现象。这种自我正当化（Self Justification）现象会加深决策的偏见与障碍。

## 四、群体决策

群体参与决策有其优点，但也存在潜在的问题。群体决策的优点是能集中智力资源，实现劳动分工，具有可接受性。

群体决策的潜在问题是会浪费时间，引起人际关系紧张，群体冲突。群体决策时会产生群体盲思现象。因为群体凝聚力过于强烈，个体由于害怕与群体意见不一致而受排斥，因而不会对问题提出质疑，也不会有批判性反思，而是采取自我封闭的态度。因此，群体内部的高度一致会阻碍成员对群体行为进行质疑，群体盲思会使决策质量下降。规避群体盲思的策略是要开放言路、利用群体、容忍缺陷。

为了发挥群体决策的优点而规避其问题，需要提高群体决策技术。有两种方法有利于提高群体决策技术：德尔菲技术与名义群体技术。

德尔菲技术又称专家法，是指由专家集体做出决策。

名义群体技术又称机构化的群体会议（Nominal Group Technique，NGI），其中要求决策者召集 7~10 人面对面地开会，会议允许成员自由地表达观点并做出评价。NGI 中一般采用阶梯技术进行决策，其步骤如下。

（1）召集群体开会，确定讨论规则，明确讨论的问题。
（2）成员独自写下自己的解决方案。
（3）陈述自己的方案，用表格形式展示。
（4）讨论一个方案，使其清晰化并进行评价。
（5）按自己的认可程度对方案进行排序，进行无记名投票。
（6）总排名最靠前的方案就是群体决策方案。

## 本章小结

1. 授权是将权力与责任授予下级，使下级在一定的监督下有相当的行动自主权。现代领导体制的特点是权力要向下分散，责任要向上集中，权力可以分散给下属，但领导的责任并未减轻。

2. 领导者在授权时有两种心理倾向：授权过度与授权不足。

3. 领导者应有很强的人际吸引力，让周围人们感受到关怀，以利于缩短领导者与被领导者之间的心理距离，融洽上下级关系。

4. 领导者在处理与上级的关系时要尽可能地了解上级、尊重上级，消除与上级的认识与行为上的误差，并尽可能地使上级理解下级。

5. 领导—成员交换理论（LMX）描述了领导者更偏爱群体中的某些成员（内集团），对另一些成员（外集团）则相对冷淡，结果是内集团的员工在工作上要比外集团的员工表现更好。

6. 决策可分为程序化决策与非程序化决策、确定性决策与不确定性决策两大类。根据决策的特征与方法又可分为理性决策与印象理论决策。

7. 决策风格存在明显个体差异，分为命令型、分析型、概念型和行为型。风险决策中的个体差异分为敢冒风险型、怕担风险型与中间类型。

8. 框架效应与依赖启发式会造成决策障碍，内隐偏爱与承诺升级也会造成决策偏见。

9. 群体决策的优点是能集中智力资源，实现劳动分工；缺点是会产生群体盲思（怕与群体意见不一致而受排斥），因而缺少批判性反思，容易采取自我封闭的态度。

**复习思考题**

1. 通过案例分析说明授权中的两种心理倾向——授权不足与授权过度的表现及其深层次的原因。
2. 试述提高与改进领导者人际关系的途径。
3. 根据领导—成员交换理论评述我国上下级关系中的"圈内人"现象。
4. 举例说明决策风格的个体差异。
5. 评价群体决策的优缺点。

# 第十一章

# 组织心理与管理（上）——组织、组织发展与变革、员工组织行为

**学习目标**

1. 了解组织结构的含义及特征。
2. 理解古典与现代组织理论的不同内涵并进行评价。
3. 掌握组织发展以及如何有效应用组织发展技术。
4. 认识组织变革，解释人们为什么反对组织变革以及如何克服这些阻力。
5. 掌握员工正向组织行为——组织承诺、组织忠诚、组织公民行为的内涵及其结构难度。
6. 了解负面组织行为（反生产工作行为）的表现及干预措施。

## 第一节　组织的一般概念

### 一、组织的任务与作用

组织是一个群体，它是一个由两个或更多的个人在相互影响与相互作用的情况下，为完成组织共同的目标而组合起来的一个从事有目的活动的单位。

管理心理学家巴纳德（C. I. Barnard）认为，"组织是一个有意识地协调两人以上的活动或力量的合作体系。"另两位管理心理学家孟尼（T. D. Mooney）和雷列（A. C. Reiley）则认为，"组织是为达成共同目标的人所组合的形式。一个组织群体如果想有效地达成其目标，就必须在协调合作的原则下，各人做各人不同的事。"

组织心理与行为的研究任务，就是利用群体中的组织结构与分工、权力与责任，以及信息沟通与人际关系的协调手段，调动组织内每个职工的积极性，保证组织目标的实现。

具体来说，组织的任务不外乎三条：规定每个人的责任；规定各成员之间的关系；调动组织内每个成员的积极性。

这正如管理心理学家艾伦（L. A. Allen）所提出的，"组织的任务是确定和组合所要完成的工作，限定和分派权责，并建立关系，使人员能有效地达成目标的过程。"此外，"为求达成某种共同的目标，经由人员分工及功能的分化，并利用不同的权力与职责而合理地协调一群人的活动。"

从以上组织的概念和任务中可以明确地看到，没有责任也就不存在管理，没有责任制也就不存在管理组织机构。正因为组织是一个群体，是一个大家为了共同的目标和利益汇集起来的组合体，企业中每个成员对这个群体都承担着一定的责任，大家共同努力，这就是组织的活动。责任的实质，就是企业对每个成员规定的应该担负的那一部分经营活动。为此，组织中的每个成员履行自己的责任就是一种组织行为。

## 二、组织的结构

组织的结构类型可分为初级的直线型、复杂的直线型、职能型、直线职能型。

（1）初级的直线型组织。这是指在组织者的领导下由按层次排列的人们所组成的群体，如组（队）、车间、工厂、部门、部等。

（2）复杂的直线型组织。这是指一切初级组织在领导者的带领下被结合（两个、三个等）成一些部门，这些部门又可同样地被结合成更大的组织单位。在直线型组织内，每个人仅有一个领导者，并且服从的路线是自上而下的，任何地方不交叉。军队是直线型组织的典型例子。

（3）职能型。职能型组织和直线型组织一样，存在着管理等级，但是组织的每一个环节按被执行的每个职能隶属于不同的领导者，因而这种组织的特点是具有多种从属状态。例如，高等学校都是纯粹的职能型组织。

（4）直线职能型。直线职能型组织是兼具直线型和职能型两种性质的组织。它的一部分工作人员仅隶属于一个人，其中线性原则占主导地位；而另一部分工作人员中，则是职能原则占优势，因而隶属于许多人。

当前，直线职能型组织最为流行。图11-1为企业中常见的直线职能型组织机构。

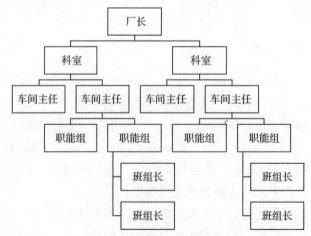

图11-1 企业中常见的直线职能型组织机构

在图 11-1 中，工厂的主要管理权力集中在厂长手里。厂部各职能科室和车间之间有业务指导关系，但并非上下级关系，原则上不直接指挥车间。除了在职责、职权所规定的范围内直接处理一些日常业务外，所有重要决定都要通过厂长，并以厂长的名义下达。车间主任要执行厂长的命令，并在车间内部行使集中指挥权，实行车间主任负责制，车间下属的班组（工段）同样要实行班长（工段长）责任制。层层负责，层层对上一级领导者负责，同时各部门、车间又相互协作，形成一个以完成企业目标为中心的并以厂长为首的行政指挥系统。

直线职能型组织结构的建立是由社会化大生产的客观条件所决定的，必须实行集中领导，建立以最高领导负责制为中心的具有高度权威的行政管理和生产指挥系统。

这种组织结构又称层峰管理结构，是一个宝塔形的上头小、下面大的层次分明、分工明确、上下左右内外一致的六面体。这种组织结构虽然职责分明，但层次多、机构臃肿，它是为了完成一定的目标而有意识地按计划组成的正规组织。它的特点是守纪律与服从，因而也难以调动与发挥下级的主动性、创造性，特别是无法满足人的心理上的高级需要。在这种组织结构中，决策是最高领导层的事，而工人只是按照组织确定的任务具体进行作业。

### 三、组织结构与管理的限度

管理的限度包括层次、幅度、距离等。因为一个人的能力与注意力总是有限度的，所以在管理上也要注意一定的控制限度。适宜的限度有利于发挥组织的作用，为此，企业的组织结构的设置必须考虑到这一因素。

按照分层领导的原则，在一个组织中要设立多个管理层次，一般大中型企业的层次为三级或四级，小型企业为二级。

幅度是指挥管理的面，指一个组织在正常情况下，一位管理人员管理多少人员。一般情况下，企业最高领导者所管理的下级人员以 3~6 人比较恰当，第一线生产班组所管理的下级人数以 10~15 人为宜，最多不超过 20 人。一般来讲，下级向上级汇报的人数是以算术级数增加的，而需要上级加以调节以及相互发生影响关系的人数，则是以几何级数增加的。

综上所述，如果在一个企业中管理层次过多，管理的幅度过宽、过广，无论是管理人员的精力、体力、心理、知识、经验，还是管理人员的品格与时间，都是难以顾及的。管理的层次只有在一个管理者监督下级的工作量超过自己的能力时，才有可能增加。

一个组织设立多少管理层次，无论幅度管得多么宽，距离拉得多么长，都要根据企业的具体情况而确定，不能一概而论。一般来说，层次过多，一方面，容易增加下级工作人员的压抑感，因为上面的领导过多，一起向下施压，下面员工应付不了；另一方面，原来应由下级承担的责任被上一级包揽了，难以发挥下级人员向上发展的积极性，整个组织机构的工作效率与经济效益也就无法提高。

减少管理层次、缩小管理幅度与距离有以下几个好处：一是在一个大房间里集体办公，每天上班谁到谁没到看一眼就知道了；二是领导布置工作可以随叫随到，无须转弯抹角；三是汇报工作、研究问题方便；四是领导与被领导之间有什么信息可以随时沟通，容易消除隔阂，增进感情，提高工作效率。

## 第二节 组织的古典与现代理论

### 一、古典组织理论

#### （一）法约尔原则

法国科学管理专家法约尔（Henry Fayol）在其古典组织理论中确定了以下几项原则。

（1）使用劳动分工，劳动专门化。员工只做他们做得最好的工作。

（2）管理人员对其下属具有职权，即有命令下属做组织所需工作的权力。

（3）等级链应该存在，其作用是使高层管理人员与低层工人之间保持联系。

（4）命令的统一。工人仅从一个人那里接受命令，以免造成混乱。

（5）赋予下属主动性。要协助下属拟订和实施他们自己的目标计划，以发挥他们的主动性。

#### （二）科层制理论

科层制理论（Bureaucracy Theory）是马克斯·韦伯（Max Weber）提出的有关组织结构的经典理论。根据这一理论可建立一个合理的结构，发展一些有效的指导原则，确保一个组织有序、高速地运转。运用这一理论，可以使无序、无效率的组织变为有序、高效运转的组织。

这些指导原则涉及劳动分工、授权、控制幅度、生产与职能职位。

（1）劳动分工。它是指组织专门化的工作职位，每一职位都负责不同的工作。研发、生产、销售、运输由不同部门的不同人员分别负责。其优点是每项工作所需技能少、培训费少，缺点是需要协调不同分工人员的活动。

（2）授权。处于金字塔顶层的人拥有终极权力和控制力。为此，每个人必须向下属授权以完成特定的工作。每个人都对自己职责范围内的任务和功能负责。

（3）控制幅度。组织中应该要有最佳控制幅度。幅度太小要设置太多管理职位，太大也会造成混乱。这关键取决于人员工作的熟练程度、管理者风格，其中参与式管理可有较大的管理幅度。

（4）生产与职能职位。不同工种、职位，如教师、医生、战士，可通过不同的选拔与培训方式确定职位与职能，并支付不同的薪酬。

根据科层制理论，可以设想一个理想的组织形式，其特征包括：有正式的规则和规章，非个人的对待，劳动分工，等级结构，职权结构，终身职业承诺，理性等，如表11-1所示。

表11-1 一个理想的组织形式所包含的特征

| 特征 | 描述 |
| --- | --- |
| 有正式的规则和规章 | 用书面指示控制人的行为 |
| 非个人的对待 | 避免偏爱，工作关系建立在客观标准之上 |

续表

| 特征 | 描述 |
|---|---|
| 劳动分工 | 职责分成专门任务，适合技能自由个体完成 |
| 等级结构 | 职位根据职权水平由低至高排列 |
| 职权结构 | 决策由等级中的个体职位决定，高职位者控制低职位者 |
| 终身职业承诺 | 职业是永久、终身的职责 |
| 理性 | 组织承诺以尽可能有效的方式达成目标 |

但是，僵化的科层组织结构会导致其自身具有 X 理论风格。在这种组织中每个人的工作被清晰地定义，个体较少有自主感、随意感，并受到了严密的监督和非参与式的管理。

## 二、现代组织理论

### （一）开放系统理论

组织是一个动态的不断变化的开放系统，也即组织是动态的、不断变化的。

组织是自我维持的，以一种连续的方式将输入转变成输出。组织的输入包括自然资源及熟练的劳动，通过培训与制造的转化，最后输出产品与报酬。

组织作为一个开放系统，还被环境中的各种力量所决定，其中包括社会趋势、经济变化、技术进步。因此，作为组织，它是一个经常变化的实体，一个经常变化的领域。

此外，作为一个开放性系统的组织，它是与社会、经济、文化的发展趋势高度相关的，如经济全球化、劳动力的多样化、新工作安排的发展、技术进步创造的新的组织形式等。

作为一个开放系统，卡兹和卡恩认为，组织应有以下十个特征。

（1）输入能量——雇用员工。
（2）转移能量——生产产品。
（3）输出产品——销售产品。
（4）事件循环——工作轮换。
（5）避免熵效应——保持盈利。
（6）输入信息——进行市场调研。
（7）动态平衡——平衡年度预算。
（8）专门化——创造专门化的工作头衔。
（9）协调和统一——管理雇员。
（10）等效性——运营组织有很多行之有效的方法。

### （二）社会技术系统理论

社会技术系统理论的含义是从组织环境中人与技术相互关系的视角看待组织中的人为何影响技术，技术为何影响人。这是一种规定性理论，其原理是为组织设计提供了指导性的原则。Tlish 与 Bamforth（1951）曾提出联合优化（Joint Optimization）与单位控制（Control of Variances）原则。联合优化原则是指在组织设计时就要考虑到社会和技术系统的匹配，即既要考虑人的因素，也要考虑技术因素。单位控制原则是指谁遇到什么问题谁就应当解决什么问题，在此强调自我管理与自主工作团队。

社会技术系统理论与Y理论相一致，其立足点是自主工作团队，给员工以自主感和随意感。社会技术系统理论作为干预措施，对组织在生产率、成本、缺勤率、离职率、态度、安全、质量等方面的绩效会产生正向影响。

## 第三节 组织发展

### 一、组织发展的一般概念

组织发展（Organization Development）简称为OD，它已成为管理心理学的重要研究内容之一。OD是研究组织机构怎样适应形势发展和生产任务扩大的要求，从组织结构上进行有系统的调整以达到企业的最佳化和高效化。

组织不是一个静态的封闭系统，而是一个随环境变化而变化的开放系统。为此，企业组织要在适应外界的变化和变革的过程中追求一种动态的平衡。企业的组织发展就是运用管理心理学的知识，根据内外变化的要求，有计划地对组织系统进行以改变人的行为和人际关系为重点的变革，以保持和增进组织的生命力与效率。

组织发展是一项可以实现的计划、程序，通过实现这项计划会使组织中的人际关系和行为方式发生变化，最终导致工作结果的变化。

### 二、组织发展的原因

哪些内外环境的变化是促使企业必须变革的原因呢？

一般地讲，外部环境包括社会、科学技术、经济、政治、法律等方面。例如，科学技术的迅猛发展，生产社会化程度的日益提高，竞争的加剧，都迫使企业的职能发生变化。原来企业是以生产为中心，现在应该转为以经营为中心，为此，更应注意产品的供求关系、市场调节等外部环境的变化。根据市场原则，企业要强调知识、工艺、沟通，在组织生产时要缩短产品的生命周期，同时要提高专家在企业中的作用，改变原有企业的组织结构，出现更新的组织。

企业组织内部环境的变化主要是指员工的工作态度、工作期望、个人的价值观念、组织目标、结构、权力系统等经常处于变动的状态之中。

管理心理学家沃尔顿（R. E. Walton）认为，企业内部环境的变化，实质上就是企业职工心理的变化。这里，他进一步分析了以下可能存在的六种情况。

（1）职工希望从事使个人成长更快的挑战性工作，但是企业组织仍然倾向于职工从事简单化的和专业化的工作，这样就限制了职工的成长和发展。

（2）职工希望具有公平、平等相待的相互影响，但是企业组织仍以阶级层次、地位差别等管理形态为其特性。

（3）职工对组织的承诺逐渐以工作本身所能产生的内在利益、人格尊严和对组织产生的责任感为其内部动力。但是，企业组织仍在强调物质的报酬、员工的安全，而完全忽略企业职工的更高层次的需要。

（4）职工要从组织的职位中获得即刻的满足。但是，企业组织在对待职工的工作、职位的升迁等方面，往往只能延后满足他们的要求。

（5）职工要求组织关心他们的生活、情绪，尊重他们的感情、个人自尊心，能进行人际间的坦诚沟通。但是，企业组织却只强调理性的方面，而不注意职工的情绪方面。

（6）职工缺少竞争的动力，但是企业组织仍以竞争方法来设计职位、组织工作和制定报酬制度等。

以上主要是指企业内部人员心理上的变化。除此以外，内部环境还包括企业的正式组织系统、人员的素质、科学技术水平等。

提出内部环境变化的目的，主要是用来说明在现代管理中要强调人的因素所起的作用。因为，现代企业中不能再只是去控制人的体力劳动，而是要去管理人的行为方式。

在现代企业中，人力资源是一种特殊资源，只有人力资源才会产生巨大的经济效果。组织要将工人的知识变成生产力，要充分利用每个工人和生产群体中的潜能。

## 第四节 组织变革

组织是动态变化的，故组织要适时地进行结构与功能上的变革或调整，要组织合理的计划和实施变革。组织的变革通常是由外部环境和无法控制的危机引发的。组织发展要关注组织变革中人性的方面，致力于寻找实施组织变革的最佳方法。

组织发展是指提高组织运作水平的一系列技术的综合，其目的是改善绩效，提高与同事交流的效率，引发组织运作的重大变革。同时，组织发展也将包括改变人们的工作、相互沟通和协调合作等方式。

### 一、组织变革的性质与层次

组织变革有三种潜在的目标，即组织结构、技术和人的变革。

组织结构的变革中包括权力结构的变革以及变革组织的管理幅度（包括员工的数量）。

组织变革的层次分为两个：第一层次的变革是那种自然、连续的，不涉及组织经营管理方面大变动的变革，这就如同菜单上增加了新的品种；第二层次的变革是一种更为激进的变革，它涉及组织的不同层面、不同事务范围内许多重大的变动，包括协同运作方式、企业文化、运用技术、企业结构等。

目前全球范围内都在进行着组织变革，可以说变革是一种全球现象，其内容与形式也十分多样化，包括重组、合并、剥离、收购、雇用以及组织国际化等。

### 二、实施计划性变革，实现组织发展干预

组织发展技术是一套社会科学技术。在工作环境中计划和实施变革，以增进个体自身发展、改进组织功能为目标，对组织层面改革进行规划，达到改进工作环境质量，改进工作态度、员工福利，提高组织绩效的目的。

实施计划性变革、实现组织发展干预包括四项内容：目标管理，主要是澄清组织目标；工作生活品质计划，主要是提供人性化的工作场所；团队建设，目的是创造高效工作群体；调查反馈，通过信息共享促使变革。

### （一）目标管理

目标管理是指通过目标设置来发展组织。员工愿意选择能满足组织需求的目标，随后开发行动方案，并实施方案，最终评价结果，看目标是否实现。目标管理是一种组织变革技术。实现目标管理方案要有以下五个步骤。

（1）组织高层为整个组织设置目标。
（2）培养管理者学会设置目标。
（3）上下级开会共同设置目标。
（4）所有员工致力于达成目标。
（5）评价目标的实现程度。

### （二）工作生活品质计划

工作生活品质计划（Quality of Work Life）简称 QWL 计划，是指在通过让员工参与到影响他们自身工作的决策过程中来，以提高质量和增加组织产出的方法，包括实施工作重建、工作丰富化、质量圈等内容。

### （三）团队建设

团队建设属于组织发展技术。团队的建设首先要在团队中寻找变革代理人，通过变革代理人让团队中的成员学会如何通过有效合作来帮助其改善任务绩效。在人际导向的方案里，变革代理人帮助团队中的成员改善他们彼此间的沟通和交流，减少彼此人际冲突的产生。其次要采取 T 群训练法（又称群体的敏感性训练），通过此种特定的群体训练来提高雇员的交流和人际交往技巧。这种训练方法的特点是一个培训者指导群体内互不熟悉的成员，而各个成员通过一系列训练学习人际技巧。

团队建设作为组织发展的技术，还应深入分析群体成员的认知问题，分析群体的优势和不足，从而开发理想的变革目标，开发实施变革的行动方案（包括实施方案与评价方案）。

### （四）调查反馈

调查反馈是一种对雇员态度和意见进行调查并将调查结果反馈给整个组织的组织发展技术。调查的内容包括工作满意感，对工作条件的感受，以及在工作中遇到的问题。通过调查，搜集资料，给出反馈，开发行动方案。

## 三、组织变革的内容和方向

### （一）组织变革的内容

根据列维特的看法，企业组织是一个多变量的系统，其中主要有四个变量：任务，技术，结构（其中包括职权、工作流程、协调等），人员。

如图 11-2 所示，这四个变量中的任何一个要素发生变化，那么其他三个要素也必须做出相应的变化，才能达到新的平衡，使企业得到新的发展，这就是"牵一发而动全身"。

## 第十一章 组织心理与管理（上）——组织、组织发展与变革、员工组织行为

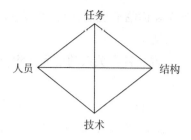

图11-2　企业组织中的四个变量

在系统性的变革中，应该着重考虑的是人的态度和行为的变革，着重于人员与其他三个基本变量之间关系的变革和调整；其次是考虑企业结构的变革方向。

### （二）组织中人员的变革方向

在企业改革中，人员的变革方向是最为重要的，而人员变革的方向和内容主要包括知识的变革、态度的变革、个体与群体行为的变革，如图11-3所示。

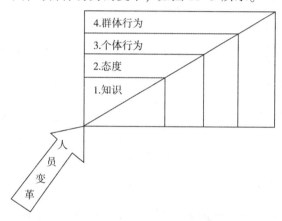

图11-3　组织中人员的变革方向

由图11-3可见，人员变革的实质就是在教育与训练的影响下改变他们原有的行为和习惯。

心理学家勒温（K. Lewin）认为，人的行为的稳定变化要通过三个阶段，即抑制阶段、超抑制阶段、解除抑制阶段。这就是使旧的行为得到抑制，新的行为得以建立的过程。一旦新的行为风格建立之后，就使其不可能再回到旧的行为风格中去。

从管理心理学角度分析，企业组织中人员变革的步骤要经过"需要意识—解冻—变革—再冻结"四个过程。

1. 需要意识

当人员感到不满意时，就会产生变革的需要。此外，要使人员感到变革会使事情向好的方向发展。

2. 解冻

解冻是指刺激个人或群体去改变他们原来的态度或消除对旧有态度或行为的支持。这是对目前事务状况并不理想的认识过程。它让变革者认识到似乎已到了末日管理的时期，它能

有效地解冻人员，使人们意识到企业面临危机前必须激发起变革精神。

雪恩认为，解冻有以下四种意义。

（1）个体的习惯动作、知识来源、社会关系的彻底消除。

（2）社会支持力量的破坏与消失。

（3）贬低经验，使个体发觉过去的我是没有什么价值的，以激发个体去变革。

（4）使愿意变革与奖赏联系起来，而把不愿意变革与处罚联系起来，从而促进解冻的过程。

3. 变革

变革是指要有计划地尝试为组织以及其成员创造一种更为理想的状态。变革可能是规模宏大的（组织重构），也可能是细微的（培训程序）。

变革的理想状态是指经由经验的内化与认同作用，而使新行为发生。认同是指让人员去认可环境中存在的好的行为模式并试着去效仿，从而逐步学会新的行为模式。内化是指让人员处于不用新行为就不会成功的状态之中。

以上的过程可用图11-4加以说明。

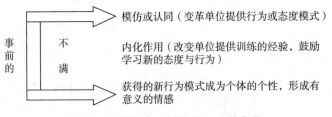

图11-4 变革过程中人员行为的变化

4. 再冻结

再冻结是指通过变革而来的新的态度和行为成为组织系统中新的、稳定的组成部分。它是指变革后的态度与行为的整合，即获得的新行为模式成为个体的个性，形成有意义的情感关系的过程。

经由认同作用而已经学习了的行为，是自然地适应个体的个性，因而也自然地会使其再冻结。如果原来的目标与原初的模式影响继续存在，那么，它也将继续存在，直到出现新的替代模式以及表明新的态度而获得社会支持及强化时为止。

由此可见，变革导致了人们行为的改变，变革也就是通过新的价值观念、态度和行为来进行的。变革一旦实现，就会出现一个相对稳定的时期，以维持变革了的现状。但由于社会的发展，在一定时期之后，当发生机构与环境不相适应的情况时，必然又会产生新的变革需要，这就是不断地"变化—稳定—再变化—再稳定"的过程。人员变革中的四个过程也是不断循环、周而往复地进行的，但每一循环的内容在质上都有所提高。

### 四、变革的阻力

变革中的阻力来自组织与个体。变革的组织阻力包括结构惯性，即工作群体本身具有群体惯性，变革使现有的平衡受到威胁。变革的个体阻力包括个人害怕变革后经济无保障，对未知情境感到恐惧，对新的社会关系感到威胁等。

### 五、如何克服组织变革的阻力

要克服组织变革的阻力首先要获得最有影响力的人的支持。其次要教育员工，使员工参与到变革中来。然后要在变革中奖励建设性行为，创建学习型组织，包括设立变革承诺，采纳非正式组织结构，开发开放性组织文化。最后要提高员工对变革的接受度。变革充满压力，会带来消极情感和疑虑，这些都会影响员工对变革的接受度。个体因素和组织因素共同决定了员工对变革的接受度，而变革型领导会提高对变革的接受度。这里，领导头脑中变革愿景的清晰程度是至关重要的。实际上，再好的组织变革计划也会引发员工的抵制。

### 六、成熟的变革——制订战略规划

战略规划的制订是需要深思熟虑的。制订战略规划发生于现行目标无法再被满足、新的组织目标需要新的战略方案的情况下。设计、执行战略规划是使组织达成自己目标决策的过程。

战略规划的内容包括产品与服务、裁员精简等。制订战略规划包括以下十个步骤。

（1）明确目标。
（2）明确产品或服务范围。
（3）评估内部资源。
（4）评估外部环境。
（5）分析内部安排。
（6）评估竞争优势（包括市场份额增长战略、利润战略、市场集中战略、复兴战略、退出战略）。
（7）开发竞争战略。
（8）与利益相关者交流战略。
（9）实施战略。
（10）评价结果。

## 第五节　员工组织行为

组织中存在着两种性质的员工组织行为：一是具有正向、积极作用的组织行为；二是具有负面、消极作用的组织行为。

### 一、员工正向组织行为

员工正向组织行为是指员工的组织承诺、组织忠诚、组织公民行为等。这些组织行为对于组织的精神文明建设与物质文明建设都具有积极、正向的促进作用。这种类型的组织行为应该得到支持与提倡。

#### （一）组织承诺

组织承诺（Organizational Commitment）是员工对组织的一个态度变量，表明个人对组织的信赖程度,其具体表现为:个人对组织目标的接纳;个人为组织努力工作的意愿;个人留在组织中的渴望。例如,有的员工说:"我很乐意在这个组织中度过剩余的职业生涯,我真的把组织的问题当成我自己的问题。"这就是组织承诺的表现。

1. 组织承诺的类型

组织承诺可分为三种类型:情感承诺、继续承诺、规范承诺。

(1) 情感承诺 (Affective Commitment),是指员工因情感依恋而想要留在组织中。由于员工赞同组织的目标和价值观而愿意继续为某一组织供职。这些员工认同组织的潜在目标和价值,因而有继续为组织工作的强烈愿望。具有情感承诺的员工其核心价值观为支持、信任、尊敬、努力。

(2) 继续承诺 (Continuance Commitment),是指员工需要薪酬和津贴,或是找不到其他工作仍必须留在组织中。这种员工不离开组织不是因为认同组织目标和价值,而是由于无力承担离职的损失而必须继续为组织供职,因为离职要付出的代价实在太大,所以有的员工说:"目前,根据需要留在组织里对我来说仍是必需的。"

(3) 规范承诺 (Normative Commitment),是指员工出于固有的价值观而认为自己有义务继续留在组织中,并认为这是正确的做法。员工有时面临他人的压力而有继续为某一组织供职的责任感。有的员工认为:"就算对我有利,我也觉得现在离开组织是不对的,不愿老板失望与担心。"

2. 组织承诺的性质与来源

每种承诺都有不同的前因变量。工作中的愉快经历会引发情感承诺,如图 11-5 所示。

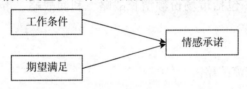

图 11-5 情感承诺的部分前因变量

由此可见,情感承诺与工作满意感密切相关。工作条件好、期望得到满足就会引发高的情感承诺,从而提高工作满意感,减少离职意向。

个人价值观、组织给个人的恩惠会促进员工的责任感,从而提高规范承诺,如图 11-6 所示。

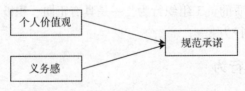

图 11-6 规范承诺的部分前因变量

由于员工个人有价值观、义务感,再加上组织对员工的恩惠,促使员工提高了规范承诺的意向。

而由于变换工作难度的增加,工作成本投入的加大,员工考虑跳槽可能带来的损失,就会仍然留在组织之中,选择继续承诺,如图 11-7 所示。

# 第十一章 组织心理与管理（上）——组织、组织发展与变革、员工组织行为

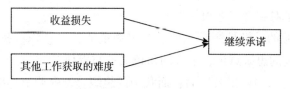

图 11-7 继续承诺的由来

由此可见，员工根据实际，考虑到寻找新工作的难度，以及失去工作后的损失等，所以仍然会选择继续承诺。

3. 提高组织承诺的实际意义

（1）使员工更能坚守岗位，不易辞职或缺勤。

（2）当员工坚守组织承诺时，就愿意为组织目标的实现有所牺牲。

4. 提高组织承诺的方法

为了提高员工的组织承诺，可从以下几个方面做起。

（1）丰富工作的内容。组织要使工作丰富化，要增加工作的乐趣与工作的责任性，要实施员工的参与计划。

（2）要使员工利益与公司利益保持一致。要实施利润分配计划，只有在公司与员工利益一致时才能提高承诺水平。

（3）要招聘、选择与组织价值观一致的新员工，这样便于员工接受组织的价值观，双方在管理行为影响下态度趋向一致。

## （二）组织忠诚

1. 组织忠诚概念的演变

在中国传统文化里，对国家、社稷的忠诚称为"公忠"，对君主、个人的忠诚称为"私忠"。

在现代组织中，忠诚表现为忠于职守，对工作尽心尽力，把工作当成自己的事业，与老板的想法保持一致。

在现代企业中，组织忠诚的对象是组织与主管。组织忠诚的内容包括规范忠诚、情感忠诚、工具忠诚。组织忠诚包括两个层面：态度与行为。

2. 组织忠诚的概念

组织忠诚是指员工对组织的心理投入与认可，主动为组织付出工作要求之外的努力。员工基于特定因素，在心理上顺服并认同组织，相信组织会提供自己所需的照顾与支持，从而愿意以行为表现尝试达到组织的目标与最大利益。对组织忠诚的员工对公司或老板具有一种长期而持久的自发性责任，能将公司或老板的目标视为自己的目标。

组织忠诚是一个连续性的概念，不是一个二分结构的概念（忠诚与不忠诚）。不同的人可能具有不同程度的组织忠诚。

3. 中西方组织忠诚概念内涵的差异

中西方组织忠诚概念的内涵有以下差异。

（1）西方组织忠诚的对象主要是组织；而我国在目前多元文化融合的情况下，既有对

组织的忠诚，更多的是对主管与老板的忠诚。

（2）西方组织忠诚的动机是酬赏驱使、互惠规范的公民意识；我国组织忠诚的动机是道德伦理，如角色规范的忠诚意识、个人的角色义务与责任。

（3）西方的组织忠诚强调工具层面；而我国的组织忠诚强调情感层面。

（4）西方组织忠诚的目的是要发挥个人在组织中的最大潜力；而中国组织忠诚强调的是创造最大的组织整体利益。

### 4. 组织忠诚的结构维度

我国古代的组织忠诚结构维度有忠心、侍奉、尽职、建言、守节、有仪。

我国现代组织忠诚的结构维度主要是认同、内化、奉贤、效劳、服从。也有学者将其归纳为负责尽职、主动积极、与公司一体、稳定、顺从五个维度。

进一步的研究表明，组织忠诚的结构维度还可细分为十二个次要维度：尊敬、服气、价值共享、荣辱与共、牺牲、任怨、分忧、扬善、事贵、隐恶、服从、不二。

### 5. 正确认识组织忠诚

个人对国家、组织的忠诚是值得提倡的，但个人对主管、个人的忠诚是有条件的，不应该提倡对主管、个人的盲目忠诚。

在市场经济条件下，强调择业自由。但在这种情形下，会出现频繁"跳槽"，这其实是缺乏组织忠诚感的表现，实际上对个人与组织都是不利的。为此，提倡组织忠诚是很有实际意义的。

作为组织，主管不应该将员工分为两级——忠诚的与不忠诚的，应该允许员工有不同程度的组织忠诚，更不应该按对主管、个人忠诚的程度将员工划分为"自己人"或"外人"，这导致在组织内部形成派别。

在此值得警示的是，对腐败堕落领导者的忠诚，必将导致自身的堕落。

## （三）组织公民行为

### 1. 组织公民行为的研究概况

组织公民行为的概念源于角色外行为的想法。卡兹是以角色理论为出发点区分组织内工作必备的行为与角色外行为的人。

史密斯（Smith）等人于1983年将组织公民行为的主要维度概括为两类：助人与顺从。

奥尔刚（Organ）提出除了助人与顺从之外，组织公民行为还包含礼节、运动精神及公民道德三类维度。

格拉汉姆（Graham）进一步界定出三种积极的组织公民特征：服从、忠诚和参与。

波特萨可夫（Podszkoff）等综合了组织公民行为的研究，并提出了组织公民行为的八个维度：助人行为、运动精神、组织支持、组织顺从、自动自发、公民道德、自我成长、提出建议。

### 2. 组织公民行为的概念

组织公民行为的内涵为角色外行动，或称之为职务外行为。这一行为的特征是强调自动自发、合作创新、尊重制度、自我训练以及良好的仪态。此外，协助同事解决问题，接受任务时不推三阻四，以及适时提出建设性的意见等都是重要的角色外行为。

3. 组织公民行为的维度构成

波特萨可夫提出的组织公民行为八维度受到了广泛的认同，现就这八维度的内涵概述如下。

（1）助人行为（Helping Behavior），是指自愿协助他人的行为。

（2）运动精神（Sportsmanship），是指愿意忍受一些不便，不抱怨工作上的不公平。

（3）组织支持（Organizational Loyalty），是指向外界推销组织，保护组织不受威胁，以及与组织共渡难关。

（4）组织顺从（Organizational Compliance），是指遵从组织的规范与程序。

（5）自动自发（Individual Initiative），是指要具有创造力、表现创新的行为，对工作拥有热忱，并做持续的付出，以及自愿承担额外的责任。

（6）公民道德（Civic Virtue），是指愿意参与组织会议，注意组织的威胁与机会，并寻求组织的最大利益，即使因此付出极大的个人代价。

（7）自我成长（Self-Development），是指主动提升自己的知识、技术水平及能力，以提高个人的工作表现与组织效能。

（8）提出建议（Voice），是指提出对公司有利的建议。

4. 中国文化背景下组织公民行为的维度构成

法尔奇（Farh）等采用归纳法，通过对230位来自中国国有、乡镇、外资和私营企业的员工的调研，得到了中国文化背景下组织公民行为的十个维度。这十个维度分布于个体、群体、组织、社会四个层面。

（1）个体层面的组织公民行为维度：①自我培训；②自动自发；③保持工作场所清洁。

（2）群体层面的组织公民行为维度：①人际和谐；②帮助同事。

（3）组织层面的组织公民行为维度：①保护和节约公司资源；②建言；③参与群体活动。

（4）社会层面的组织公民行为维度：①参与社会公益；②提升公司形象。

5. 组织公民行为的意义与作用

组织公民行为的意义与作用表现为以下几个方面。

（1）组织公民行为充当了组织运行的润滑剂，有利于减少人际矛盾和冲突。主动为他人提供方便，利他和助人行为有利于维护人际和谐，从而保证了工作关系的顺畅。

（2）组织公民行为是管理者给予员工高评价、晋升以及加薪的重要依据之一。

（3）组织公民行为有助于促进管理人员与下层生产效率的提高。管理者不必将精力放在处理人际关系上，而是放在生产效率的提高上，同事间的互相帮助也有利于生产效率的提高。

（4）组织公民行为能自觉维护组织的正常运行，减少矛盾和冲突，并能使组织更有效率地利用资源，减少不必要的资源争夺。

（5）组织公民行为能促进团队成员之间以及跨团队的工作协调，并促使群体利益和个人利益都得到有效的协调。

（6）组织公民行为有利于创建良好的企业文化以及创造一个使人更加愉快的工作环境，从而增加组织吸引、留住优秀人才的能力。

## 二、员工负向组织行为

员工负向组织行为分为两种：一种是较为严重的反生产工作行为，包括攻击、蓄意破坏和偷窃行为；另一种是情节较轻的反生产行为，诸如迟到、缺勤与离职，又称为退缩行为。

### （一）严重的反生产工作行为

反生产工作行为简称为 CWB（Counterproductive Work Behavior）。严重的反生产工作行为是指那些意欲伤害组织或者诸如员工、上司和客户等其他人员的行为。严重的反生产工作行为包括对同事的故意攻击及不道德行为，还有破坏组织财产、故意出错、偷窃和消极怠工等行为。其中，蓄意破坏和偷窃是主要的问题。

产生严重的反生产行为的原因可用图11-8所示的模型加以说明。

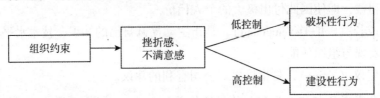

图11-8 严重的反生产行为产生原因的简化模型

由于组织约束而产生的挫折感与不满意感，如果缺乏控制，即在低控制条件下就会爆发破坏性行为，但在高控制条件下就会转化为建设性行为。

推而广之，显然，在当今社会，压力条件与不公正待遇会引发诸如愤怒和恐惧等负面情绪，进而导致破坏性行为的产生。

如果能体验到控制感，相信建设性努力会有效，那么员工就可能会去尝试建设性行为；而一个觉得对局面无法控制的员工就可能用反生产工作行为来处理负面情绪。

产生反生产工作行为可能与员工的人格特征有关。负面情绪水平高的人更可能有反生产工作的行为。同样，那些在大五人格因素中宜人性、尽责性、情绪稳定性得分低的人也更有可能有反生产工作行为。

总之，人格因素加上环境因素会使该行为发生的可能性呈现最大化。

### （二）情节较轻的反生产行为

情节较轻的反生产行为表现为退缩行为，如迟到、缺勤、离职等。这些行为使员工在规定时间或被需要时无法工作。缺勤、离职是员工对工作不满时做出的两种反应。员工试图暂时或永久地逃离自己不满意的工作环境。迟到的员工也是常缺勤的员工，也可能会离职。迟到、缺勤、辞职之间存在一定的关系。

缺勤是指员工没有按照规定时间来上班，这是对令人不满的工作及工作条件的反应。产生缺勤的原因与诱因是不同的，因而要采用不同的方法使之减少。如发全勤奖可以减少缺勤者，有时按照约定俗成的社会规则决定可缺勤的次数，这就是一种缺勤文化。另外可以制定相应的缺勤政策。

辞职是指员工因不满工作现状或其他特殊原因离开公司。低绩效者的离职不是问题，低绩效者离职不会增加填补空缺的成本，只有高绩效者离职才会增加填补空缺的成本。为此，应该给高绩效者加薪，以减少离职情况的发生。

### （三）负面组织行为的影响因素

负面组织行为的影响因素可分为两类：个人因素与组织因素。

个人因素包括人的个性、动机、情绪、自我控制等。员工的易焦虑、易被激怒、易沮丧情绪容易产生负面组织行为；能自我控制者，如有责任感、可靠、个性积极的员工较少有负面组织行为。

组织因素包括组织氛围，如果出现压抑的组织情境就会诱发负面组织行为。同样，当员工产生低的工作满意度、有挫折感时，也会诱发负面组织行为。

图 11-9 显示了情节较轻的反生产性行为的影响因素。

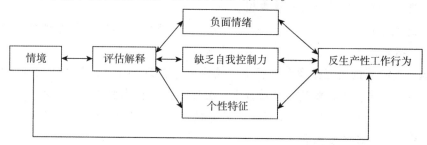

**图 11-9　情节较轻的反生产性行为的影响因素**

由图可见，产生轻微的反生产性行为的主要因素是负面情绪、缺乏自我控制力、个性特征，这三种因素影响员工对情境的评估解释。对情境的消极、负面解释也会导致反生产性工作行为。

### （四）负面组织行为的干预措施

对负面组织行为的心理干预可从两方面进行：一方面是从个人因素层面采取措施；另一方面是从组织层面采取措施。

个人因素层面的干预措施，主要是对员工进行个人修养、责任意识的培训，让员工学会道德自律、稳定情绪、不轻易发怒，培养员工高的组织公民行为倾向。

组织因素层面的干预措施，通常有高效的工作流程、严格的管理制度、合理有效的激励分配制度、人性化的关怀、清晰而有价值的组织发展目标、积极健康向上的组织文化。预防为主，早发现、早处理是基本原则。另外，组织在招募人员时，也需要对员工的个性、价值观、品德、行为习惯进行深入了解，把不符合组织要求的人拒之门外，这样可以大大减少负面组织行为的发生。

## 本章小结

1. 组织中的任务、职责和职权在个人和团体间的正式分配被称作组织结构。
2. 组织的古典理论是以韦伯为代表的科层制理论，主张一种普通的组织设计的最好方法（高效率方法）。现代组织理论强调组织是一个开放系统，是一个社会技术系统。

3. 组织的发展非常普及而迅速，所以需要不断变革地求生存，不能成功适应变革的组织注定要失败。组织发展计划的内容包括目标管理、工作生活品质计划、团队建设、调查反馈。

4. 组织变革中的关键是要制订战略变革规划。战略变革规划是对组织自身目标的决策进行设计、执行、评价的过程，用于变革公司产品、服务、组织结构。

5. 人们由于个体因素（经济无保障、对未知恐慌）和组织因素（工作群体的惯性、现有平衡的威胁）等原因会反对变革，克服变革阻力的方法是多方面的，主要包括：鼓励员工参与变革，奖励建设性行为，创建学习型组织等。

6. 员工组织行为分为正向组织行为（组织承诺、组织忠诚、组织公民行为）与负向组织行为（反生产工作行为）。

7. 组织承诺是人们对组织的卷入度以及对于留守在组织内兴趣的高低。组织承诺分为情感承诺、继续承诺、规范承诺三种类型。

8. 组织忠诚是指员工对组织的心理投入与认同。组织忠诚的对象为组织与主管。组织忠诚的内容包括规范忠诚、情感忠诚、工具忠诚。

9. 组织公民行为的内涵是角色外行为，或称之为职务外行为，其维度构成为助人行为、运动精神、组织支持、组织顺从、自动自发、公民道德、自我成长、提出建议。

10. 严重的反生产工作行为包括攻击、蓄意破坏、偷窃等行为，轻微的反生产工作行为包括迟到、缺勤与辞职等退缩行为。

## 复习思考题

1. 说明组织概念的内涵及其结构。
2. 比较古典与现代组织理论的不同特点。
3. 解释组织发展的原因以及组织发展的技术。
4. 分析组织变革的内容、方向、阻力以及如何克服组织变革的阻力。
5. 阐明组织承诺的概念内涵、结构维度以及提高的方法。
6. 概述员工负面组织行为（反生产工作行为）的内容及干预措施。

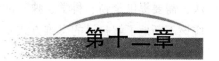

# 第十二章

# 组织心理与管理（下）——
# 学习型组织的理论与实践

**学习目标**

1. 理解学习型组织是一种新的管理模式。
2. 理解五项修炼的概念、内涵及其意义。

## 第一节 学习型组织

### 一、彼得·圣吉及其著作

系统阐明学习型组织内涵的主要人物是彼得·圣吉（Peter M. Senge）。他认为，使人们朝向学习型组织迈进的，还有其他更深层的社会变化，这种变化也是工业社会演进的一部分。

彼得·圣吉于1970年获斯坦福大学航空与太空工程学士学位，1978年获麻省理工学院动力系博士学位，后任该院斯隆管理学院组织学习中心主任。他创办了美国著名的波士顿创新顾问公司，又称彼得新领导训练中心。

1990年年初，彼得·圣吉出版了《第五项修炼：学习型组织的艺术与实务》，1994年又推出《第五项修炼：学习型组织的艺术与实务》的续集。时隔一年，在我国台湾分上下册出版了中译本《第五项修炼·实践篇》，上册副题为"思考、演练与超越"，下册副题为"共创学习新经验"。

《第五项修炼：学习型组织的艺术与实务》问世后获得了很高的评价，一些著名杂志评价为"一扇重新看世界的窗""伟大时代的先驱""为人类找出一条新路""再造组织的无限生机"。为此，圣吉在1992年获得了世界企业学会的最高荣誉奖——开拓者奖。目前，数以千计的企业家纷纷涌入麻省理工学院组织学习中心接受培训。

在麻省理工学院组织学习中心学习过的经理们都认为，他们从学习中心获得的最有价值的财富，就是对事业成功的自信。该学习中心不仅教给他们一套经营管理的技巧，还培养了一种达到成功必备的态度，就是要认识到成功与创造需要一种全新的思维和独特的操作方法，需要提供全新、科学、独特的领导观念、谋略与技巧。每一位想获得成功的组织领导者应该不断地了解自己的思维方式和心理类型，并有意识地克服自身个性与能力的不足，集思广益、取长补短，选择最能使自己脱颖而出的人生之路。

显然，学习型组织已经受到重视，我们应该深刻地理解其内涵和价值，作为面向21世纪的中国组织领导者学习内容。

### 二、学习型组织的学习内容

学习型组织的学习内容就是圣吉提出的五项修炼。五项修炼实际上就是五项技能，这是人一生要学习与实践的计划内容，具体包括以下内容。

（1）建立共同愿景（Building Shared Vision）。这是针对人们想创造的未来，以及人们希望据以达到目标的原则和实践方法，发展出共同愿景，并且激起大家对共同愿景的承诺与奉献精神。

（2）自我超越（Personal Mastery）。这是指学习如何扩展个人的能力，得到人们想要的结果，并且塑造出一种组织环境，鼓励所有的成员自我发展，实现自己选择的目标和愿景。

（3）改善心智模式（Improving Mental Model）。这是指要持续不断地澄清、反省以及改进人们内在世界的图像，并且检视内在图像如何影响人们的行动与决策。

（4）团队学习（Team Learning）。这是指转换对话以及集体思考的技巧，让群体发展出超乎个人才华总和的伟大知识和能力。

（5）系统思考（System Thinking）。这是指思考及形容、了解行为系统之间相互关系的方式，帮助人们看清如何才能更有效地改变系统，以及如何与自然及经济世界中最大的流程相调和。

## 第二节 五项修炼的内涵及其操作方法

### 一、建立共同愿景的修炼及其操作方法

#### （一）愿景的概念

愿景包含两层意思，即愿望与远景。"愿景"一词的英语译为Vision，等同于拉丁文Videre，是指人们想要的未来图像、价值观、如何达到的目的地、目的和使命、组织存在的理由等。愿景可以定义为体现组织未来发展的远大目标、组织成员的共同愿望。愿景与目标是有联系的，但也存在着差别，因为目标通常是短期内要达到的目的或标准，而愿景的内涵包含着以下三项特征。

（1）组织存在的使命或组织的目标。对组织使命的正确理解是构造组织发展规划和建立共同愿景的前提。有人经常会问，组织为什么要存在于这个社会中？若组织的价值观完全不同，会有完全不同的回答。如有的组织选择最大利润管理法，即一切为了利润；有的组织

选择生活质量管理法，即既为了利润，同时也关心职工的生活福利。

（2）组织未来发展的规划。"愿景"一词意味着看见、激发组织成员的"深层次的热望"，即具有对组织成员的激励作用。愿景要具有高层次的价值观念，如果层次较低，缺乏崇高理想，仅是单纯追求利润、实现个人利益最大化，就会丧失自我超越的能力。在一个组织未来发展的规划中要有共同愿景的明确表述，即一个组织需要"愿景宣言"式的组织宗旨。

（3）组织达到目标的手段。组织的愿景宣言上写些什么，即表示组织将通过什么样的方法来达到目标。一般来说，方法与价值观是紧密相连的，弄虚作假的销售手段是一种不正确的价值观（单纯追求利润）反映，而在公司的愿景宣言中将诸如"松下精神""惠普精神"等具体内容加以明确，是较高价值观的表现。

### （二）个人愿景与共同愿景的协调与认同

学习型组织要求其成员对于共同愿景有认同，并要求个人愿景与共同愿景相协调。事实上，员工对组织的共同愿景的认同程度是有很大差别的，圣吉将其区分为七个层级的态度，排列为：最强烈的奉献，投入，真正遵从，适度遵从，勉强遵从，不遵从，冷漠。

心理学家弗洛伊德认为，"认同"是群体内聚力的一种最根本的机制，"一个群体成员之间的相互联结，其本质就是这种认同，它是以情感上的某些重要的共同品质为基础的"。"认同"表示一种特殊的情绪，有利于增强群体内聚力。美国心理学家、认知心理学的奠基者西蒙在《管理行为——管理组织决策过程的研究》一书中还提到，"一个人在做决策时对备选方案的评价，如果是以这些方案给群体造成的后果为依据的，我们就说那个人与那个特定群体认同了"。

总之，组织成员要有共同目标，并且要认同这一共同目标，这是建立共同愿景的根本前提。

### （三）建立共同愿景的策略、方法、技巧

建立共同愿景可选择的实施策略可描述为五个阶段：告知、推销、测试、咨商、共同创造，如图12-1所示。

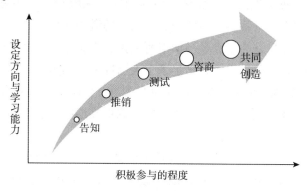

图12-1 建立共同愿景的策略

在告知阶段要告诉员工组织的愿景是什么，传达信息的方式要直接、清晰和一致，对公司现状要说实话；推销阶段是帮助员工自发地投入到实现愿景的工作中，而不是操纵他们；测试阶段可以了解员工对愿景的真实反应、想法，要用问卷和面对面谈话的方式，测试员工

对组织效益和能力的看法与希望；咨商阶段则邀请整个组织当顾问，塑造共同愿景；进入共同创造阶段后，每个人就开始为他们的愿景而工作。随着阶段的推移，员工积极参与的程度越来越高。

具体实施共同愿景的方法与技巧有以下几种。

（1）以个人愿景为组织共同愿景的基础。

（2）平等对待每一个人并彼此尊重。

（3）寻求相互合作，休戚与共，而不是意见一致。

（4）每个人的意见只代表自己。

（5）避免"抽样"。

（6）用过渡愿景鼓舞士气——愿景具体化与阶段化，让人见到可行性前景。

（7）以团队学习为基本形式，提炼组织的愿景宣言。

## 二、自我超越的修炼及其操作方法

### （一）自我超越的意义

一些人认为，人有惰性和对事物的消极态度，常常对生命抱无所谓的态度，得过且过、无所用心。对此，一些公司的高层领导表示不敢苟同。如赫门米勒公司的总裁塞蒙认为，为什么工作不能够是人们生命中美好的事情？为什么人们把工作看作是一件不得不做的事情，而不去珍惜和赞美它？为什么工作不能够是人们终其一生的道德与价值观以及表现人文关怀与艺术的基石？为什么人们不能从工作中体会事物设计的美，感受过程的美，并试着欣赏可持之恒久的价值之美？我们相信这些都是工作本身具有的，这无疑是一种崇高的境界、理想的境界。自我超越的意义就是要让人们通过工作活出生命的意义。

### （二）自我超越的理论基础

自我超越的理论基础就是马斯洛的自我实现理论和赫茨伯格的双因素理论，而且自我超越是一种积极理性的、强化了自我实现需要和激励因素的理论。众所周知，马斯洛的需要层次论中的最高层次为自我实现需要，而赫茨伯格的保健—激励因素中更注意激励因素的作用。自我超越就是强调人的自我实现需要与激励因素的激励作用。

由于传统组织的设计只是为了满足马斯洛所主张的人类需求层次中的最初三个层次：生理需要、安全需要和爱的需要，也就是满足了个人温饱和归属需要。如果组织仅能做到这一点（事实上在工业社会中，到处都可以满足这些需求），而不能提供任何独特的东西，那么，员工也不会以忠诚及奉献来回报。如果组织强调更高层次的需求即自尊与自我实现，那么员工就会以忠诚的奉献来回报组织。

学习型组织将组织成员的愿景放在极其重要的地位，并以"活出生命的意义"作为工作的真谛。由此可见，学习型组织是真正的"以人为本"的组织。只有自我超越层次高的人才能将经验与外在世界连成一体，自然而然地形成一个更宽阔的愿景。

### （三）自我超越的方法

自我超越涉及人的价值观、人生哲学。建立个人愿景是自我超越的前提，它为自我超越设置"上层目标"，这使人生哲学与生命价值获得具体的体现。

自我超越修炼的重要方式是保持创造性张力。创造性张力是指当人的愿景与现状之间存在差距，就会使人产生一种力量，促使人努力去实现愿景。愿景应有动态性，就是根据情况不断调整，建立新的更高的愿景。

对组织而言，领导者要身体力行，走在其他员工的前面。自我超越需要组织投入时间、精力、智慧，设计新的组织架构。汉诺威保险公司（Hanover Insurance Company）前总裁奥布赖恩（William O'Brien）认为，如果在一个公司里流行的价值观是一个人的权力越大、越优秀，在公司中升得很快，这就代表着成功。那么，在这种价值观支配下就会助长往上爬的心理，同时会扼杀所有员工价值观和个性的成长。

从自我超越的观点看，应该抛弃这种旧的价值观，建立以下新的价值观：讲究功绩至上，不论身份如何，主要看决策能否取得最好成果；对外开放，向股东报告经营实效，向内部员工也开放，推动开放式讨论的技巧，提倡自主精神，低层人员有能力自己决策的，高层人员应该主动授权，而不是包办代替。只有在新型的组织架构下，员工才有可能实现自我超越。

终身学习是修炼自我超越所必需的。活到老、学到老，要想保持不断的自我超越，就要终身学习，学习新的理念、新的知识。

## 三、改善心智模式的修炼及其操作方法

### （一）什么是心智模式

出生在苏格兰爱丁堡的英国心理学家肯尼思克雷克（Kenneth Craik）首先使用了"心智模式"一词，这成为此后认知心理学家所使用、企业经理人员所惯用的名词。认知科学中，心智模式是指人们的长期记忆中隐含的关于世界的心灵地图，是深植于人们心灵的各种图像、假设和故事。在日常推理过程中，一些短暂的理解，一些短暂的心智模式变化，日积月累，会逐渐成为有长期影响的根深蒂固的理念甚至信念。

本书这样定义心智模式，即每一个人理解与看待周围事物的思维模式。它是在长期的生活、工作、学习中形成的，并以价值观与世界观为基础。此外，关于组织的心智模式，是由组织领导层的心智模式以及组织成员的心智模式所组成。

心智模式从心理学上讲就是人的思维定式。思维定式不易改变，因而心智模式具有顽固性，是"隐在暗处的一块顽石"。它也像一块玻璃微妙地扭曲了人们的视野，影响着人们对世界的看法。

### （二）改善心智模式的意义

心智模式能否得到改善、思维定式能否得到突破，这是关系到组织的决策能否正确、组织的凝聚力能否加强、组织的学习能力能否提高。

1. 心智模式与组织决策

决策的主观依据是决策者的经验偏好、观念，最根本的也就是决策者的心智模式。如果组织领导层和成员的心智模式停留在计划经济时代的心理定式上，那么面对市场经济的大潮，就无法进行正确的决策。

### 2. 心智模式与组织的凝聚力

奥布赖恩认为，传统权威组织的信条是管理、组织与控制；而学习型组织的信条将是建立共同愿景、价值观与心智模式的完善。健康的企业将是一个能够以整体的方式把人们汇集起来，为现在所面对的任何状况，发展出最完善的心智模式的公司。组织与个人的愿景的融合，需要有磨合过程，这在很大程度上取决于组织成员，特别是领导者的心智模式。显然，没有完善的心智模式的组织，其组织凝聚力较低；反之，完善的心智模式会促使组织凝聚力的极大提高。

### 3. 心智模式与组织的学习能力

改善心智模式本身就是一种学习，是怎样学习的学习。心智模式得到改善时，学习能力就能获得提高。尽管我国的各级组织都有学习制度，组织领导与成员定时进行学习，但学习中不触及心智模式的改善，因而学习效果不佳。

## （三）改善心智模式的方法——心智模式的检视

这项修炼的核心任务，就是要让心智模式浮出水面，让人们在不自我防卫的情况下，讨论心智模式，帮助人们看见挡在眼前的玻璃，认清心智模式对人们的影响，并且找到改造玻璃镜片的方式，创造出新的心智模式。具体操作时，首先要了解、反思自己的心智模式，包括反思与探寻两个过程。反思是指对于个人思考过程的仔细考查，也就是放慢思考过程，用慢镜头仔细审视自己的结论、决策是如何形成的，心智模式如何影响自己的决策与行动。探寻是指如何同别人进行面对面的讨论，探究人们的思维方式，发掘哪些是隐含的心智模式、哪些是原有的思维定式。

人们在日常工作与生活中往往会根据自己的信念、经验和可以观察到的原始资料决定其采取某种行动，而对于中间的推论过程则会飞快地跳跃过去而无所意识。这样就会引起误导，产生不良后果。这一现象被称为人的习惯性思维或跳跃式思维或推论。

检验心智模式的程序可归纳如下。

（1）对自己的推论过程进行反思，让推论过程透明化，并仔细加以分析。

（2）在团队学习或一般讨论中，说明自己的推论过程。

（3）探询别人的推论过程。

# 四、团队学习的修炼及其操作方法

## （一）什么是组织中的学习

马姆福德（Mumford）针对组织中的学习给出了这样的定义：组织中的学习是学习怎样学习（Learning to Learn），它包括以下四个方面的内容。

（1）帮助管理者了解学习的过程和学习的障碍。

（2）帮助他们理解他们自己所偏好的学习方式。

（3）支持管理者用他们现有的学习选择权或强化优势来克服障碍。

（4）帮助管理者将他们对于学习的理解从他们的非职务领域带入职务领域。

## （二）团队与团队学习

### 1. 团队的基本结构

J. R. 凯泽恩贝奇和 D. K. 史密斯认为，团队的基本结构表现为技能、使命、承担责任三个方面，如图 12-2 所示。

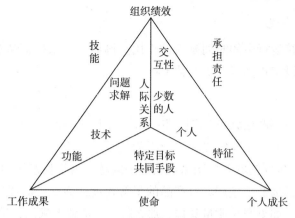

图 12-2 团队的基本结构示意

2. 团队的定义

从上述结构引导出团队的定义：团队是由少数人组成，这些人具有相互补充的技能，为达到共同的目的和绩效目标，他们使用同样的方法，他们相互之间承担责任。

3. 团队的特征

团队具有共同性和交互性两种特征。共同性是指共同的目标高于成员个人的目标，共同愿景高于个人愿景。交互性是指团队成员间建立承诺、相互信任、相互承担义务关系。

同样，团队学习就是利用组织成员的交互作用相互影响，因此，团队学习可以比个人学习更具有强化学习动机的作用。

## 五、系统思考的修炼及其操作方法

### （一）系统思考的基本观点

管理组织理论中的系统学派早已指出，研究组织必须采用系统的方法，把组织看作是一个开放的社会系统，强调组织的整体系统观。

圣吉进一步认为，系统思考修炼的精义在于心灵的转换，人们在思考事物的因果关系时，要观察环状因果的互动关系，而不是线段式的因果关系；人们要观察一连串的变化过程，而不是片段的、一个一个的个别事件。学习型组织特别强调系统的结构性，包括事件层次、行为变化的形态层次、系统结构层次三个方面。事件层次为最浅显的层次，其只关注事件本身不探究背后的原因。站在事件层次的立场上，所采用的观点是"只采取反应式的行为"。行为变化的形态层次则要求探讨长期变化趋势，注重考察行为规律，重视事件背后的原因。站在行为变化形态层次的立场上，所采取的观点为"要能顺应变动中的趋势"。系统结构层次为最深的层次，深层结构决定了行为的变化。站在系统结构层次的立场上，所采取的观点为"要改造行为的变化形态"。

上述的系统结构决定了系统的运行机制，重新设计了人们的决策方式，等于重新设计了系统结构。

### (二) 系统思考的动态观

**1. 时间延滞的动态观**

这里突出强调系统运行中的时间延滞的作用。例如，一项投资从决策到完成需要2~6年，有的大型基本建设工程甚至要历经数十年。

**2. 正反馈的影响**

正反馈的含义是指不断增强的回馈（Reinforcing Feedback）。正反馈的影响可以是正面的，也可以是负面的，所以正反馈也为"双刃剑"。

可以用图12-3广告促销的效应图来说明这一问题。由于信息不对称现象的存在，消费者对产品的了解程度远远低于生产者对产品的了解程度，为此，需要通过广告来进行宣传。但其结果有两种可能：如果产品质量甚佳，那么就会使消费者满意，销售量上升导致不断增强的正反馈；如果产品质量不佳，消费者就会抱怨，从而导致销售量下降，即是导致不断减弱的正反馈。

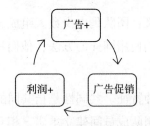

图12-3 广告促销的效应图

**3. 负反馈的影响**

负反馈的含义是指反复调节的回馈（Balancing Feedback）。这是经过反复调节的反馈，是促使系统趋向稳定的一种机制。

图12-4反映了库存调整的负反馈机制。当库存量增加时，使库存量与期望的库存量（标准库存量）差距增大。这种差距的增大促使生产者采取措施使产量减少（反向效应），从而使库存量下降（增强效应）。同样，当库存量减少时（低于标准库存量），就要使产量增加，从而使库存量上升。于是，经负反馈机制的不断调整使库存量与标准库存量接近，从而达到平衡状态。

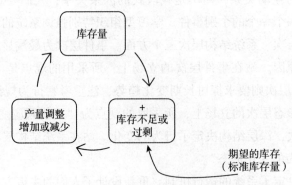

图12-4 库存调整的负反馈机制

## （三）应用系统基模

创新顾问公司在 20 世纪 80 年代中期发展了多种系统基模，这是一种用简明扼要的模型描绘常见行为模式的方式。这里只介绍一种基模，即"成长上限"系统基模及其应用。

"成长上限"系统基模表明，其一边是成长增强过程，其中促进成长的因素使成长加速；另一边为调节和抑制环路，当成长到一定程度达到了所设置的上限时，抑制成长的因素开始起作用，使成长过程减缓，甚至停止。

## 六、五项修炼的相互关系

在五项修炼中，建立共同愿景是核心，它要求组织成员有共同的目标，并认同目标。团队学习是手段，成员之间要相互沟通、相互信任。心智模式要改善，特别是管理者的心智模式（固有思维定式）。自我超越是学习型组织的精神基础，强调个人要不断创新、进取，组织为个人提供成长的环境。系统思考要求管理者用系统观点考察组织内部与外部世界，从而获得深刻的洞察力。

五项修炼的实质是要提升组织的素质，所以组织要不断地学习，不断地提高自身的学习能力。

共同愿景、自我超越、心智模式、团队学习、系统思考这五个概念并非圣吉所创造，每项修炼的内容也可以单独进行。但是，学习型组织要求将五项修炼整合起来，作为组织修炼的整体加以推进，并重点突破。

# 第三节 学习型组织的评价

## 一、学习型组织是一种新的管理模式

### （一）学习型组织在管理理念等方面的先进性

由表 12-1 可见，与传统组织相比，学习型组织在管理理念、管理职能、管理组织、管理内容、管理策略等方面都具有先进性。

表 12-1 学习型组织与传统组织在管理理念等方面的差异

| 对比项目 | 传统（科层）组织 | 学习型组织 |
| --- | --- | --- |
| 管理理念 | 制度加控制，创造性抑制 | 学习和奖励，激发创新，自我超越 |
| 管理职能 | 分工和管理为主 | 信息化、网络化为基础，综合和自主为主，强调沟通和合作 |
| 管理组织 | 等级、权力组织 | 扁平化，有弹性的组织 |
| 管理内容 | 生产中人的行为标准化 | 以增强学习能力为主，有共同愿景，团队学习，活出生命意义，提高群体智商和创造力 |

续表

| 对比项目 | 传统（科层）组织 | 学习型组织 |
| --- | --- | --- |
| 管理策略 | 刚性策略：技术奖励驱动，量多质好 | 柔性策略：市场，学习为驱动，快变取胜 |
| 管理与被管理者的关系 | 单项服从 | 上下互动 |
| 管理对象 | 体力型劳动者为主 | 智力型劳动者为主 |

### （二）学习型组织的特点与特征

学习型组织中强调横向联系与沟通，强调授权，以提高对外部环境的适应性。位于较高等级职位的管理者不再扮演监督与控制的角色，而是转为支持、协调和激励的角色。

学习型组织中应以成员的自主管理为导向，成员自主计划、决策与协调。为此，员工决策的范围远比参与民主管理的员工的决策范围广泛得多。

学习型组织应具备较强的自我学习能力。较强的自我学习能力是组织在动态复杂环境中维持生存、求得发展的必要条件。

学习型组织富有弹性，反应灵活。知识、技术与信息在新组织中占主导地位，强调时间与速度的竞争。

**1. 学习型组织的特点——扁平化**

传统组织是高耸型科层组织，其特点是多层化，组织决策层的决策要通过多级中间管理层传递至操作层，如图12-5所示。

**图12-5 高耸型科层组织的多层化特点**

而学习型组织的特点是扁平化，组织决策层的决策不需要通过中间管理层而直接传递至操作层，如图12-6所示。这种由多层化向互动扁平化的转变，被称为中层管理的革命。

**图12-6 学习型组织的扁平化特点**

美国通用电气公司在企业中推行学习型组织，首先实行组织扁平化，将组织中的管理机构由12层精简至4层。该公司12年里由于实行了组织扁平化，销售收入增长了两倍多，税后利润翻了三番。

## 2. 学习型组织中的领导者与被领导者的特征

学习型组织中领导者的角色与其在传统组织中的角色明显不同。学习型组织中领导者的角色为：最优系统的设计者，共同愿景的执行者，一个好教练（组织、协调者）。

传统组织和学习型组织中领导者与被领导者的特征如表12-2所示。

表12-2 组织中领导者与被领导者的特征

| 项目 | 传统组织（等级、权力组织） | 学习型组织 |
|---|---|---|
| 领导者 | 思考、决策（主动、盲目） | 思考，决策（上下互动反馈、主动、积极、明了） |
| 被领导者 | 行动（被动，易消极） | 思考，行动上一致（主动、明了、积极） |
| 结果 | 领导有现成方案——被动等待——低质、低效 | 没有现成答案——主动、创造——高效、高质 |

## 3. 学习型组织中的学习

学习型组织中的学习要坚守两个方向，即工作学习化，学习工作化。

工作学习化是指工作过程就是学习过程；学习工作化是指学习过程也要联系工作过程来理解与掌握。工作学习化过程如图12-7所示。

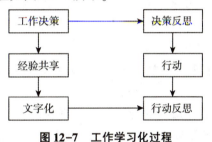

图12-7 工作学习化过程

由此可见，学习型组织的学习是将工作与学习紧密联系起来，而不是将工作与学习割裂开来。

## 二、学习型组织的新启示

学习型组织给人们的新启示：21世纪的管理理论与实践将更加心理学化。这具体表现在以下几个方面。

（1）加深了对人性实质的看法。管理理论与实践偏重于考察与加深对人性实质的看法，如五项修炼中提出的"活出生命的意义""自我超越"等都是强调人的主动创造，而不是人对环境的机械适应，学习型组织使人的最高层次需要（自我实现）得以具体化和付诸实践。

（2）强调组织内部人际关系的协调发展。在学习型组织中强调在个人愿景的基础上建立共同愿景。管理者与被管理者站在同一条战线上，是平等而非对立关系，组织内部的各类人员都应该协调发展，具有高境界和自我超越的现实可能性。

（3）强调组织内部价值观的重要作用。学习型组织中要在共同愿景基础上形成相当一致的价值观。由此，组织成员的认知、情感、行为达到一致。

（4）强调思维方式要有系统观与系统动力学的应用。人们习惯于线性因果关系的直觉思维，而学习型组织强调系统的结构——环状系统基模以及系统运行中的时间延滞——行动与结果间的时间差距，在系统思维中要注意正负反馈的不同调节方式。

（5）强调只有通过修炼才能延长组织的生命周期。管理理论与实践在21世纪将更加强调以人为本的管理，更加深入到组织成员的微观心理层面——共同愿景、心智模式、系统思维等，只有解决了这些问题，才能延长组织的生命周期。

综上所述，采用学习型组织模式无疑是当代人本管理的最佳选择。

## 本章小结

1. 彼得·圣吉在其《第五项修炼：学习型组织的艺术与实务》一书中提出了人一生要学习与实践的五项修炼为：建立共同愿景、自我超越、完善心智模式、团队学习、系统思考。

2. 共同愿景是指组织未来发展的远大目标。组织成员的共同愿景的特征是体现组织存在的使命感或组织的目标，组织未来的发展规划，个人愿景与共同愿景的协调与认同。

3. 自我超越的意义在于让人们通过工作活出生命的意义，自我超越修炼的重要方式是保持创造性张力。终身学习是自我超越修炼所必备的条件。

4. 心智模式就是人的思维定式。不变的心智模式会影响组织决策的成败、组织凝聚力的强弱、学习能力的高低，为此要不断完善心智模式，检视自己的心智模式是否已陈旧。

5. 团队学习就是利用组织成员的交互作用相互影响，因而具有强化学习动机的作用。团队学习是学习怎样学习，有助于了解学习过程、障碍及偏好的学习方式，学会强化优势、克服障碍。

6. 系统思考修炼的精义在于心灵的转换。考察事物的因果关系，要观察环状因果的互动关系，而不是线段式的因果关系。其操作方法为做决策时重新设计系统结构并利用应用系统基模。

7. 学习型组织的新启示是管理理论与实践将更加心理学化，加深对人性实质的看法，强调组织内部人际关系的协调发展，强调组织内部价值观的重要作用，强调思维方式要有系统观与系统动力学的应用，强调只有通过修炼才能延长组织的生命周期。学习型组织是当代人本管理的最佳选择。

## 复习思考题

1. 评价学习型组织理论的创新意义。
2. 解释共同愿景的内涵、特征及其重要意义。
3. 分析心智模式概念的实质及组织变革与心智模式转换的关系。
4. 试举例说明系统思考的基本观点。

# 参 考 文 献

[1] 俞文钊,苏永华. 管理心理学 [M]. 6版. 大连:东北财经大学出版社,2018.
[2] 王重鸣. 管理心理学 [M]. 北京:人民教育出版社,2001.
[3] 苏东水. 管理心理学 [M]. 4版. 上海:复旦大学出版社,2002.
[4] 汪雪兴. 管理心理学 [M]. 2版. 上海:上海交通大学出版社,2004.
[5] 卢盛忠. 管理心理学 [M]. 3版. 杭州:浙江教育出版社,2004.
[6] 廖明明. 管理心理学 [M]. 北京:中国物资出版社,1995.
[7] 朱永新. 管理心理学 [M]. 北京:高等教育出版社,2002.
[8] 孔祥勇. 管理心理学 [M]. 北京:高等教育出版社,2001.
[9] 俞文钊. 现代激励理论与应用 [M]. 2版. 大连:东北财经大学出版社,2014.
[10] 布莱克,穆顿. 新管理方格 [M]. 孔令济,译. 北京:中国社会科学出版社,1986.
[11] 彼德·圣吉. 第五项修炼 [M]. 郭进隆,译. 上海:上海三联书店,1994.
[12] 格林伯格,巴伦. 组织行为学 [M]. 7版. 范庭卫,译. 南京:江苏教育出版社,2005.
[13] 赫尔雷格尔. 组织行为学 [M]. 2版. 余凯成,译. 北京:中国社会科学出版社,1988.
[14] 赫尔雷格尔. 组织行为学 [M]. 9版. 俞文钊,译. 上海:华东师范大学出版社,2001.
[15] 张濮. 现代中国组织管理与员工个人发展必读 [M]. 北京:中国人事出版社,2010.
[16] 赵然. 员工帮助计划EAP咨询师手册 [M]. 北京:科学出版社,2010.
[17] 詹姆斯·坎贝儿·奎克,洛伊丝E.蒂特里克. 职业健康心理学手册 [M]. 北京:高等教育出版社,2010.